MIA MAY

Poleposition

GOLDMANN
Lesen erleben

Buch

»Ich bin Mia. Ich wohne in Berlin und arbeite als Producerin für Werbespots. Manchmal. Ich habe ein iPhone und ein MacBook, trinke Latte macchiato in meiner Altbauwohnung und in Cafés neben anderen Latte macchiato trinkenden Menschen mit MacBooks, iPhones, Medienjobs und Altbauwohnungen. Manchmal, wie gesagt. Was ich viel lieber mache, ist auf pink beleuchteten Bühnen an Chromstangen zu tanzen in Posen, für die mich Alice Schwarzer wohl ohrfeigen würde. Dann duften meine Haare nach Vanille und mein Körper steckt in winzigen neon-farbenen Kleidungsstücken aus stretchig-glänzendem Lycra, bis sie dann irgendwann am Boden liegen. Ich könnte jetzt erzählen, dass ich mich für Geld ausziehe, weil ich ein armes Ding bin. Tue ich aber nicht. Denn das wär gelogen.«

Autorin

Mia May, geboren 1983, ist in einem Dorf in Niedersachsen aufgewachsen und lebt zur Zeit in Berlin. Dazwischen studierte sie in Sydney, sie tanzte in den Stripclubs der Welt und arbeitete in den Werbefilmbüros von Deutschlands Hauptstadt. Sowohl das eine als auch das andere macht sie nach wie vor.

Mia May

Poleposition

Als Stripgirl um die Welt

GOLDMANN

Dieses Buch ist auch als E-Book erhältlich.

MIX
Papier aus verantwortungsvollen Quellen
FSC® C014496

Verlagsgruppe Random House FSC® N001967
Das FSC®-zertifizierte Papier *Holmen Book Cream* für dieses Buch liefert Holmen Paper, Hallstavik, Schweden.

1. Auflage
Originalausgabe Dezember 2014

Umschlaggestaltung: UNO Werbeagentur, München
Umschlagfoto außen vorne: Gerrit Sievert
Autorenfoto vordere Klappe außen: Gerrit Sievert
Umschlaginnenseiten: MIAMAY
Redaktion: Antje Steinhäuser
KF · Herstellung: Str.
Druck und Bindung: GGP Media GmbH, Pößneck
Printed in Germany
ISBN: 978-3-442-15840-9
www.goldmann-verlag.de

Besuchen Sie den Goldmann Verlag im Netz

This goes out
to all the partygirls, rainbowjunkies
to all them twerkin girlies, dressin funky
to all the go-getters, manic missys
to all them running forward (scared shitless)
to all the lipgloss glossy, champagne sippin'
to all the dancing queens trippin trippin
to those who love and live, head in the sky
this one's for you, go grab, aim high!

Me talk sexy one day

Als ich angefangen habe, meine Stripclub-Erlebnisse aufzuschreiben, habe ich das in Englisch getan. Englisch ist nicht meine Muttersprache, und es ist auch überhaupt nicht so, dass mir Deutsch nicht gut genug wäre. Aber leider ist Deutsch nicht wirklich sexy. Das zeigt sich schon dadurch, dass *sexy* im Deutschen so ziemlich das einzige Wort ist, das beschreibt, was das ganze Stripding für mich ist. Deutsch ist irgendwo bei den Worten *verrucht* und *frivol* stehengeblieben, und für alles, was mit modernem, pinkem, selbstbewusstem und sexy Selbstverständnis zu tun hat, fehlen mir daher die (deutschen) Worte.

Das fängt schon bei meiner Berufsbezeichnung an. In Englisch: *stripper* (ob weiblich oder männlich).

»*Hi, I'm Mia, I'm a stripper.*«

Das geht und das geht gut und es geht einher mit »Ich mach was ich will, ich bin unabhängig und clever und lass mir meine Form der Weiblichkeit nicht vorschreiben. *I'm a stripper.* Ich zieh mich aus für Geld. Na und? Ist doch gut.«

»*I'm a stripper*«, geht auch einher mit »Ich seh gut aus und ich weiß das und ich bin klug und ich weiß das und ich versteck weder das eine noch das andere!«.

»*I'm a stripper*«, geht sogar einher mit »… und ich bin übrigens vegan und sing in 'ner Rockband und studiere Mode an der Kunsthochschule und engagier mich für Tierschutz und leg mittwochs in 'nem Underground-Club auf und mein Geld in Aktien an.«

Und wie ist das mit dem deutschen Äquivalent? *Stripperin?*

Mal ausprobieren: Stripperin.

Hallo, ich bin Mia. Ich bin Stripperin. (Ich *schtrüppe*!)

Das klingt nicht nur selten dämlich, sondern lässt einen sofort an dumm und blöd und blond denken (sorry, all ihr klugen, hübschen Blondinen!). *Stripperin* klingt nach zu viel Solarium und nach zu viel »sch«. *Stripperin* klingt nach Strähn(s)chen und Schnucki, nach zu roten, zu hoch gezogenen Spitzenschlüppern und nach Poppen und Pimpern und Pimmel und Muschi. Es klingt piefig, dumm und verstaubt, denn was in Deutschland mit Sex zu tun hat, klingt leider fast immer piefig, dumm und verstaubt. Oder, um es in des Deutschen Lieblings-Sex-Wort auszudrücken: *Stripperin* klingt *verruuuucht*!

Warum das Wort *verrucht* noch nicht zum Unwort des Jahres in den Jahren eins bis für immer gewählt wurde, verstehe ich nicht. Verrucht klingt nicht nur nach verqualmter Eckkneipe auf Plattdütsch, sondern, und das ist das eigentlich Schlimme, es klingt nach erhobenem Zeigefinger! Nach: »Na, na, na! Ja, wer wird denn hier Freude an Sex haben!?« Verrucht ist für Uschi und Bärbel und Siggi und Udo und ihre eigentlich ziemlich spießigen Swingerclubs in Kunstblumen-Einwegschlappen-Optik, auf die der hippe Bildungsbürger mit ausgestrecktem Zeigefinger zeigen und »Ihhhhhh, bäääh, igitt!« kreischen kann. Verrucht ist für RTL2 und all seine Zuschauer, die sich daran (scham)-erfreuen sollen, wie obszön, ekelig und ungebildet der sextreibende Deutsche doch ist.

Es gibt natürlich auch die anderen. All die klugen Frauen, die für die Freiheit der weiblichen Sexualität kämpfen und angestrengt darüber debattieren. Mit politisch-philosophischem Anspruch sitzen sie angezogen und unrasiert (sorry, all ihr schönen unrasierten Mädels) mit frechem Kurzhaarschnitt im Plenarsaal der FU oder in anderen klugen Kollektiven und hauen mit starker Faust auf den Tisch. Und auch wenn sie da nicht sitzen, in diesen Tagungen zum

Thema, so werden die Auseinandersetzungen über Sex und Mädchensein in Deutschland doch trotzdem meist genauso verkopft geführt, damit das Interesse an Sex und Weiblichkeit auch ja mit einem intellektuellen Anspruch legitimiert wird. Stock im Arsch.

Was anderes wäre vielleicht besser.

Etwas zwischen RTL2-Sprech und politischen Gender-Studies scheint es nicht wirklich zu geben in unserer Pop(hahaschönwärs)kultur. Zumindest fehlen uns hierfür die Worte, und das ist schade, weil es doch irgendwie oft da anfängt, bei den Worten. Deshalb versuch ich einfach mal, ein paar Worte dazuzuschmeißen, zu *verrucht* und *frivol*, um das zu beschreiben, was ich mit dieser meiner Welt, meinem Sex, und meinem diesbezüglichen Lebensgefühl verbinde. Wie es sich für mich anfühlt, unversteckt und frei und froh und pink und clever und weiblich und *slutty*.

Also, Stripperinnen wird es auf den nächsten Seiten nicht geben. Ich benutze lieber das englische Wort *Stripper*, welches für Girls und Boys gleichermaßen gilt, oder eben *Stripgirls*, bis mir etwas Besseres einfällt. Und wenn sich ab und zu die englische Sprache unter die deutsche mischt, dann nicht deshalb, weil ich es lässiger und cooler finde – ich finde Deutsch ganz wunderbar –, sondern weil die meisten Handlungen im englischsprachigen Raum stattfinden und ich mich mit der modernen, angelsächsischen Stripkultur viel besser identifizieren kann als mit der *verrucht-frivol-schmutzigen* deutschen. Worte transportieren Lebensgefühl, und vielleicht mischt sich ja mit entspannterer Sprache auch etwas dieser entspannteren Einstellung in unsere verkopfte Sexkultur. Denn mit den Worten fängt es ja an.

My friends are worried
They think my urge to get down and dirty
is because of a deep lack of confidence and need for attention
This may be true
But to tell you the truth
I think more than anything
I just love being bad

Wasser

Als ich auftauche und nach Luft ringe, sehe ich schon die nächste Wasserwalze auf mich zurollen. Shit. Kurzatmig und angestrengt versuche ich, so viel Luft und so wenig Salzwasser wie möglich aufzunehmen, bevor ich wieder untertauche und sofort unter neuen Massen salzigen Wirbelwassers begraben werde. Das Wasser ist stark und schnell, stärker als vermutet, und ich bin inzwischen sehr schwach, schwächer als ich es sein sollte in dieser Gewalt. Ich halte mich an der gelben Schnur fest, an deren Ende mein Surfbrett in den tobenden Wellen tanzt, als wäre alles nur ein Spiel, und hole noch mal so viel Luft wie die Zeit mir erlaubt und tauche dann gleich wieder unter. Sofort bricht die nächste Lawine von Blauundweiß über mir zusammen und reißt mir schmerzhaft meinen Anker aus der Hand. Nun bin ich unfreiwillig frei und klitzeklein. Nun ist alles wirbel wirbel. Aber gleich, gleich wird es ruhig. Das kenne ich schon. Ganz ganz ganz ruhig wird es werden. Ich schwebe und drehe mich und tanze im luftleeren Raum ohne ein oben unten hell dunkel. Alles Bekannte ist ganz fern, und ich vertraue mich dem an, was ist. Dem Blau und Weiß und dumpf und luftleer. Hab keine andere Wahl. Über mir brüllt die Welt im Wellenlärm, aber das bekomme ich jetzt nicht mehr mit. Das ist jetzt ganz fern und leise und kaum noch da. Ich schwebe wie in Zeitlupe durch die dumpfe Stille von nassem Nichts und genieße das bedrohlich beruhigende Gefühl der Stille. Wie weiche Watte, die sich langsam um meine taube Haut legt und so tut, als sei sie mein Freund, während sie mir mit zarter Hand die Kehle zudrückt.

Dann irgendwann, erst noch als ferne Vermutung, dann aber umso rasanter, schnellt der Überlebensdrang in mich hinein wie ein herbeisausender Superman, packt mich und schüttelt mich und peitscht blanke Panik wach. Ich strampele nach oben, ganz fest und ganz schnell, und gelange schließlich, nach einer gefühlten Ewigkeit, so gerade rechtzeitig mit einem großen Luftschnapp an die dringend benötigte Luft. Hallo Welt, hallo laut, hallo hell und heil! Da bin ich wieder! Alles gut, alles gut, ich war ja nur mal kurz weg.

Ich schwinge mich schnell zurück auf mein Brett und beginne zu paddeln. Die ganze Lebenskraft des Universums strömt in meinen Körper zurück, und ich paddele wie ein Berserker, und ich weiß, dass mir jetzt nichts mehr passieren kann. Ich weiß jetzt, alles wird gut. Ich schmeiße mich den letzten Wassergewalten entgegen ohne Angst, denn ich hab das Leben auf meiner Seite. High five nach oben und unten. Ich tauche unter der letzten Welle hindurch, kraftvoll, mit *Schmackes,* wie man daheim sagt, weit weg, am anderen Ende der Welt, und werde auf der anderen Seite mit viel Wassersprühspritz wieder herausgespuckt. Ich fliege über das Meer! Salzwassertropfen hüpfen mir glitzernd prickelnd ins Gesicht und sind jetzt meine Freunde. Ich hab es geschafft! Das dunkle Unten ist weit weit weg, ich bin oben und werde oben bleiben. Für immerundewig, ey! Neugeboren in glitzernden Perlen, wie Phönix aus der Asche.

Jetzt ist alles ruhig und sanft. Ich setze mich aufs Brett und lächle in die Sonne. Das Wasser kühlt meine Beine, und mein weißer Bikini leuchtet hell im klaren Blau. Über der Wasseroberfläche knallt die Sonne und macht schön heiß und lässt die Salzwassertropfen auf meiner Haut zu trockenen Kristallen verdunsten. Die Kombination kaltblau heißhell macht Gänsehaut, und ich bin froh über das Leben und bade im hellen Glück wie Goldmarie.

Eine Welle kommt, und ich lege mich fix zurück aufs Brett. Das kalte Wasser auf meinem Oberkörper tut gut und macht wach. Ich nehme ein paar Züge zur Welle Richtung Horizont, drehe mich dann schnell um und warte in höchster Konzentration, ticktockticktock, genau die richtige Anzahl an Sekunden ab, um dann im genau richtigen Moment mit der bittebitte genau richtigen Geschwindigkeit loszupaddeln.

Wenn ich jetzt alles richtig mache, wenn ich mich jetzt mit konzentriertem Übermut und abenteuerlustiger Zuversicht ins blaue Dunkel stürze, wird alles gut, und die dunkle Masse, die eben noch mein Verderben war, nimmt mich mit. Noch ein kräftiger Zug mit beiden Armen, der ganze Körper ist jetzt angespannt, und die Gedanken sind nirgendwo, nur hier. Jetzt. Ich fühle, wie das Wasser mich erkennt, sich mit mir verbindet und mich zu tragen beginnt. Anspannung und dann: ein kurzer Hüpfer nach oben, federleicht, und ich lande mit den Füßen auf dem Brett, auf dem Wasser. Eben noch atemlos begraben im salzigen Dunkel tanze und spiele ich jetzt auf der schwarzen Masse, die von hier oben glitzerblau und klar und schön ist. Ich blinzle durch Sonne und Salzwassersprüh, mein fast nackter Körper tanzt in der Luft mit dem Blau, und alles ist gut. Alles ist schön. Händchenhalten mit dunkel und hell. Denn am Ende wird immer alles gut. High five nach oben und unten.

Once you start down the dark path,
forever will it dominate your destiny,
consume you it will.

(Yoda)

SYDNEY

Kings Cross Cruisin'

Es ist Mitternacht in Kings Cross, Sydney, und ich sitze neben Lewis in seinem weißen, strandsandigen VW Passat. Die Fenster sind heruntergekurbelt, und die warme, schwere Sommerabendluft weht durch meine Haare und riecht nach billiger Pizza, Bier und Weed. Q-Tip rappt: »*We on Award tour with Muhammad my man, tralalalala, with the mic in their hands …*« My man Luke und ich sind auch auf Tour. Langsam rollen wir die Straßen entlang und lassen die bunt-schmutzige, neonbeleuchtete Welt vorbeiziehen; Discount-Hostels und Seven-Elevens, fettige Kebab-Buden und Souvenirläden. Dazwischen Stripclubs von billig bis ganz billig, Nightclubs, Bars und betrunkene Mädchen aus England, Schottland, Deutschland, Schweden. *Working-holiday* in gebräunter Haut und kleinem Kleidchen. Wir biegen in die Darlinghurst Road ein und halten an der Ampel vor dem Coca-Cola-Zeichen. Eine Gruppe von englischen Kids torkelt über die Straße. Ein Mädchen streitet sich mit ihrem Freund. Dabei das Gleichgewicht zu halten, fällt ihr schwer. In der Backpacker-Bar ist mittwochs nämlich Jägermeister-Happy Hour, und nach der vierten »Jägerbomb« hätte man vielleicht eine Pause machen sollen. Aber, hey, man lebt nur einmal, oder? *No risk no fun* oder so. Sie knickt auf ihren High Heels um, zieht am kurzen Stretchkleid und schimpft und flucht ihrem Kerl hinterher. Der hört längst nicht mehr hin. Eh scheißegal. Morgen ist ein neuer Tag, eine neue Nacht, eine neue Party!

Es ist grün, und wir biegen ab. Die Neonlichter werden weniger. Alles ist etwas dunkler. Leiser. Die Mädchen sind trotzdem zu erkennen. Sie schimmern in Lackminis und Neonkleidchen zwischen geparkten Autos hervor, lehnen an Straßenschildern oder sitzen auf den Treppen der Townhouses, um ihre müden Füße auszuruhen. Wind weht durch die Bäume am Straßenrand und trägt entfernte Bässe betrunken machender Housemusik in die sonst elegant-ernste Stille. Eines der Mädchen schaut mich an, während wir in Zeitlupe an ihr vorbeirollen. Sie zieht an ihrer Zigarette und erwidert meinen bohrenden Blick mit lässig gleichgültiger Kühle:

Das findest du außerordentlich, nicht wahr?

Was meinst du?

Dass ich fremde Männer ficke, einen nach dem anderen, für Geld.

Ja. Das finde ich außerordentlich.

Sie zerdrückt ihre Zigarette unter der Sohle ihrer kniehohen Stiefel und macht auf dem Absatz kehrt, um ihr Territorium auf- und abzulaufen. Ich möchte ihr noch etwas sagen, weitere kommunizierende Blicke entgegenwerfen, die die letzten korrigieren. Enthusiastische, übereifrige Blicke, die sagen:

Nein, nein, also, was ich meinte, ist, dass ich das toll finde, was du machst! Also außerordentlich im Sinne von Wow!

Ich bin ja eigentlich auch ein bisschen so, wir sind also irgendwie Schwestern!

Aber sie dreht sich nicht um, und so bleibe ich zurück mit der miefigen Ahnung, dass das ja auch eigentlich großer Blödsinn ist. Ich bin nicht wie sie. Ein naiv-romantischer Gedanke vom Beifahrersitz aus gedacht. Unsere Welten haben nichts gemein. Und ich habe keinerlei Vorstellung von der Bühne, auf der sie tanzt, nur weil ich mal mit verwöhnter Neugier hinter die Kulissen schaue.

»Na, genug gesehen?« Luke lacht mich von der Seite an.

»Ja, klar«.

Ich nehme den letzten Schluck. Das Bier schmeckt warm und schal. Ich habe nicht annähernd genug gesehen. Mein Herz klopft und die Dunkelheit ruft mit süßer Stimme.

Scarlett St. Venus

Ich glaube nicht an Zufälle.

Ich bin nackt, splitterfasernackt, und ich versuche mein Gleichgewicht zu halten, was schwer ist, denn der weiche Teppichboden gibt unter meinen dünnen Heels bei jedem Hüftschwung nach, und ich kann mich nirgendwo festhalten. Um mich herum ist ein dicker Vorhang, und vor mir sitzt ein Typ auf einem Stuhl und schaut mich an. Er hat dunkle Haare und ist vielleicht Anfang dreißig. Wie er heißt, keine Ahnung. Aber er findet meine Panty süß. Das hat er eben gesagt, mit funkelnden Augen, und jetzt liegt sie zusammengeknüllt zwischen den Stuhlbeinen auf dem Boden, und ich mache mit den Hüftschwüngen von eben weiter, nur jetzt halt ohne Panty. Ich glaube aber auch nicht, dass er jetzt noch an sie denkt, also an meine Panty.

Ich bin 23, und ich ziehe mich gerade das erste Mal für Geld aus. Das ist fast etwas alt für das erste Mal. Viele der anderen Mädchen hier sind jünger. Aber so ist es ja oft mit den richtig guten Dingen im Leben, sie brauchen Zeit. Mit dem Surfen hätte ich auch gern früher angefangen. Aber hey, besser spät als nie! Aber Zufall ist es sicher nicht, weder das Surfen noch das Strippen. Jeder kann das Meer und die wilden Wellen sehen, aber nicht jeder verspürt den Drang, sich hineinzustürzen und mitzuspielen. Für die meisten reicht es, bequem vom Strand aus zuzusehen. Sonnig und trocken. Strandsitzen war aber noch nie was für mich. Ich will hinein. Dort sein, wo die Energie am intensivsten ist, nach ganz oben und ganz unten. Mittendrin. Und wenn ich dabei mit dem Kopf auf dem Boden aufschlage, dann ist das eben so.

Ich war schon immer von glitzerndem Sex fasziniert, auch wenn ich lange nicht wusste, was, wie und warum. Aber ich spürte schon früh, dass etwas in mir war, was eine besondere Power hatte. Wie eine Urkraft, die da war und aus allen Poren strömte, ob ich wollte oder nicht. Es irritierte und verunsicherte mich. Vermutlich war ich krank. Denn es war ganz sicher nicht normal, so zu fühlen, und mein Kopf machte mir bestimmt etwas Fieses vor.

Als ich erwachsen wurde, fühlte ich mich nicht unbedingt besser mit meiner Superpower, denn es ist eine Power, auf die herabgeblickt wird, wenn man klug-clever-oben ist. Die schöne Oberfläche ist des Deutschen Feind, denn ums Denken geht's, und das Zelebrieren von Sex und Schönheit gilt fast schon als Schwäche. Denn merke, junge Deern: Nur wer es mit dem Kopf nicht bringt, greift auf den Körper zurück! Die kluge Frau, die mit Verstand und Intellekt, tappt nämlich nicht in die Sexy-Falle.

Ich wollte aber so gern in die Sexy-Falle tappen! War der Preis, den man als Mädchen für Bildung und Cleverness zahlen musste, denn wirklich, dass man nicht so sein durfte wie man wollte? Hottussig-*dirty*? Kurze Kleider, feuchter Männertraum? Ich wollte auf diese vermeintlich schiefe Bahn gelangen, auf die andere Seite, und es war die Hand von Scarlett St. Venus, mit ihren french-manikürten Gel-Fingernägeln, die mir schließlich rüberhalf.

Scarlett St. Venus kam zu mir wie ein Engel der Offenbarung. Oder Verkündigung. Oder Erleuchtung. Ich weiß nicht, ob es diese Engel überhaupt gibt. Ich bin nicht wirklich bibelfest, aber es hört sich gut an, und Scarlett sah außerdem aus wie ein Engel. Wenn auch eher wie ein *slutty* Engel. Sie fiel mir sofort auf in der Schlange der Kaffeejunkies, die um 8 Uhr morgens immer besonders lang war. Wenn die Menschen zur Arbeit gingen oder von ihrem *mor-*

ningswim kamen. Ich kannte sie fast alle, meine Gäste. Ich wusste, wie sie hießen und wann sie zum Yoga gingen und wie das Casting lief und wie sich ihre Kinder in der Privatschule machten. Und selbstverständlich kannte ich ihre Kaffeetrinkgewohnheiten auswendig, inklusive Wunschtemperatur und Zuckerlöffelanzahl und erledigte sie, ohne dass sie extra danach fragen mussten. Es war eben Bondi Beach, Sydney, und Sonderwünsche wie »Nicht so stark und die Milch aber sehr heiß und drei mal links und drei mal rechts rum umrühren« wurden mit einem Lächeln erfüllt.

Scarletts Trinkgewohnheiten kannte ich nicht, denn sie stellte sich das erste Mal bei mir an, aber ich war nicht überrascht, als sie ihren Latte mit fettarmer Milch bestellte. Ich arbeitete nun schon zwei Jahre hier im »Health Food Store«, dem lifestyligsten Café in der Gegend, und war inzwischen Expertin darin, vom Aussehen, Look und Tonfall eines Menschen auf seine Kaffeetrinkgewohnheiten zu schließen. Coole Boys mit Skinny Jeans und aufwendig gestyltem Messy Hair (*»I just got out of bed, last night's party was insaaaane!«*) bestellten zum Beispiel immer Soja Latte und süßten mit Honig. Und Frauen wie Scarlett tranken ihren Kaffee eben immer mit Diät-tauglicher, fettarmer Milch, *»but not too hot! Thanks, babe.«*

Scarlett war groß, schlank und hatte lange, blonde Lockenstab-gestylte Haare. Ihre Lippen waren voll, zu voll, um natürlich zu sein, und genauso war es mit ihren Brüsten. Sie trug ein schwarzes Businesskostüm, das etwas zu eng und etwas zu heiß war, um Bürodress zu sein, und ich brannte darauf zu wissen, um welche Art *Business* genau es sich bei ihrem wohl handelte und hoffte natürlich auf Unerhörtestes. Kurzum: Ich fand sie fantastisch! Ich war schon immer ein heimlicher Fan von Playboy Bunnies und gepimpten Männerfantasien gewesen, und dass sich nun so jemand in das kleine Biocafé verirrte, in dem ich ein paarmal die Woche die Espressokelle schwang, um mein Studentenleben zu finanzieren, war ein Geschenk des Himmels in diesen frühen Montagmorgenstunden. Am Wochenende hatte ich noch an derselben Stelle Kaffee für einen betont lässigen Jared Leto gemacht (Soja Latte mit Honig, klar), aber diese Person hier fand ich gerade viel spektakulärer. Ich klatschte innerlich in die Hände und hüpfte auf und ab wie ein Boybandgroupie in der ersten Reihe.

Ein paar Momente später saß ich Tee trinkend neben ihr, und sie erzählte von gerüschten Regenschirmen, Marlene Dietrich und Baden in Champagnergläsern. Sie war Burlesquetänzerin, und ich irgendwie enttäuscht. Federboas, Theater, Kunst. Bücher statt Barbies, booo! Ich fühlte mich betrogen. Wie ein Kind, das statt süßer Schokotorte einen halben Rosinenkeks bekommt. Vegan. Aber dennoch, Scarlett hatte mehr Barbie und Pornstar in sich als die Frauen, die mir bis dahin begegnet waren, und auch wenn ihre Profession harmloser als gehofft war, so war es doch immerhin etwas. Und im Champagnerglas baden klang ja auch irgendwie schick. Auf jeden Fall würde es in meinem Abschlussfilm viel hermachen, und das war ja eh ohnehin gerade das Wichtigste, der Abschlussfilm.

Scarlett ließ sich nicht lange überreden, und so stießen wir ein paar Wochen später auf einen gelungenen Dreh an. Nun hatte ich einen tollen bunten Film mit Zirkusszenen und Glitzerkostümen und einer Blondine im Champagnerglas – aber war auch leider pleite.

»Da kann man schon was machen, weißt du«, sagte Scarlett eines Nachmittags, als sie bei mir an der Espressomaschine stand und ich ihr mein Leid klagte. »Es gibt Jobs, mit denen du mehr verdienen kannst als hier.« Ich war ganz Ohr. Sollte die Verheißung etwa wahr werden? War diese Frau doch mehr als nur eine respektable Varietékünstlerin? Ich wartete gespannt auf die Fortsetzung meiner Telenovela und hoffte wie bei jeder guten Soap auf Skandalöses! Ich wurde nicht enttäuscht. »Ich könnte dir einen Job als Kellnerin in einem Lingerie-Restaurant besorgen. Ich strippe da.« Bingo. »Au ja«, sagte ich sofort und: »Das wär super!« »Okay«, sagte Scarlett, »aber pass auf, ob's nun am vielen Geld oder der vielen Aufmerksamkeit liegt, aber man wird schnell süchtig nach Strippen.«

Erleuchtung oder so

Ein paar Tage später fuhr ich in meinem tannengrünen Nissan Micra in Richtung Sydney CBD – Central Business District. Den Nissan hatte ich ein paar Wochen zuvor von Chris geschenkt bekommen. Chris war ein schöner Sänger und Pianospieler und einige Jahre älter. Er hatte mich auf einer Party angesprochen, und ein paar Stunden später saß ich fröhlich angetrunken und abenteuerlustig in seinem Auto, um mir einen angeblich unglaublich spirituellen, magischen Ort zeigen zu lassen. Ein wenig später standen wir auf einer Wiese, die zugegeben wirklich hübsch war, und knutschten unterm Sternenhimmel. Okay, ich war vielleicht etwas betrunken und jung und romantisch außerdem, und Chris sah, zugegeben, auch wirklich sehr sehr gut aus und charmant war er auch, aber ich glaubte ihm trotzdem, ich hatte einfach Lust, ihm zu glauben, und so war dieser Ort eben magisch und spirituell.

Dass Spiritualität für Chris aber nicht nur in lauen Sommernächten mit beschwipsten Mädchen ein Thema war, merkte ich schon ein paar Wochen später. Ich lag frustriert auf seinem Bett und streichelte seine dicke Katze. Chris und ich dateten uns nun schon seit über zwei Wochen, und zu mehr als Knutschen und Kuscheln war es noch nicht gekommen, was ich langsam ziemlich unangenehm fand, denn Chris war heiß. Ich schmollte und starrte aus dem Fenster. Chris streichelte mein Knie, »du, ich muss dir was sagen«, und merkte wohl endlich, dass etwas nicht stimmte. »Weißt du noch, diese schöne Wiese, die ich dir gezeigt hab? In der Nacht, in der wir uns kennengelernt haben? Naja, da hat alles angefangen.«

Ich schaute zu ihm hoch, keine Ahnung wovon er sprach, direkt in seine aufgeregt blitzenden Augen. »Na ja, da hat er sich mir zum ersten Mal gezeigt!«

»Hä? Wer?«, fragte ich und hatte noch immer keinen blassen Schimmer. Es war mir eigentlich auch langsam egal. Mir war langweilig. Ich war genervt. Wir hatten soviel geredet in den letzten Wochen. Immer geredet, geredet, geredet. Über die Schönheit des Lebens, Musik, Menschen. Blablabla. Ich hatte genug davon! Er war ein Mann, ich eine Frau. Wir mochten uns. Unsere Körper mochten sich auch. Wo zum Teufel war das Problem?! »Na, *Er*! Gott!! Das ist der Ort, an dem ich Gott kennengelernt habe!!!« Chris' schöne blaue Augen funkelten wie Sterne, und er lächelte sein süßes, schönes, viel zu charmantes Männerlächeln. Ich hatte verloren. Gegen ein anderes Mädchen hätte ich vielleicht noch gewinnen können, aber Gott? Den Allmächtigen? Das war eine Nummer zu groß für mich. Gegen Gott hatte ich keine Chance.

Gott bekam somit Chris und ich stattdessen seinen Nissan Micra. Ich hatte nicht darum gebeten. Er dachte wohl, es sei eine angemessene Geste, mir dieses Fahrzeug als Zeichen seiner Freundschaft und Nächstenliebe zu überlassen, und ich hatte nicht das Bedürfnis zu protestieren. Ich fand es schade um den schönen Pianisten, der viel zu attraktiv war, um seinen Körper ausschließlich Gott zu widmen, aber die Annehmlichkeiten eines Kleinwagens waren kein schlechter Ersatz. Nun saß ich also in meinem neuen Nissan, der mich schon einmal an einen Ort des spirituellen Erwachens gebracht hatte, und steuerte in Richtung Nacktbar: The Ambassadors Delight, Sydneys Nr.-1-Lingerie-Restaurant.

Ein grauhaariger, schmaler Mann, Ende fünfzig, begrüßte mich. »Hey, hello! Scarlett hat mir schon von dir erzählt. Ich bin Jeff, der Manager.« Ich war verblüfft. Ich hatte einen fiesen Fetten erwartet, der mich mit Klaps auf den Po Richtung Ausziehn schubst, dabei durch die Zahnlücke pfeift (Schlägerei, nicht der Rede wert) und seinem besoffenen Kumpel grinsend zuzwinkert. Aber Jeff war freundlich, distanziert und seriös.

Er zeigte mir den Club, was nicht lange dauerte, denn er war klein und überschaubar: eine Bar, eine kleine Bühne mit Stange in der Mitte und Tische und Stühle davor und daneben. Platz für etwa achtzig Leute. Neben der Bar führte eine Tür in den Backstagebereich, der nichts anderes als ein etwas größeres Damenklo war. Es gab ein paar Metallspinde, einen verschmierten Spiegel über dem Waschbecken, Kippen in der Kloschüssel und Rosenduft-Raumspray für danach.

Ich stellte meine Tasche auf einen Hocker und nickte den anderen Mädchen schüchtern zu. Es waren noch nicht viele da, ich war wohl früh dran. Neben mir schminkte sich eine, und eine andere entknotete in Flip-Flops und Unterhose bekleidet Bikinis. Nach und nach kamen mehr Mädchen, und das Gequassel begann. Es gab Brasilianerinnen, Polinnen, Russinnen und Australierinnen. Und mich. Es wurde durcheinandergeredet, geflucht und gelacht, und ich merkte schnell, dass dies irgendwie nicht die beklemmend dunkle Wolke der Mädchensklaverei war, die ich erwartet hatte. Diese Mädchen waren coole, laute Frauen, die selbstbewusst und lachend ihre Lebensfreude und tipptopp Körper zu Geld machen wollten. Und keine schien sich dafür zu schade, zu schön oder zu schlau.

Ich zog mein kleines Schwarzes an, das ich mir extra für diesen Anlass besorgt hatte. Die anderen Mädchen würden zwar nur Dessous tragen, hatte Scarlett mir vorher gesagt, aber wenn ich einfach nur kellnern wollte, wäre ein kurzes Cocktailkleid auch okay. Kleid also. Die Dessous trug ich natürlich trotzdem. Unter dem Kleid. Man wusste ja nie.

Meine blond-strähnigen Salzwasserlocken waren locker mit Haarklemmen zurückgesteckt. Das hatte ich beim Abiball auch so getragen, und es war alles, was ich an glamourösem Haarstyling kannte. Ich schminkte mir noch die Wimpern schwarz und schmierte rot glänzenden Lipgloss mit Kirschgeschmack auf die Lippen und war *ready to go. Girl next door-style* oder so, ohne dass ich zu dem Zeitpunkt gewusst hätte, dass das ein Style ist. Ich war es einfach. Unerfahren und aufgeregt und mit Smokey Eyes und Glätteisen etwa so vertraut wie mit großen Bündeln Cash. Und auch sonst ziemlich planlos.

»Wie heißt du?«, fragte mich ein brünettes Mädchen mit Babyspeck und großem Dekolleté, als ich mich an der Bar mit der Menükarte vertraut machte.

»Ähm, Mia.«

»Cool, ich bin Crystal«, sagte sie dann und »also hier. In echt heiße ich Kirsten. Und du?«

»Ähm, Mia«, sagte ich wieder, und sie schaute mich mit ihren großen kugelrunden Augen an, und ich schaute mit meinen großen kugelrunden Augen zurück und dachte »oh«, und das dachte sie wohl auch.

Als die Gäste kamen, standen wir als sexy Empfangskomitee am Eingang und begrüßten Gruppen von Geschäftsfreunden, Junggesellen-Abschieden und Endlich-achtzehn-Cliquen. Anders als in normalen Stripclubs war Einlass hier nur nach vorheriger Anmeldung möglich, denn es war ja immerhin ein Lingerie-Restaurant – Dinner & Show. Um halb acht war Einlass, etwas später begannen das Essen und die Stripshows, und nach ein paar Stunden war auch schon wieder alles vorbei, und die glücklichen Männer wurden freundlich zum Ausgang gebeten. Alle Kellnerinnen bekamen einen festen Stundenlohn, die Kellnerinnen, die zusätzlich eine Show machten, bekamen dazu noch ihre Auftritts-Gage, und jede der Kellnerinnen hatte zudem die Möglichkeit, im Anschluss an das Essen Private Dances zu verkaufen. Dazu liefen wir zwischen

Hauptgang und Dessert mit Clipboards und Kugelschreiber von Tisch zu Tisch und nahmen die Bestellungen für »Crystal«, »Suzi« oder »Mercedes« auf.

Aber noch war es nicht soweit. Noch standen wir Popo an Popo in der Küche und nahmen Tomatencremesuppe und Caesar Salad in Empfang, um die Vorspeisen an den Tischen zu verteilen. Rechtzeitig zu Beginn der ersten Show mussten wir fertig sein. Und die erste Show war Galina.

Galina war Brasilianerin, vielleicht zwanzig, höchstens einundzwanzig, und super zierlich. Sie war so schlank, dass sie regelmäßig argwöhnisch ihre kleinen Brüste vor dem Spiegel betrachtete, knetete und abwechselnd hochzog oder, warum auch immer, noch platter drückte, als sie es ohnehin schon waren. Wenn ich heute vor dem Spiegel stehe und das Gleiche mit meinen Brüsten mache, frage ich mich manchmal, ob Galina wohl immer noch so aussieht, oder ob sie inzwischen nachgegeben und nachgelegt hat.

Als die ersten Takte von Mickey Avalons »Jane Fonda« beginnen und Galina in ihrem kleinen Minimini-Sambaröckchen auf die Bühne klettert, stockt mir der Atem, und es ist mir auf einmal ganz egal, dass Tisch 7 noch Drinks bestellen will und Tisch 2 noch immer keine Vorspeise hat. Ich sehe gleich die erste Stripshow meines Lebens. Nichts anderes könnte jetzt wichtiger sein.

Wie ein sexy Wirbelwind tänzelt Galina um die Stange, turnt ein bisschen gelenkig auf dem Boden, flippt ihr langes sonnenhelles Haar in den Nacken und drückt ihren kleinen Brasil-Ass in alle Himmelsrichtungen.

»*One two three four, get your booty to the dancefloor, work it out, shake it little momma, let me see you do the Jane Fonda.*« Oh ja, bitte, *show me*. Schnell bringe ich Bier oder so an irgendeinen Tisch, ohne den Blick von der Bühne zu lassen, und bin rechtzeitig für den zweiten Song zurück an der Bar, im stillen Schatten, um zu schauen. Galinas zweites Lied, also das Lied, bei dem schon zu

Anfang der G-String fällt und die restlichen dreieinhalb Minuten somit nackt weitergetanzt wird, ist »Glamourous« von Fergie. Noch heute bekomme ich Gänsehaut und mir wird warm im Herzen und so, wenn ich dieses Lied höre. Nun ist Galina nackt, ganz nackt. Splitterfasernackt. Und weder Silikon noch andere Bekleidungen verstecken sie jetzt.

Das ist es, denke ich glücklich und erleichtert, als Galina so über die Bühne wirbelt, nackt, fröhlichfrei, verboten dreckig und bildschön zugleich, als wäre es gerade das Normalste auf der Welt. Das ist es!

Ein Glücksgefühl kommt auf und breitet sich in meinem gesamten Körper aus. Wie warmes Gold. Ist es vielleicht das, was Chris auf der Wiese erlebt hat? Ist das hier gerade eine Erleuchtung? Süßer Pop säuselt durch die Luft. *I think I must be talking to an angel.*

Fröhlich pfeifend laufe ich ein paar Stunden später zurück zu meinem Nissan. Es ist noch früh in der Nacht, gerade mal nach 24 Uhr. Die Autos hupen, und die Fledermäuse schwirren fiepend über den Park. Ich fühle mich stark und lebendig, erleichtert und frei. Die Welt hat sich mir neu eröffnet und erstrahlt versöhnlich in glitzerndem Pink.

Zwei Freundinnen, zwei Unterhaltungen

Nathalie: … das mit diesem neuen Job … Ich mach' mir irgendwie Sorgen, also Daniel auch, wir machen uns beide Sorgen!

Ich: Wieso?

Nathalie: Na ja, ich glaube, es ist keine gute Idee, also ich glaub nicht, dass es dir gut tut …

Ich: Hm, ich versteh zwar, was du meinst, aber es macht mir ehrlich gesagt total Spaß, echt.

Nathalie: Aber es gibt doch so viel bessere Möglichkeiten, Geld zu verdienen … viel gesündere!

Ich: Aber ich mag den Job! Ich find ihn sogar ziemlich gesund eigentlich …

Nathalie: Na gut. Daniel und ich machen uns jedenfalls Sorgen. Und wenn das alles also wirklich so großartig ist, wie du sagst, können wir ja mal vorbeikommen und uns das anschauen.

Ich: Was anschauen?

Nathalie: Na, den Club, in dem du arbeitest. Wenn das alles so toll ist, wie du sagst, hast du ja sicher kein Problem damit.

Ich: Meinetwegen.

Nathalie: Super.

Ich: Ja. Super.

Ich: Sie denkt, ich bin naiv.

Anna: Sie macht sich halt Sorgen. Ist für manche einfach schwer zu begreifen. Aber ich denk, du weißt schon, was du da machst.

Ich: 'türlich. Sie findet es ungesund und meint, ich soll lieber mit gesunden Dingen meine Zeit verbringen, bei frischer Luft und Tageslicht und so.

Anna: Aber das tust du ja auch. Du bist halt dazu einfach etwas neugierig …

Ich: Hm, ja … Außerdem: Was, wenn ich genau das will, das, was sie so ungesund findet? Für mich fühlt sich das nämlich ziemlich gesund an, weißt du?

Anna: Ich glaub schon … Vielleicht ist das ja auch eine Phase. Vielleicht musst du das jetzt einfach mal ausprobieren, so für dich, und solange du dich wohlfühlst, ist doch alles gut.

Ich: Ja. Weißt du, jedes Mal, wenn ich mit der Arbeit fertig bin, komme ich raus, also aus dem Club nach draußen ans Licht, und hör kurz in mich rein und überlege: So, nun sag mal, wie fühlst du dich denn jetzt? Wie geht es dir? Fühlst du dich komisch? Ist irgendetwas unangenehm? Fühlst du dich schlecht?

Anna: Und?

Ich: Ja nö, nix! Ich merke jedes Mal, nee, da ist nichts! Ich kann einfach nichts Schlechtes finden, und wenn ich noch so sehr suche. Mir geht's gut.

Anna: Hm …

Ich: Und dann setz ich mich ins Auto und fahr zurück an den Strand und treff mich mit euch auf ein Bier oder so.

Anna: Und alles ist wie immer.

Ich: Genau. Und alles ist wie immer.

Das Ambassadors Delight war kein typischer Stripclub, wie ich später noch merken würde. Es arbeiteten immer nur um die zehn Mädels, und Konkurrenz gab es kaum, denn es war ja immer Geld da. Zum einen bekamen wir unser festes Gehalt von dreißig Dollar die Stunde fürs Kellnern und niedlich Aussehen, und alles andere, Stageshows, für die, die sich trauten, und Private Dances für die, die das Dirtysein lieber erst mal hinter Vorhängen testeten, war

Extrakohle obendrauf. Und da unser kleines Lingerie-Restaurant immer ausgebucht war, es brauchte ja nur fünf oder sechs Gruppen dafür, war von dieser Extrakohle immer mehr als genug für alle da. So kam ich jedes Mal mit einer Handvoll Cash nach Hause, und der Geldhaufen in meiner Unterwäschenschublade wuchs zusehends, während ich schönen, selbstbewussten Mädchen beim Naughtysein zusah. Es war fantastisch. Ein Traumjob.

Unser Chef versuchte verzweifelt, Autorität zu verbreiten, wobei er eher wie ein gutmütiger Vater wirkte, dem seine Töchter auf der Nase herumtanzten. Manchmal machten ein paar von uns Telefonakquise für ihn. Dann saßen wir mittags im Club, in Jeans und T-Shirt, und telefonierten sein handschriftlich geführtes Kundenregister durch, um Mike, Richard und Frank daran zu erinnern, wieviel Spaß sie doch das letzte Mal bei uns hatten, und ob sie nicht mal wieder vorbeischauen wollten, wir hätten gerade auch ein ganz tolles Angebot laufen. Gingen die Ehefrauen ans Telefon, entschuldigten wir uns freundlich, »*wrong number, sorry*« und legten auf. Diese Mittage waren schön. Wir telefonierten und machten Häkchen hinter Namen, und Jeff erzählte währenddessen von seiner Familie und seinen drei Töchtern, die inzwischen alle erwachsen waren, und lief auf die Straße in den Regen, um uns etwas zu essen zu holen oder Kaffee, wann immer wir Kaffee wollten.

Jeff und das Ambassadors Delight waren das Gegenteil von dem, was ich später als die toughe Stripclub-Welt kennenlernen würde, und ich bin dankbar und froh über dieses sanfte Hochkommen auf mein Unterwelt-High.

BERLIN

Werbecannes

Ich donnere mit fünfzig Stundenkilometern in die Linkskurve hinter der Villa; die kenne ich inzwischen in- und auswendig, also die Kurve, und die Meute auf den Sitzen hinter mir grölt. »Voll nett, dass du uns fährst, ey, echt Mann!«, sagen sie dann, und ich find das auch voll nett von mir, ey, echt Mann, obwohl ich ja nicht wirklich eine Wahl hab.

Es ist irgendwas um neun rum, abends, und dies ist die dritte Fuhre Werber, die ich runter zur *Croisette* karre, der Schickipromenade am Schickistrand Cannes. Oben warten noch mehr, und deshalb geht es gleich wieder hoch, sobald diese hier abgeladen sind, um weitere Männer und Frauen, Jungs und Mädchen einzupacken, hinzusetzen, runterzufahren und auszuladen.

Oben gab es eben Austern und Rosé auf der Terrasse am Pool, dazu Fußballspiel auf Leinwand, Deutschland gegen irgendwen, Europameisterschaft. Das hat Spaß gemacht. Trinken durfte ich natürlich nicht, denn ich bin ja der Busfahrer. Eigentlich bin ich natürlich kein Busfahrer, sondern seit Kurzem die neue Produktionsassistentin in der Werbefilmproduktion, und als solche habe ich das super Angebot bekommen, mitzufahren nach Cannes, diesen Sommer, zum Werbeevent des Jahres. Ich war natürlich total aus dem Häuschen und habe gesagt: »Ja klar, ey, wow, voll cool Mann, gern!« und wusste da noch nicht, dass ich als Busfahrer mitkommen würde, aber das war mir dann auch egal. Cannes, voll geil. Sommer, Sonne, Meer und Menschen und Villa mit Pool mit all meinen Kollegen. Und natürlich ganz viel Rosé! Für die anderen.

»Boaaa, du Arme! Du kannst ja gar nichts trinken, näääää?« Das ist Kai. Kai ist Kreativer oder so bei einer der Agenturen mit Buchstaben-Namen. BBDO, TBWA, Blablabla, irgendwo da. Gehört eh alles dem Gleichen. Mit Kai haben wir vor Kurzem einen Werbespot für eine Bohrmaschine gemacht. Ist toll geworden. Der Hauptdarsteller war niedlich, und die Idee war ausnahmsweise mal echt witzig, und der Regisseur hat sie klasse umgesetzt. Leider wurde der Film aber weggeschmissen. Irgendjemand ganz oben hatte wohl vergessen draufzuschauen, also am Anfang, während der Ideenfindung. Und diesem Jemand war der Film nun zu cool. Fand er nicht gut. Und so wurde der Film eben weggeschmissen, sozusagen, und für noch einmal 500.000 Euro neu gemacht. Weniger cool, weniger lustig, mehr so normal, also gut.

»Boaaa, du Arme! Du kannst ja gar nichts trinken, näääää?«, sagt Kai also, und ich sage: »Nee, ich muss euch ja fahren. Aber is' nicht so schlimm.« Kai schaut mich mitleidvoll an und schiebt die Unterlippe vor wie ein schmollendes Kind, »Ohmaaaaaaaaaan … voll fies …«. Ich glaube, Kai findet das blöder als ich. »Nicht so schlimm, echt nicht«, sage ich noch mal, aber Kai bleibt weiter starr bei seinem Trauerblick, und ich frage mich, ob er gerade eigentlich noch weiß, warum er so traurig ist. Als wir unten angekommen sind und ich die Schiebetür öffne, um den Partypulk auf die Croisette zu kippen, hat Kai schon vergessen, dass er eben noch traurig war, und jubelt wie eine Abiturientin aus dem Dach einer Limo, das Roséglas hoch in der Luft. Gut für Kai.

Auf der Croisette, der Strandpromenade von Cannes, tummelt sich internationales Werbevolk und feiert sich selbst oder den Sommer und die gestern gewonnenen Löwen, *die* Auszeichnung für hervorragende Werberei. Tolle Regie beim Autospot! Klasse Idee bei der Reklame für das Finanzunternehmen! Tolle Effekte auch bei dem Kinospot mit dem Bär da und dem Hund für dieses Ding da im Internet. Und auch für dich gibt's einen Löwen, klar doch, hier. Jeder braucht mal ein Sternchen im Schulheft, ob groß oder klein. Und so feiern jetzt alle und sind froh und erleichtert. Die Last fällt ab, und die Frustration ist vergessen, für ein paar Tage zumindest, und alle haben sich gern und fallen sich betrunken in die Arme und versprechen sich die nächsten Projekte. Der Job ist ja irgendwie doch ganz okay, denkt dann vielleicht manch einer. So schlimm ist es ja eigentlich nicht. Vielleicht also noch mal überlegen, das mit dem Kündigen. Das andere da im Kopf ist doch eh nur 'ne Schnapsidee.

Ich bin nüchtern (stock-) und neidisch (super-). Wenn ich mitfeiern dürfte, hätte ich sicher auch Spaß und würde das Treiben nicht nur zynisch von außen betrachten, wie die dicke Berta auf der Turnbank, die schon wieder in kein Team gewählt wurde.

Auf der Party, es ist wohl die, zu der man einfach muss, wenn man hier ist, eben *die* Party, stehe ich rum und suche meinen Chef. Ich will tanzen, und er und ich tanzen immer, sogar als Allererste, wenn's sein muss, aber ich kann ihn nicht finden, denn alle Männer hier sehen aus wie er. Ich sehe Massen an Köpfen mit dichtem, dunklen Haar und eckigen schwarzen Brillen im Gesicht. Chef überall und nirgendwo. Dann tanz ich eben alleine. Birgit kommt dazu und zupft mich hektisch am Ärmel. »Ey du, du trinkst aber nicht, nä? Du musst uns noch fahren, also wir müssen ja noch zurückkommen, nä? Und du musst auch immer schauen, ob gerade welche wieder zur Villa wollen, oder vielleicht will auch jemand zu 'ner anderen Party oder so und so, nä? Also is noch nicht vorbei, will ich nur sagen, also nichts trinken und so, nä?«

Ich versichere ihr, dass ich nüchtern bin und natürlich keinen Alkohol trinke, und gebe ihr zum Beweis meine Rum-Cola, ohne Rum, damit sie mal riechen kann, ja, meinetwegen auch nippen, und sie sagt dann »Okay« und »also nichts trinken, nä», und ich sag »Jaaaa!« und »Na klaaaar!« und bin noch genervter als zuvor. Um mich herum knicken Tussen mit Soho-House-Membership in ihren High Heels um, ist dann doch eher ungewohnt in so Stöckelschuhen, und wippen schließlich barfuß weiter. Richtig so. Da, da ist Markus! Mein Tanzchef. Ich winke ihm zu und er mir zurück und ich ihn zu mir her, und er hebt den Tanzfinger in die Luft und lacht. Partyparty geilomat, woohooo.

Acht Stunden später. Es ist inzwischen morgens und die letzte Partyleiche in ihr Domizil gefahren. Oben im Pool schwimmen Menschen rum, die ich kenne. Und es gibt noch Rosé. Ich nehme einen großen Schluck aus der Flasche und atme aus. Geschafft. Für heute. Die nächste Busfahrertour ist erst in ein paar Stunden. Ich lege mich auf die Sonnenliege unter dem nebligen Frühmorgenhimmel und schaue den planschenden Leuten zu, Geschäftsführer und Werbepreisträger, Producerinnen und Gummitierschwimmhilfen frohlocken im kühlen Nass. Jemand macht eine Arschbombe. Klamotten haben alle noch an. Fast. Jemand ruft, ich soll endlich reinkommen. Ja klar, warum eigentlich nicht. Die Nacht ist zwar fast zu Ende, aber vielleicht ist noch etwas Spaß für mich übrig. Ich ziehe meine Schuhe aus und hüpfe ins Wasser. Auf der anderen Seite des Pools schaut mich einer so an. Ja klar, warum eigentlich nicht.

»Wusstest du, dass er eine Frau hat?«, fragt mich Markus am nächsten Tag, und ich wundere mich, woher er weiß, dass wir beide heute Morgen im Pool und so und sage: »Nein. Das wusste ich nicht.« Markus schüttelt den Kopf und atmet tief ein und wieder aus und schüttelt dann wieder den Kopf. »Und? Hast du ein schlechtes Gefühl, jetzt, wo du das weißt?«

Ich sage: »Hmm … äh … na ja …«, und denke: Ist doch irgendwie sein Ding, nö, eigentlich nicht …

Markus schaut mich eindringlich an. Er sieht besorgt aus. »Ich möchte einfach nur, dass er nicht mit deinen Gefühlen spielt und dich nicht verletzt!« Ich weiß nicht, was er damit meint. Bis auf eine leicht wunde Stelle am Rücken geht es mir prima, aber ich sage »Okay«, und er sagt »Okay« und drückt mir fürsorglich die Schulter, und ich sage wieder »Okay« und habe keine Ahnung, was jetzt eigentlich »okay« ist.

Auf dem Rückflug erzähle ich Simon von der lustigen Poolparty. Ich kenne Simon von einem Praktikum. Er hatte öfter versucht, mich ins Restaurant einzuladen, vermutlich wollte er einfach nicht allein zu Abend essen, immerhin war seine Frau ja im Krankenhaus. Auf dem Sommerfest hatte er mir dann schließlich die Zunge in den Hals gesteckt, während seine Tochter zugeschaut hat. Also vom Bildschirm aus, denn um Fotos seiner Neugeborenen anzuschauen, hatte er mich ja an seinen Büroplatz gelockt. Nun sitzt Simon neben mir im EasyJet-Flieger und sagt etwas von vorsichtig sein. »Na ja, die Leute reden schnell, weißt du? Und wenn du da einfach so mit jemandem rummachst, na ja …«. Er zuckt mit den Schultern, so als würde er mir ja gerne helfen, könne nun aber auch nichts mehr retten und sowieso, also, wenn da jetzt getratscht wird, selbst schuld, Kleines. Ich schaue ihn an, als spräche er Hebräisch (ich kann kein Hebräisch), und verstehe die Welt nicht, in der ich mich befinde. Geld und Talent zum Verkauf von Kram vergeuden, yay, einvernehmlich-fröhlicher Körperkontakt, nay?

Secrets?

Wir sind alle wieder in Berlin, alle sind wieder ausgenüchtert, und der Werbealltag geht seinen normalen Gang. Alle Anekdoten sind ausgetauscht, und auch das letzte peinliche Partyfoto ist irgendwann ans Tageslicht gekommen, um schon wenige Wochen später vergessen im E-Mail-Postfach zu vermodern, unter dicken, schweren E-Mails, alle wichtiger als verbotene Poolplanschereien. *Business as usual.* Die Kaffeemaschine brummt, und auf dem Gang geht jemand im Eilklackerschritt in Richtung Treppenhaus. Schnell Rauchen mit 'nem wichtigen Telefonat verbinden, dann geht's weiter, fixfix, Mittag is' heut nicht.

Ich sitze an meinem neuen MacBook, das ich vor ein paar Monaten mit der Verlängerung meines Arbeitsvertrags bekommen habe, und bearbeite eine Excel-Tabelle, in der die Darsteller einer Dauerkampagne für einen Versicherungsanbieter aufgelistet sind. Sorgfältig nach Herstellungsjahr, Spot-Name, Verwendungsart und Honorar. Hin und wieder fehlen Infos, etwa die Ziffer des Honorars zu der Nutzungsverwendung »Messestand Reutlingen August 2009« oder die Zusatzinfo zur Erweiterung der Nutzung auf alle Stadion-Screens in Nordrhein-Westfalen in den Monaten September, Oktober, November (Dezember tbc). Die fehlenden Infos gilt es nachzuschauen, in einem der im Keller archivierten grauen Ordner, oder notfalls nachzufragen bei den Agenten der jeweiligen Darsteller.

Auch wenn ich es liebe, Listen abzuarbeiten, und der Akt des Haken-Setzens neben eine erledigte Aufgabe, und sei sie noch so banal, mir ein butterweich-befriedigendes Gefühl von Sinnhaftigkeit verschafft, so ist mir trotzdem langweilig, sehr langweilig, und der gepolsterte Bürostuhl fängt auch langsam an, etwas zu drücken am Po, und es kribbelt unangenehm, also am Po. Vielleicht ist er ja auch schon eingeschlafen. Das passiert ja schnell mit schlecht durchbluteten Körperteilen.

Am Schreibtisch nebenan niest meine Freundin Jule. »Hatschiii!« Jule niest immer. Und ich sage dann immer »Gesundheit!«, oder vielmehr singe ich es, und dann singt Jule »Dan-keee!« und niest aber gleich noch mal und wieder und wieder, denn Jule niest ja immer, und ich singe jedes Mal »Gesund-heeeeiiit!« und Jule dann »Dan-keeee!«, und ich frage mich, wie dieser höfliche Teufelskreis nun jemals enden soll. Ich hätte niemals auf das erste Niesen reagieren sollen. Nun ist es zu spät, wieder in die Falle getappt. So wie schon gestern und den Tag davor, immer wieder dasselbe. Bleibt alles anders, nur ohne das anders.

»Stripclubs Berlin« gebe ich bei Google ein, nur mal kurz nachsehen, wie ne Zigarettenpause quasi, und klicke mich durch die Vorschläge. Sydney ist nun schon über ein Jahr her und wirkt weit weg und doch ganz nah. Ein anderes Leben irgendwie, und hier erinnert kaum noch etwas daran. Die Bräune ist schon nach wenigen Wochen verblichen, und der durchtrainierte Surfkörper hat sich auch schnell der Berliner Trägheit angepasst. Und statt Geld mit Ausziehen und Popowackeln zu verdienen, bin ich vernünftig geworden und verfolge nun ehrgeizig und diszipliniert die logische Weiterentwicklung meines Bachelor-Studiengangs mit Schwerpunkt Kommunikation und Film, indem ich in einem aussichtsreichen Job als Junior Producer in einer tollen und anerkannten Berliner Werbefilmproduktion fleißig bin und Lob bekomme und das mache, was richtig ist. Ich bin nun bald fünfundzwanzig und auf dem richtigen Weg dahin, wo man wohl hinsoll.

Ich klicke auf »Kontakt«, speichere die Handynummer unter meinen Telefonkontakten ab und gehe raus ins Treppenhaus. »Hallo? Ja, äh, hi, mein Name ist Mia. Bin ich da richtig beim SECRETS? Tabledance, ja? Gut. Ähm, ja, ich wollte mich mal erkundigen, ob ihr noch Tänzerinnen sucht …«

Das SECRETS ist angeblich die größte Berliner Tabledance-Bar und die beste und die tollste mit den heißesten Girls. Aber das sagen ja alle. Hier bin ich nun und so aufgeregt wie vorm ersten Schultag.

Als ich die rot beleuchtete Treppe zum noch leeren Club hinuntergehe, macht mein Herz einen Hüpfer, und es ist, als begegnete ich einer alten Liebe nach vielen Jahren des Vergessen-Wollens mit dem süßen Herzklopfen des ersten Tages. Chromsilberne Pole-Stangen, Discokugel-Reflexionen auf noch leerer Tanzfläche, dazu die obligatorisch kitschig-rote Beleuchtung und das Brummen eines Kühlschranks, in dem billiger Sekt in kleinen Flaschen auf überteuerten Verkauf wartet. *Ladydrink* nennt man das dann.

»Mesut ist gleich bei dir, willst du was trinken?«, fragt mich der Typ an der Bar und zeigt dabei auf die Sitzecke gegenüber. Da soll ich mich wohl hinsetzen. Okay, gut. Mach ich. »Ja gern, 'ne Cola bitte«, antworte ich und setze mich brav auf das kühle Kunstleder. Neben der Bar spielt ein Junge mit einem Ball. Immer wieder, eins, zwei, drei, vier, kickt er den Ball gegen die Barfront, fünf, sechs, sieben – den achten hat er verpasst. Der Ball rollt weg und kommt vor einem Geldautomaten zum Liegen. Der Junge flitzt hin, schnappt sich den Ball und beginnt sein Spiel von vorn. Eins, zwei, drei, vier, fünf …

Da kommt Mesut. Glaube ich. Ein kleiner Mann, kaum größer als ich, kommt auf mich zu und grinst. Er streckt mir die Hand entgegen und mustert mich dabei von oben bis unten. »Hi, ich bin Mesut. Du willst hier tanzen?«

Ich stehe auf, macht man ja so, und gebe ihm die Hand. »Äh, ja.

Mal schauen, vielleicht.« Wir setzen uns, und meine Cola kommt. Mit Zitronenscheibe und Eis und Strohhalm.

»Hast du schon mal getanzt, und tanzt du jetzt gerade irgendwo anders?«, fragt Mesut und zündet sich eine Zigarette an.

»Nein, also ja, ich hab schon mal getanzt, aber jetzt arbeite ich gerade in einer Filmproduktion. Also, das ist mein eigentlicher Job, ich arbeite im Film.«

»Ahh, okay! Machst du Porno«, stellt Mesut anerkennend fest und nickt ernst. »Äh nee«, sage ich schnell, »eher so Werbung. Also Werbespots, fürs Fernsehen und Kino.«

Er schaut skeptisch und grummelt irgendwas von »Na ja, okay«. Ich glaube, Mesut ist enttäuscht.

»Na ja, is ja auch egal«, wechselt er das Thema. »Also, bei mir läuft das so, du kriegst dreißig Euro pro Schicht. Andere Läden zahlen ja gar nix, nä, aber manchmal Mädchen kommen zu mir und sagen ›Ähhh, Mesut, is so weniiisch!!!‹, aber sag ich dir gleich, will ich nix von hören, nä! Weil ich muss das nicht machen! Hab ich dir gesagt, andere zahlen gar nix! Ich bin nett!« Mesut drückt seine Zigarette aus und macht kurz Pause. Ärger verdauen.

»So, du hast schon mal getanzt? Gut. Dann weißt du ja, wie läuft, Private Dance, Tabledance und so. Also bei uns kostet Tabledance zwanzig Euro, Private Dance ist ab vierzig Euro, je nachdem, und du bekommst davon immer die Hälfte. Also ist fünfzig-fünfzig, nä. Man kann auch Clubdollar kaufen, kostet ein Euro ein Dollar, und du bekommst pro Dollar fünfzig Cent. Bühne ist immer drei Songs, erste Song angezogen, zweite oben ohne, dritte fullstrip. Nach der Bühne gehst du rum und machst Dollarrunde. So, irgendwelche Fragen?«

»Nö, äh, im Moment nicht«, sag ich, und Mesut sagt »gut« und »dann zeig ich dir jetzt mal den Club«.

Wir beginnen im Backstagebereich, wo sich schon die ersten Mädels fertig machen. Eine hübsche zierliche Mulattin mit High Heels und Shorts, kurzen Haaren und fake Louis-Vuitton-Shopper über der Schulter kommt hinter uns durch die Tür und gibt Mesut im Vorbeigehen einen Kuss. »Hi, Mesut«, sagt sie fröhlich und »Hey, Baby«, sagt Mesut und hebt dann kurz die Hand, jetzt Ruhe mal eben. Irgendwo rattert eine Waschmaschine. Vor mir cremt sich ein Mädchen ihre solariumgebräunten Brüste ein und starrt uns an. Ihre Kollegin friemelt schwarze Netzstrümpfe und Ministrings auseinander, irgendwo dahinter moppt eine Putzfrau den Boden.

»Mädels«, beginnt Mesut, »das ist Mia. Mia kommt Donnerstag zum Probearbeiten.« Die Mädels starren. »Für die Bar?«, fragt die mit den Brüsten skeptisch, ohne ihre Abneigung zu verstecken, und starrt weiter. »Nee. Zum Tanzen«, antworte ich und starre zurück. »Ach, wir sind eigentlich alle ganz nett«, sagt eine Stimme, zu der ich nur nackte Beine und Po erkenne, da der Rest des Körpers hinter der offenen Spindtür versteckt ist. »Eigentlich«, fügt die Brustcremebitch von eben extra deutlich hinzu und starrt Brüste cremend weiter. Ich lächle sie an, Flucht nach vorn, oder wie war das noch, und sage: »Ich auch. Eigentlich.«

Die Tour geht weiter. Mesut ist stolz auf seinen Club. Er hat gerade erst frisch renoviert, und es geht noch weiter mit den Neuerungen, und es wird alles ganz ganz ganz toll, grandios quasi, und viel viel viel besser als in all den anderen Clubs der Stadt. Er ist begeistert. Vielleicht schwingt auch etwas Angst mit.

Ich nicke »Hm, hm, oh ja, is wirklich toll, sehr schön« und folge ihm nach oben, wo sich die Separees für die Private Dances befinden.

Wir gelangen in einen kleinen Flur mit mehreren Türen, und Mesut holt einen Schlüssel aus der Tasche und schließt auf, denn diese Türen sind abschließbar. Hinter der Tür ist ein Raum mit einem Bett mit Satin-Bettwäsche und einem Whirlpool daneben. »Mit Sprudelbad, geil, nä?« Musik kommt vom klapprigen tragbaren CD-Abspielgerät, das neben dem Bett auf dem Fliesenboden steht. Mein Hals ist trocken. Erst mal husten.

»Äh, und was mache ich hier, also, wie ist so'n Private Dance bei euch?«, frage ich heiser und will die Antwort eigentlich gar nicht so gern wissen.

»Also mir is eigentlich egal, ob ihr nur 'n bisschen planscht oder fummelt oder sonst was, nä. Müsst ihr mit Typ verhandeln halt, nä.»

Ich nehme schnell meine Tasche unter die Arme, laufe den Flur hinunter Richtung Ausgang und eile hinaus ins sichere Tageslicht. Dort atme ich einmal tief durch, blinzel erleichtert in die Sonne, hüpfe die Straße entlang und kaufe mir ein Erdbeereis.

Das ist in Gedanken.

In Wirklichkeit stehe ich noch immer neben Mesut, während er die Tür wieder abschließt und sagt: »Donnerstag Probearbeiten?«

Und ich sage: »Ja.«

Secrets!

Das Schöne am Strippen ist, dass man sich übertrieben sexy stylen kann. Supersexy quasi. Wobei, supersexy reicht noch nicht. Supersexy reicht für Lady's Night in der Dorfdisse. Im Stripclub ist next level sexy gefragt: *superslutty*, obszön und billig, dabei aber immer noch schön hübsch und glamourös (oh, und ob das geht!). Faustregel: So glamourös, wie es als halbnackte *Superslut* geht, und man ist auf dem richtigen Weg. Je nach Körperbau und Typ kann man auch noch etwas Schulmädchen-niedlich hinzugeben.

In keiner anderen Situation, außer zu Halloween in Amerika vielleicht, kann man sich so verboten stylen und damit auch noch unter Leute gehen. Das, was sonst daneben und unerhört ist (*Was für eine Schlampe! Wie kann sie nur!),* ist hier Dresscode und Pflicht! Das ist wunderbar befreiend und eröffnet eine ganz neue Welt des Shoppingerlebnisses. Und so gehe ich erst mal einkaufen und besorge mir auf Internetseiten, die Deluxe-Divas-Club oder Nadine's Sexy GoGo-Boutique heißen, die passenden Outfits für meinen Ausflug ins Lotterleben. In meinem virtuellen Einkaufskorb befinden sich:

- Zwei Miniröcke, einmal metallic-blau, einmal silber. Niedlich, weil nicht eng, sondern leicht ausgestellt in breiten Rockfalten und so abartig kurz, dass sie eher als »breiter Gürtel« als als kurzer Rock durchgehen. Schnell zu öffnen mit einem Klettverschluss. Praktisch. Bedecken auch eigentlich nur die Hüften und ein bisschen Po. Auch praktisch.

- Ein Mini-Schottenrock. Wie oben, nur in rotem Schotten-Schuluniform-Muster. Immer gut zu haben. Ein abgeschnittenes weißes enges Top dazu und ein paar lange schwarze oder weiße Kniestrümpfe, und schon ist der beliebte Schulmädchen-Look komplett. Dass viele Männer da so drauf stehen, hat übrigens nicht wirklich was mit verbotenen Neigungen zu tun, denke ich. Menschen haben allerlei Fantasien, und vermeintlich gegensätzliche Extreme oder *Verbotenes* und *Unerhörtes* ist ja oft reizvoll. Ein Schulmädchen symbolisiert allgemein Bravsein und Unschuld, und ein *Schulmädchen*, das dieses Bravsein bricht und aus schier unkontrollierbarer Geilheit den Rock ganz ganz kurz schneidet, die Bluse aufreißt, sich liebeshungrig die Lippen leckt und Strähnchen zwirbelnd um dreckigen Sex bettelt, ist eine Fantasie, die so nachvollziehbar wie auch absolut realitätsfern ist.
- Ein Paar Stripperschuhe. Hier gibt es alle möglichen Variationen, Farben und Höhen. Man kann auch normale High Heels nehmen, die werden aber irgendwann unbequem. Stripperschuhe haben meist einen Plateau und sehr hohen Heel, beides oft aus durchsichtigem Plastik. Je höher der Absatz, desto schöner und länger wirken die Beine, und durch den Plateau sehen die Schuhe zwar mörderisch gefährlich aus, sind aber eigentlich überraschend bequem. Man kann auch mit eher kleinem Absatz anfangen, 5 1/2 inch zum Beispiel, aber ich mag es hoch, daher kaufe ich ein paar *Pleasers* mit einem durchsichtigen 7-inch-Heel und schwarzen Riemen. Es gibt die Schuhe in allen möglichen Farben und Styles, aber es macht Sinn, sich für den Anfang ein Paar Basic-Heels zu besorgen, in durchsichtig oder einer anderen neutralen Farbe, damit sie sich zu allen Outfits gut kombinieren lassen und auch noch zu crazy ibizafarben wie Grellgelb und Neongrün passen (denn gedeckte Erdtöne findet man eher selten bei Dirty-Dance-Klamotten).

- Ein Gogo-Mini-Kleidchen aus Lycra in schimmerndem Weiß mit Strasssteinchen am Dekolleté. Tussig, *slutty*, süß.
- Ein paar G-Strings. Neon, microminimini. Gut sind die, die man an den Seiten öffnen kann, aber die sind online oft schwer zu finden und eher im Backstage der Stripclubs erhältlich. Normale Dessous-Strings reichen für den Anfang aber auch. Sie sind einfach nur etwas schwerer elegant auszuziehen, und man muss aufpassen, dass man nicht ungeschickt stolpert, wenn man sie das Bein runter und über den Monsterschuh streift.

Mit meinen neuen Outfits im Gepäck und Herzklopfen bis zum Hals stehe ich ein paar Tage später wieder im Backstagebereich des Secrets und suche mir einen Platz. Ich bin aufgeregt und komme mir vor wie der unbeliebte Klassenstreber, der es irgendwie auf eine der coolen Partys geschafft hat. Alles ist so neu, und alles ist so toll! Der Geruch nach Zigaretten und billigem Parfüm, der Kontrast zwischen Solariumbraun und Peroxidblond, die blauen Flecken auf den Knien der übermüdeten Mädels und das zickige Russisch und Rumänisch in meine Richtung, von dem ich ja leider gar kein Wort verstehe.

Irgendwo donnert wieder eine Waschmaschine. Ich suche mir einen Platz in der Ecke. Ein Mädchen, oder eine Frau, ja, eher Frau, zieht ihren String in Form, während sie sich im Spiegel betrachtet und den Kopf nach links und rechts wiegt. Ihr Tanga sitzt nun hoch über der Hüfte. Das macht längere Beine, habe ich mal gehört. Es erinnert mich an die Bikinimädchen aus der Fernsehsendung »Tutti Frutti« früher. Mit acht oder neun Jahren fand ich das ziemlich cool und aufregend und wollte unbedingt auch mal so ein Bikinimädchen werden.

Als ich fertig um-, also ausgezogen an der Bar stehe und schwarzen Kaffee mit Zucker trinke, lerne ich Jasmin kennen. Jasmin ist Studentin und mit mir die einzige Deutsche hier. Vorher hat sie in Frankfurt gearbeitet, sagt sie. Das sei viel besser gewesen, mehr Kohle. Ich frage sie, was da in den Zimmern passiert, ob denn alle Mädchen mehr machen als nur tanzen, oder ob man auch einfach nur mit normalen *Private Dances* Geld verdienen kann. Sie zuckt die Schultern. »Also, ich mach nicht mehr, und bei den anderen Mädchen kommt das drauf an, also es gibt solche und solche ... die meisten machen schon mehr, glaub ich.«

Mir wird ein bisschen mulmig, und ich frage mich, ob sie die Wahrheit sagt, ob sie wirklich eine der Wenigen ist, die nicht mehr macht, und ob das überhaupt gehen kann, als Einzige unter vielen, und wie lange das gehen kann, und ob es überhaupt irgendwo gehen kann in einer Stadt wie Berlin, in der ein Döner einen Euro kostet und ein Blowjob zwanzig. Wer will da schon jemanden für dreißig Euro tanzen sehen?

Tanzen. Nackt im Spotlight. Als ich eine halbe Stunde später das erste Mal auf die Bühne gerufen werde, fühlt es sich an, als würde mir jemand mit geballter Faust in den Bauch hauen. Mit voller Kraft, ooomph. Mir dreht sich der Magen um. Mir wird schwindelig und schlecht, und ich habe Angst, und diese Angst fühlt sich unglaublich gut an. Abartig gut! Mein ganzer Körper ist angespannt, wie mit Elektrizität aufgeladen. Ich möchte tot umfallen und könnte jetzt gerade nicht lebendiger sein. Mit zitternden Händen und weichen Knien stakse ich die Treppe zur Bühne hinauf, mit lautem, pochendem, Brust durchbohrendem Herzschlag, entweder übergebe ich mich gleich oder werde ohnmächtig. Aber nichts von beidem passiert. Stattdessen passiert etwas anderes. Etwas Neues. Etwas, das ich nicht erklären kann. Ich lasse mich fallen und lasse mich los, ohne dass ich wüsste wie und warum und werde sofort wie von magischer Hand gezogen, geführt und geleitet. Die Elektrizität, die mich eben noch in unerträglicher Anspannung gelähmt hat, strömt nun flüssig wie heißes Gold durch meinen Körper und hebt mich hoch in die Luft, federleicht, glitzernd und frei. Die schwerheiße Luft schmeckt zuckersüß, Bässe massieren meine Haut und pinker Pop kitzelt wie warmer Atem meinen Hals, flüstert mir Dreckigkeiten ins Ohr und zieht an meinen Haaren. Alles wirbelt, die Musik, die dunkle Nacht, ich schließe meine Augen und fühle mich lebendig und stark und wie eine Zauberin, der die Welt gehört.

»Du warst echt klasse. Ich mag, dass du so langsam tanzt, is echt sexy! Was kostet denn Ficken bei dir?« Ein Typ hält mir einen Clubdollar hin und schaut grinsend zu, wie ich glücklich und außer Atem meine Klamotten vom Boden einsammele. »Äh, was bitte? Wie bitte?« Ich schaue ihn an, als hätte er mich gerade, na ja, eigentlich genau das eben gefragt, stammele etwas von »Danke« und »Mach ich nicht« und flitze schnell von der Bühne, Dollar in der Hand und Kleinstklamottenknäuel im Arm.

Als der fette, haarige Typ von eben, »ein guter Freund des Hauses, sei mal bisschen nett«, immer näher rückt und schließlich den klobigen Arm um mich legt, überlege ich, ob das Ganze vielleicht doch keine gute Idee war. Auf dem Tisch vor uns stehen Salzstangen. Mein »Ladydrink«, Sekt halt, prickelt stumpf vor sich hin. Der Fette grinst doof und tätschelt mein Knie, oder so, und versucht mich zu überreden, doch ein bisschen lieb zu sein mit ihm in der Private Lounge oben. Ich sage was von »Nö« und von »Mach ich nicht« und von »Nee, auch nicht für zweihundert«. Ich sei wohl etwas zickig, sagt er dann, und ich stelle mich wohl an, und ich sage »Das ist dann wohl so« und »Ich muss jetzt Haare kämmen«. Dann stehe ich auf und lasse ihn sitzen und bin sauer auf ihn und den Club und Billoberlin. Arm aber sexy, *my ass*.

Backstage ziehe ich meine Heels aus und massiere meine Füße. Meine neuen glitzernden Schuhe kommen mir inzwischen ziemlich lächerlich vor. Ich schaue auf die Uhr, 3.30 Uhr. Noch zweieinhalb Stunden. Wie ich die überstehen soll, ist mir ein Rätsel. Ich bin müde, meine Füße tun weh, und ich habe kaum Geld verdient. Erst mal Haare kämmen.

Mit Dominik macht das Ganze schon wieder viel mehr Spaß. Dominik ist jung, vielleicht siebenundzwanzig, und nett und sieht irgendwie ganz gut aus. Zugegeben, für sein T-Shirt, auf dem in Strasssteinen irgendwas von Großstadtadel und Kaviar steht, gehört ihm rechts und links gehörig eine geklatscht, aber unter den Blinden ist der Einäugige König, und ein eingebildeter Trottel ist unter schmierigen Arschlöchern eben Herzbube. Dominik also.

Dominik ist wohl das, was man ein *rich kid* nennt. Er wohnt gleich um die Ecke, sagt er, Eigentumswohnung, kommt öfter her (sagt öfters) und kennt alle Mädels hier, eh klar. Logologo, denn Dominik weiß, wie der Hase läuft. Wo die Party ist, da ist Dominik. Und wo der Dominik ist, da ist die Party. *Money ain't a thing*. Vielleicht ist Dominik aber auch jemand, der draußen steht und reinzuschauen versucht, nicht das ist, was er gern wäre, und das, was er ist, nicht sein mag. Aber was weiß ich schon. Ich trage einen Miniatur-Schottenrock und Barbieschuhe aus Plastik. Morgen sitze ich wieder am MacBook und telefoniere mit Jung von Matt und New York und einem Castingbüro in London. Aber noch ist nicht morgen. Sondern jetzt. Ein paar Stunden zumindest noch. Dann ist der Spuk vorbei, und das Tageslicht verdrängt jeden Schatten und macht Licht an und hell, und ich bin wieder wach und vernünftig. Wenn schlafwandeln, dann jetzt.

Dominik liegt mit hinter dem Kopf verschränkten Armen auf der schwarzen Satinbettwäsche und wartet, während ich versuche, Musik zu machen. Eine dicke Staubschicht liegt auf dem CD-Spieler und die CDs backen klebrig aneinander. Die Auswahl an Soundtracks ist nicht groß. Es gibt diverse Bravo-Hits und anderes Zeug, das ich nicht kenne. Ich lege eine der Bravo-Hits auf, um die

Musik geht es ja wohl eh nicht, schade, und klicke vor zu Song vier, Bon Jovi, »You give love a bad name«.

Als ich auf die weiche Matratze klettere und zu tanzen versuche, während der Großstadtprinz von unten zu mir hochblickt, erinnert mich das an früher. Meine Freundin und ich hatten als Kinder ein Lieblingsspiel, Rockband spielen. Das Bett war die Bühne, und wir waren *Die Prinzen* oder *Roxette* und performten und tanzten auf den weichen Kissen, als gäbe es kein Morgen. Publikum gab es nie, dazu waren wir zu schüchtern, aber hinter der verschlossenen Tür war die Bühne mein und ich Prinzessin des Spotlights.

Jon Bon Jovi grölt irgendwas von *fingertips,* und ich stakse ungeschickt von einem Fuß auf den anderen, während der weiche Untergrund unter mir Erdbeben spielt. Jetzt bloß nicht hinfallen und den Kopf am Whirlpool aufschlagen. O Gott, Whirlpool … Ich versuche, die große Badewanne im Zimmer zu ignorieren, in der ich, ganz wie ich will, rumplanschen oder fummeln kann, und ziehe erst mal meine Schuhe aus. Is' ja jetzt Quatsch hier. Dominik versteht das als Aufforderung und zieht sich die Hose aus. »Äh, was machst du da?!«, frage ich ihn entgeistert und zeige auf seine karierte Boxershorts. Er schaut mich an, als hätte ich gefragt, wie viel eins plus eins ist, und scheint nicht zu verstehen. »Ey, ich hab dir doch gesagt, ich tanz nur!«, erläutere ich das für ihn Unverständliche, und Dominik zieht sich, beleidigt und mit leicht errötetem Kopf, man kann's ja mal versuchen, die Hose wieder hoch und lässt den offenen Hosenstall aber mal trotzdem einfach so wie er ist, also offen.

»Aber dann gib mir doch wenigstens 'n richtigen Lapdance«, sagt er und grinst. »Ich zahl dir auch das Doppelte!« Ich stehe über ihm, barfuß, und schaue zu ihm runter. »Hmm …«, sage ich und überlege ein bisschen und wäge ab oder tu zumindest so, für mich, und auch ein bisschen für ihn, denn eigentlich habe ich mich schon längst entschieden. Schon vorher. Was bringen Grenzen, wenn man sie nicht mal ein wenig in Frage stellt und schaut, was auf der anderen Seite des Zauns so los ist. Man kann ja immer wieder zurückklettern, wenn es einem drüben zu wild wird, oder?

Als ich von Dominiks Schoß herunterklettere und mir mein Top wieder anziehe, fühle ich mich seltsam und bin irritiert. Meinem Körper hat's irgendwie gefallen, aber mein Verstand ist zutiefst empört. Ich stecke mein Geld ein und schalte den CD-Player aus, während Dominik sein T-Shirt in die Hose steckt. »Werft den Kaviar auf die Straße, damit der Pöbel drauf ausrutscht!« steht da in Glitzerschreibschrift. Dummer Dominik. Er lächelt mich schüchtern an und sagt: »Danke. Ich wünsch dir alles Gute.«

»Ja. Ich dir auch«, sage ich und freu mich auf morgen. Auf Bürostuhl und Excel-Tabellen und Latte macchiato ohne bitteren Nachgeschmack.

Der Tag danach

»Morgeeeeen …« Lisa steht an der Kaffeemaschine und lächelt mich gut gelaunt an. Der Milchschäumer dampft. Lukas und Tim räumen die Einkäufe aus. Ach ja, heute ist Freitag, heute kocht Marie, lecker. Ich nehme mir einen Campingwecken aus dem Brotkorb und setze mich zu Lisa und Mona an den großen Küchentisch. »Na, wir wollen die Hochzeit klein halten«, erzählt Lisa, während sie Zucker in den Kaffee kippt. »Find ich auch totaaaal schön«, sagt Mona zustimmend, »aber Flitterwochen macht ihr schon oder?« – »Boa, aber hallo!«, sagt Lisa. »Zwei Monate Tauchen in Australien! Hab doch schon Urlaub genommen!«

Da kommt Jule. Das höre ich. Ich würde sie unter hundert Menschen an ihrem Gang erkennen. »Hell-ooo«, sagt sie und stellt ihre Tasche ab. Yep. Jule. Sag ich doch. Sie klingt leicht angespannt. Vermutlich hat sie das erste Arbeits-Telefonat schon auf dem Weg hierher geführt. Sie kuschelt sich an mich, nimmt mich in den Arm, »Na, Schatzi?« und gibt mir ein Küsschen. Für ein gemütlich liebevolles »Guten Morgen« ist immer Zeit. Es ist Freitagmorgen im Büro, halb zehn, und so langsam könnte man mal mit der Arbeit anfangen. Ich stelle mein Geschirr in die Spülmaschine und mache mir noch einen Kaffee. Später kocht Marie, und wir essen alle zusammen auf der Terrasse. Davor und danach ist Arbeit, nichts Aufregendes vermutlich, sicher nichts zum Ärgern, hoffentlich, und dann ist auch schon Wochenende. Heute Abend ist Kino und morgen Nachmittag Grillen beim Chef auf dem Dach. Jule und ich werden tanzen und uns im Arm halten, vermutlich, und mein Chef und ich werden gemeinsam witzig sein, auf diese seltsame Art, die nur wir witzig finden. Ich werde mich freuen, zufrieden sein und denken: Ach, eigentlich hab ich's doch ganz gut! Gestern Nacht wird weg sein, ganz weit weg, und ich werde froh sein. Froh und erleichtert, wieder hier auf dieser Seite des Zauns.

Wochenendtrip

Marline schaut zu mir hoch und kichert. »Das sieht komisch aus, was du anhast. Man trägt doch keine Stiefel zu einem Kleid! Aber dein Lippenstift sieht schön aus. Triffst du dich mit einem Jungen?« Sie kichert verlegen. Marline ist sechs, und Marline ist die Tochter von Julie und Bertrand, die mich dieses Wochenende bei sich übernachten lassen. Sie wohnen im Marais, schickes Viertel, und nur ein paar Metro-Stationen von den Champs-Elysées entfernt. Dort ist das Pink Paradise. »Isst du mit uns Abendbrot?«, fragt Marline und kuschelt sich an mein Bein. Julie ruft aus der Küche. »Sie geht jetzt aus. Lass sie mal.« Ich schnappe meine Tasche, drücke Marline ein-, zwei-, dreimal, noch ein Küsschen schnell im Flur, tschüs, tschüs, bis morgen früh, und dann bin ich weg und auf dem Weg.

Es hat ein bisschen gedauert, bis die Betäubung durch die Secretsnacht nachgelassen hat und das Fernweh wieder durchdringen konnte. Fernweh nach Abenteuer und bunt-dunkler Welt, nach nacktem Tanzen und flirrend heißer Luft. Stripclub Berlin war nicht das Stripclub, was ich wollte. Stripclub Berlin war billo und banal und irgendwie traurig auf matt schimmernde Art. Wie ein Blind-date mit einem schönen Blonden, der sich als pickliger Perverser entpuppt, mit schwitzigen Händen und Körpergeruch. Stripclub Berlin war also mal, aber musste auch nicht wieder. Schnell zurück auf die sichere Seite des Zauns. Aber Stripclub Berlin war ja nicht Stripclub überall, und wenn der Prophet nicht zum Berg kommt, muss der Berg eben zum Propheten.

Trotz Niedriglohn-Dämpfer grabbelnder Männerhände auf Satin war die Sehnsucht geblieben. Sehnsucht nach Plexiglasbühne und schmerzenden Füßen, nach ganz ganz viel Lipgloss und smokey geschminkten Augen, nach Solariumbräune und Silikon. Gel-Fingernägel, pinke Bikinis und vor allem danach, mit geschlossenen Augen splitterfasernackt in die Nacht zu springen, Bodyshakin' zu Rihanna, Fakehaar Flippin' zu Party Pop. Stumpfsexy, ehrlich. Weiblich und wild, einfach nur, weil's Spaß macht.

Ich war noch nie in Paris, und ein langes Wochenende ist ja noch kein Leben, und eine Tanz-Audition noch keine Festanstellung. Wobei es Letztere in Stripclubs sowieso nicht gibt. Außerdem macht es Spaß, den Ausbruch zu planen, wenn man sich eingesperrt fühlt, auch wenn es unter Umständen nur ein kurzer Freigang wird. Billigflieger und die Google-Suche »Good Stripclubs Paris« tun den Rest, und so sitze ich im Büro und tippe tiptiptip, während meine Kollegen mir gegenüber auch tiptiptip tippen, und bin angemeldet fürs Vortanzen im Pink Paradise Paris. Dem schönen Club mit der superschicken Website, der mal David Guetta gehörte, aber jetzt nicht mehr oder so. Egal, strippen! Plexiglass, *here I come, woopwoop!*

»Du kannst dich oben fertig machen. Denk an Haare und Make-up, und wenn du so weit bist, kommst du zu mir an die DJ-Box.« Der Typ vor mir, er ist wohl der Club-Manager (»Hi, ich bin Andrew, ich bin der Club-Manager« hat er ja eben gesagt), ist höchstens fünfundzwanzig und hat einen starken britischen Akzent. Ich mag das. Er ist schlaksig, trägt schwarzes Hemd und Hose, sauber und adrett, und hat zu tun. Sein Walkie-Talkie rauscht und fiept ständig, und so sage ich »okay« und gehe in Richtung Backstage.

Es ist Freitagabend, 20 Uhr, und erst zwei Gäste sitzen an der Bar und unterhalten sich. Ich werfe einen schnellen Blick in den Raum und sehe Bühne, pinkes Licht, silberne Stangen und eine

Treppe für den großen Auftritt. Ohgottohgottohgott, bitte nicht! Ohgottohgott, bitte ja!

In der Umkleide wimmelt es schon von Mädchen. Gefühlt zwanzig oder mehr Frauenkörper wuseln auf engstem Raum durcheinander, Arsch an Arsch, Silikonbrust an Silikonbrust. Strasssteinchen glitzern, Lipgloss glänzt und Haarspray und Bodyparfüme mischen sich in der warmschwitzigen Luft zu dichten Nebelschwaden. Ich bin unsichtbar, und das ist auch gut so. Gefühlt halb so groß mit der Hälfte an Haar und Körper verschwinde ich in einer Ecke und beginne, mich auszuziehen und meine Kleider ordentlich gefaltet auf einen Hocker zu legen. Eine Frau drängt sich an mir vorbei und hängt Kleider und Bikinis auf eine Kleiderstange, hinter der ich nun verschwinde. Gott sei Dank.

Als ich mich im Spiegel in meinem neuen, weißen, langen Neckholder-Stripperkleid sehe – Dresscode Pink Paradise: *Long Gown* – komme ich mir albern und verkleidet vor. Der große Ausschnitt reicht bis zum Bauchnabel, und silberne Pailletten umspielen bemüht Haut und Brustbein, dort, wo eigentlich ein pralles Dekolleté sitzen sollte. Oder pralles Plastik, je nachdem. Meine schulterlangen Haare sind straßenköterbraun-lockig, nach wie vor, was auch sonst, und ich fühle mich wie Hippie in *Haute Couture* neben all den Bombshell-Babes mit shiny Wallehaar und Mörderbusen.

Noch eine dritte Schicht Lipgloss drauf, Haarsträhne von den klebrigen Lippen ziehen und los geht's. In die Höhle des Löwen, rein in den Ring.

Wenige Minuten später sitze ich mit Herzklopfen auf dem Hocker hinter dem Vorhang auf der Galerie über der Bühne und warte, bis ich dran bin. Von hier sind es nur ein paar Schritte zum Beginn der Treppe, die in Glitzerlicht und Plexiglas-Stahlsilber strahlt und auf die Bühne führt, einem Laufsteg in T-Form mit Pole an jedem Ende.

Es ist soweit. Ich stehe oben an der Treppe, und das Mädchen, das eben noch unten getanzt hat, geht nun die letzte Treppenstufe hoch und an mir vorbei, reicht mir kurz elegant abklatschend die Hand, was wohl soviel heißt wie »Das war ich – jetzt kommst du« und verschwindet dann auch schon hinter mir. Jetzt ist es wirklich soweit.

Meine *long gown*, die *slutty* Version einer Abendrobe quasi, ist viel zu lang, und ich ziehe sie etwas hoch, um nicht zu stolpern, als ich die ewig lange Treppe hinunterschreite, geradewegs auf die Bühne zu, an deren Rand die beiden Gäste von der Bar inzwischen sitzen und mit Bier in der Hand gespannt zu mir hochblicken. Na prima. Clubmanager Andrew schaut halbherzig von der DJ-*booth* aus zu. Besser.

Als ich nach gefühlten zweihundert Treppenstufen auf nur minder sichereren Bühnenboden trete, die greifbare Stange in greifbarer Nähe, geht es mir schon etwas besser. Es ist doch nur tanzen, denke ich. Das kannst du doch, tanzen, und ich schließe die Augen, fühle die Musik, vergesse das Drumherum, genieße und tanze.

Ich kann mich nicht mehr erinnern, welches Lied gespielt wurde oder welches Lied als nächstes kam. Woran ich mich aber erinnere, als wäre es gestern gewesen, ist die Panik und das Gelächter. Die Panik in Andrews Gesicht, als ich die Augen irgendwann wieder öffne und sehe, wie er mir gestikulierend zu verstehen zu geben versucht, dass ich mich doch endlich ausziehen muss. Stripclub, Mann! Erster Song angezogen, zweiter Song topless, dritter Song String! Und das ist jetzt schon das Ende vom zweiten Song, also ausziehen, Mädel, *ausziehen*! Und dann nur wenige Sekunden später die Panik in mir, «Scheiße, oh nein scheiße!«, als ich das mit dem Ausziehen ja will, aber der Kopf im engen Kragen steckenbleibt, die Glitzerpailletten pieksend im Auge und die Haare verknotet im ätzend engen Stoffhals. Scheiß Glamourkleid, das überhaupt nicht zum Ausziehen gemacht ist! Und dann das Gelächter vom Bühnenrand mit Bier in der Hand, höhöhö, während ich mit weißem Glanzstoff ringe und mir inzwischen auch ganz egal ist, wie ich dabei aussehe, solange ich endlich da rauskomme, von der Lycrastretchscheiße befreit.

»Okay, das war okay. Ja. Wir melden uns dann.« Andrew ist höflich, und ich grinse ergeben und sage »klar« und »danke« und verlasse blamiert-amüsiert den Schauplatz der Niederlage. Draußen wartet schon mein Freund, zum Händchenhalten an Ort und Stelle bestellt, und ich freue mich darauf, ihm gleich von diesem Desaster zu berichten. Wir werden uns auf den Bürgersteig setzen, zwischen parkende Autos, dreckig, egal, und ich werde erzählen und gestikulieren und lachen und rauchen und von dem unsexiesten Striptease *ever* erzählen, in der Hauptrolle: ich! Und er wird mit mir lachen, immer wieder, und die Leute werden gucken, was gackern die denn so, und er wird jetzt vielleicht auch einen Zug von meiner Zigarette nehmen, zur Feier des Tages, und wir werden wieder lachen, immer wieder und uns freuen über diesen Irrsinn. Das Leben macht so Spaß, wenn man Spaß hat.

»Du solltest dein Haar glätten oder große Locken reindrehen. Sieht glamouröser aus, aber ansonsten kannst du gern anfangen.«

Ich sitze wieder in Berlin und habe die Paris-Sache schon längst als lustige Anekdote abgetan, als da auf einmal eine E-Mail vom Pink Paradise ist. »Gib uns einfach Bescheid, wann du kommen möchtest und ob du ein Zimmer brauchst.«

Also scheinbar egal, dass ich mich wie ein Wrestler auf der Bühne bewege. Hauptsache, meine Haare sind glatt.

PARIS

Nächster Halt: Champs-Elysées

Meinen Job zu kündigen, um von nun an als »Freie« weiterzuarbeiten, also offiziell und inoffiziell einfach mehr Zeit für Strip- und andere Abenteuer zu haben und herauszufinden, was da noch so ist, war alles andere als einfach. Es kostet große Überwindung, Menschen, die man liebt, zu enttäuschen oder zu verunsichern. Und andere Menschen, die doch was Tolles mit einem vorhaben, vor den Kopf zu stoßen, die großzügigen Angebote dankend abzulehnen und zu sagen: »Danke, nett gemeint, aber das reicht mir nicht«, vor allem, wenn man auf die Frage: »Aber was reicht dir denn? Was willst du denn?« noch keine Antwort weiß. Dann schauen sie unverständlich, als sei man verrückt, und man hat Angst, dass sie recht haben.

Menschen tendieren dazu, Pläne zu machen und erst dann aus dem Netz zu springen, wenn das neue schon fest gespannt ist. So klettern sie ängstlich und behände von Netz zu Netz und merken nie, dass sie ja eigentlich supergeil fliegen können.

Natürlich hatte ich Angst, große. Angst, dass ich Riesenblödsinn mache. Angst, dass all die entgeisterten Gesichter recht hatten und es die dümmste Entscheidung meines Lebens war, inmitten der Wirtschaftskrise einen Job zu kündigen, den so viele andere gerne hätten und der mir eine tolle Karriere versprach, inklusive Coolness-Faktor. Und das einfach so, nur um mal zu schauen, was da noch so ist. Aber ich hatte auch ein Gefühl im Bauch, dem ich mehr vertraute als der Angst. Und das war ein Gefühl, das mir sagte, dass alles gut wird, wenn ich nur mutig bin und mich fallenlasse, rückwärts mit geschlossenen Augen, und darauf vertraue, dass ich von mir aufgefangen werde.

Als ich aus der Metro aussteige und mich und meinen Koffer Richtung Rue de Ponthieu schleppe, zu der Adresse, die in der E-Mail stand, in der mein Platz im Club und in der Clubwohnung bestätigt wurde, ist mir kotzübel. Kein Gefühl sagt mir: »Es wird alles gut. Vertrau und lass dich fallen.« Das einzige Gefühl, was ich gerade fühle, sagt: »Blöde Kuh! Bist du denn total bescheuert?!« Ich hab Schiss. Ziemlich. Und ich möchte umkehren und nach Hause fahren. Zurück in meine Wohnung zu Sofaecke und Serien in Dauerschleife und Bier in Bars mit Freunden nach der Arbeit. Ich möchte den Drehstuhl, der mich so langweilt, in dem Büro, das mich so langweilt, in dem Job, der mich so langweilt, mit Latte macchiato und Sommerterrasse. Ich möchte Sicherheit und gemütliche Routine. Jetzt bitte, kann ich? Aber ich kann nicht. Denn nun bin ich erst mal hier.

Im Treppenhaus hält mir ein freundlicher Herr die Tür auf und hilft mir mit meinem Koffer. Das Büro sei im dritten Stock, sagt er, es gäbe aber auch einen Fahrstuhl, hinten rechts, und das sei doch sicher besser mit dem schweren Gepäck, oder nicht? Ich bedanke mich freundlich, *merci beaucoup*, und bin irritiert. Wo ist denn der stinkende Hausflur mit Pipi auf den Fliesen und Schusslöchern in der Wand? Wo ist der fiese Vermieter, der an die Türen hämmert und die Miete einfordert, brüllend, während hinter ihm die Nutten vorbeihuschen und sich verstecken, weil die Kohle mal wieder weg ist, versoffen und verdrogt (so wie in »*Pretty Woman*«, klar). Stattdessen frischer Frühlingsduft aus geöffneten Fenstern, großzügiger Fahrstuhl mit Knöpfen in Gold, und schwere Flügeltüren, abgehend vom hellen Flur mit dickem Teppich, der sanft elegant die Pumpsklackerschritte der Büromiezen schluckt.

Im Pink Paradise Office sieht es aus wie in einer Model-Agentur.

Telefone klingeln, Frauen trippeln mit Dokumenten zu Kopierern, und an der Wand hängen übergroße Bilder von Frauen, die aussehen wie Puppen. Puppen mit langen Wimpern, porzellanperfekten Brüsten, Glitzer und Lipgloss und Panties und Pop. Wenn ich groß bin, möchte ich auch so eine Puppe sein.

Clubchefin Jeanine kommt auf mich zu und gibt mir die Hand. »Hi! Mia,oder? Willkommen!« Jeanine ist blond und hat von allem viel: blonde Haare, Brüste, Lippen, Bein. Sie sieht aus wie Barbie. Jeanine kopiert meinen Ausweis und gibt mir einen Vertrag. Dann ruft sie nach Lydia. »Sie wird dir das Dancer-Apartment zeigen.« Aber Lydia kommt nicht, und so ruft sie noch mal, etwas energischer diesmal, und verdreht dabei die Augen. Jeanine ist ungeduldig, Perfektionistin, Business-Barbie halt und ich ab jetzt und für immer Fan.

Mit dem Koffer hilft Lydia mir nicht. Warum sollte sie auch? Und so ziehe ich das monströse Teil unter Ächzen und Schnaufen die enge Treppe hoch, in den dritten Stock, einen Stock drunter ist die Küche. Das Gebäude ist in einer der vielen kleinen Seitenstraßen der Champs-Elysées und gleich in der Nähe des Clubs. Zwei Stockwerke, sechs Zimmer, zwei Girls pro Zimmer. Der DJ wohnt auf der dritten Etage. Bar-Manager Andrew auf der zweiten. Waschmaschine, Trockner, Bad auf jeder Etage. Zimmerschlüssel hier, Hausschlüssel, äh, später. Oder morgen. Tschüs und viel Erfolg.

Ich lasse mich auf mein Bett fallen und atme erst mal durch. Es riecht nach Putzmittel und Billigparfüm, aber das muss ja nichts Schlechtes sein, und auch sonst bin ich zuversichtlich, dass ich es mir hier schön machen kann. Es gibt einen kleinen Kühlschrank, das zweite Bett scheint unbelegt, und für alle Fälle habe ich eine Festplatte voller Serien im Gepäck, mit der ich schnell fliehen kann, falls mir die Realität hier zu einsam, unschön oder dunkel wird.

Auf dem Flur begegne ich meiner Zimmernachbarin. Sie kommt aus dem Bad mit Handtuch auf dem Kopf und einer Tasse in der Hand. »Hi!«, lächle ich sie freundlich an. »Hey«, antwortet sie ohne die Miene zu verziehn, verschwindet in ihrem Zimmer, zieht die Tür zu und dreht den Schlüssel im Schloss.

Die erste Nacht Pink Paradise

Es ist noch leer im Backstage, ich bin wohl die Erste, und ich suche mir einen Platz am Spiegel, links in der Ecke, neben den Waschbecken. Der meterlange Schminkspiegel leuchtet hell, viel heller als das Deckenlicht meines Zimmers, und ich bin froh, dass ich noch genug Zeit habe, das mit dem Make-up noch mal besser zu machen. Nach und nach kommen andere dazu, schmeißen ihre Louis-Vuitton-Taschen auf die Ablagen und breiten ihre Instrumente aus, Glätteisen, Lockenstäbe und Batterien von Pinseln und Schwämmen und Farbpaletten. Ich rutsche weiter in die Ecke, schiebe meine kleine Schminktasche mit mir mit und mache Platz, oder werde weggedrängt, ich weiß nicht so genau, und stehe bald ganz an der Kante des Spiegels neben Hocker und Kleiderständer, mal wieder.

Im Raum ist es jetzt ziemlich voll, und ich schaue mir in der Reflexion des Spiegels die anderen Mädchen an. So viele nackte Körper, Brüste, Haut. Plastik und Braun und Blond, alles glitzert und glänzt. Dabei scheint es zweierlei Sorten von Brüsten zu geben, echte und falsche. Unter den echten gibt es dann wieder verschiedene Sorten, is' ja klar, Vielfalt der Natur und so, aber unter den falschen gibt es irgendwie nur die eine Sorte: groß und prall und rund, in D oder Doppel D. Standard-Silikonkissen oder so. Happy Hour beim Schönheitschirurgen. Bring deine Freundinnen mit und holt euch alle neue Titten.

»Plastischer Chirurg Dr. Karim B. (spezialisiert auf Brust-Vergrößerungen) bietet Sonder-Angebote für Pink Paradise-

Dancers!«, lese ich auf einem blassrosa Werbezettel, der neben anderen Notizen über dem Spiegel klebt. »Girls, wir möchten, dass ihr wunderschön ausseht, also nutzt dieses großartige Angebot!«, ist in Kugelschreiber darunter geschrieben. Na, mal sehen. Erst mal ankommen.

Außer der Unterscheidung echt oder fake gibt es aber noch andere Auffälligkeiten. Denn auch wenn sich hier alle für Geld ausziehen, sind überhaupt nicht alle gleich. Im Gegenteil, es scheint ganz unterschiedliche Typen von Mädchen zu geben, und obwohl hier alle im selben Raum sind, sind die Lebensphasen, in denen wir uns dabei befinden, doch vermutlich ziemlich unterschiedlich.

Da gibt es zum Beispiel die Partygirls und Backpacker. Sie machen das alles nur fürs Urlaubstaschengeld, um sich den Sommer in Europa zu finanzieren. Sie haben keinen tussigen Fake-Tan, an den kurzen Fingernägeln blättert der bunte Glitzerlack ab und die Outfits, na ja, H&M hat ja auch schöne Unterwäsche. Sie erzählen quirlig von ihren DJ-Gigs, sehen vorher aus wie Vegan Hipster und nach ein paar geübten Handgriffen wie *slutty College Babe*, und am Ende der Nacht ziehen sie betrunken weiter, und das Geld wird gleich wieder verprasst. Airbnb-Miete ist ja schon bezahlt, und das, was sie für den nächsten Flug nach wohinauchimmer brauchen, ist eh in ein, zwei Nächten wieder drin. Eve ist ein bisschen so, aber Eve kommt erst in ein paar Minuten. Sie ist zu spät, aber nicht so schlimm, denn im Zuspätkommen ist sie geübt, und so wird sie ohne Panik innerhalb weniger Minuten ihren rothaarigen, coolen Undercut mit Kunsthaarteilen in Vavavoom-Hair verwandeln und niemand wird mehr ahnen, dass sie sich für Regenbogenlove, Glitzer und Buddhismus interessiert. Aber Eve kommt wie gesagt erst in ein paar Minuten. Noch kenne ich Eve nicht.

Dann sind da die in der Blüte ihrer Dirty-Dance-Karriere. Primetime-Stripper. Mädels, die selbstbewusst durch den Raum schreiten, der schöne, junge Körper noch unverändert bis auf Gel-Nägel und Extensions vielleicht. Sie machen das hier vermutlich schon eine Weile und bewegen sich selbstbewusst und sicher im Rudel. Hier und da 'ne Freundin, mit der sie lachen, die anderen ignorieren sie einfach, verunsichert sind sie schon lange nicht mehr. Außerdem ist das hier ja auch nur temporär, nicht wahr? Sie machen das ja nur noch so lange, bis sie mit der Uni fertig sind. Oder nur noch so lange, bis das Auto oder die Schulden abbezahlt sind. Oder nur noch so lange sie eben Lust auf Louis Vuitton und Party haben. Dann sind sie raus und hören auf. Denn das hier ist ja nichts für immer. Sie sind ja nicht wie *die.*

Die, das sind die Profi-Stripper oder so. Die Mädchen oder Frauen, die das Ganze schon lang genug machen, um zu wissen, dass das schon lange keine »eigentlich«-Sache mehr ist. Dass da kein »eigentlich will ich studieren« oder »eigentlich bin ich ja Schauspielerin« mehr kommt und dass das auch gar nicht so schlimm ist, denn sie haben die Welt gesehen und dabei ordentlich Kohle gemacht. *They made B A N K!* Sie waren in Tokio, in den goldenen Jahren, in Australien und Las Vegas, und jetzt sind sie eben in Paris. Und auch wenn es natürlich nicht mit damals zu vergleichen ist, vor der Wirtschaftskrise, in denen die Leute weltweit nur so mit Geld um sich schmissen, ist es doch immer noch gut. Die Brüste sind frisch aufgefüllt, Botox tut den Rest, und was sie nicht mehr an Jugend und Unschuld haben, das haben sie inzwischen an Geschäftssinn und Erfahrung. All die jungen, neuen Mädels stecken sie jedenfalls mit links in die teure Tasche.

Und dann sind da eben die – die jungen, neuen Mädels. Sie schauen wie verängstige Rehe im Raum herum, sagen keinen Pieps und vermeiden Augenkontakt. Sie geben sich große Mühe mit Haaren, Outfits, Make-up, um so auszusehen wie die Großen, und pudern alle halbe Stunde nach, glätten nach, sprühen nach. Im Club nachher sitzen sie dort, wo man sie am wenigsten sieht, in irgendeiner dunklen Ecke, mit dem Täschchen auf dem Schoß, und wissen nicht wer wie wo warum. So wie ich jetzt.

Amy holt mich ab in meiner dunklen Ecke, um mir den Club zu erklären. Amy hat einen englischen Akzent, so wie scheinbar alle im Management hier, und ist freundlich und hübsch mit sexy elegantem Outfit und - Überraschung – großen Brüsten. Ende dreißig vielleicht, Exstripper vielleicht, vielleicht aber auch nicht. Amy ist die Housemom und als solche für die Mädels zuständig. Dafür, dass sie pünktlich da sind, sonst müssen sie Strafe zahlen, dafür, dass sie pünktlich zu ihren Stagesets auf der Bühne sind, dafür, dass sie vernünftig aussehen (keine Perücken, das sieht albern aus, keine trashigen Outfits, das sieht billig aus) und dafür, dass es wenig Drama gibt im Backstage oder im Club und die nackt-blondierte Meute in Schach gehalten wird.

Unsere Tour beginnt oben in der Private Dance Area, den semiprivaten Sofa-Separees hinter wunderschön glitzernden Glasperlenvorhängen. »Private Dances sind immer nackt, also *full-nude*, und kosten siebzig Euro für zwei Songs«, erklärt mir Amy, »das sind zwei Pink Dollar. Versuch natürlich immer, mehr als das Minimum zu verkaufen, oder am besten gleich VIPs.«

Die VIP-Bereiche sind mit dunklen Samtvorhängen abgetrennte, plüschig-weiche Sitzecken und sehen um einiges einladender und glamouröser aus als die halogenbeleuchteten Fummel-Zimmer in der Berliner Busenbar. Und teurer sind sie auch. »Ein VIP-sitdown kostet dreihundert Euro für zwanzig Minuten, inklusive einer Flasche Champagner. Anfassen ist verboten. Wir haben überall Kameras.«

So ganz verstehe ich das mit dem Bezahlungssystem zwar noch nicht, aber ich habe begriffen, dass VIP wohl kohletechnisch am besten ist, und so versuche ich mein Glück mit der VIP-Sache gleich mal, ein paar Stunden später, bei Michel.

Michel ist zu Besuch in Paris, geschäftlich, und kommt eigentlich nicht oft in solche Clubs, wie er sagt. Er ist klein und etwas schüchtern, trägt Anzug und Krawatte, und in diesem Club ist er heute Abend das erste Mal. Es gefällt ihm, sagt er, als er sich umschaut, Drink in beiden Händen, während ich neben ihm sitze, etwas nervös und unbeholfen, meinen Drink auch in beiden Händen, ja, es gefällt ihm, doch, doch, sehr geschmackvoll alles, und ich gefalle ihm natürlich auch, sehr nett, sehr hübsch, ja, doch. Was das denn kostet, diese VIP-Geschichte, fragt er, gleich nachdem ich stammelnd etwas von intimerer Atmosphäre und Champagner erzähle. »Dreihundert für zwanzig Minuten«, lächle ich so niedlich und beiläufig wie möglich, diese längere Viertelstunde hier kostet immerhin gerade fast eine Monatsmiete, und bin überrascht und freudig-verwundert als er »*Well okay, why not*«, sagt.

Bei der Pink Bank, dem kleinen Counter-Tresen, an dem Amy und Andrew Bargeld zu Pink Dollar machen, zwinkert Andrew mir zu, »Erste Nacht, nicht schlecht« (mehr Glück als Verstand, denke ich mir), und gibt mir ein kleines Zettelchen, um es beim DJ abzugeben.

Als ich dem DJ die Notiz in die Hand drücke, die wohl so was bedeutet wie »*No stage for me – I am making money in the* VIP*!*«, schaut mich das Mädchen neben ihm abfällig an. Strohhalm im Mund, Arsch auf dem Mischpult lacht sie nur zickig, als ich »Hi« sage und etwas wie ein Lächeln wage, und dreht sich demonstrativ weg. Na klar. Dann eben nicht.

Im VIP sitzt Michel schon und wartet auf seine dreihundert Euro teure Gesellschaft. Ich hüpfe zu ihm aufs Sofa. »Na? Hier isses doch viel gemütlicher oder?« Mehr fällt mir auf Anhieb nicht ein, und ich frage mich, wie ich es schaffen soll, ihn zwanzig Minuten davon abzulenken, dass er gerade dreihundert Dollar fürs Sitzen mit mir ausgegeben hat. Unser Champagner wird gebracht. Gott sei Dank. Der Barman ploppt den Korken und schenkt uns ein, während wir brav sitzen und warten. Ich fühle mich wie mit dreizehn, erster Boyfriend auf dem Futonbett und so, Mama bringt Saft und Kuchen, und ich habe einen trockenen Mund und bissi Schiss davor, wie's weitergeht, wenn Mama wieder aus der Tür ist gleich.

Wir stoßen an, kling, kling, und ich rutsche etwas näher an ihn ran, also an Michel jetzt. »So, und du bist also auf Businessreise, ja?«, beginne ich ungeschickt die Unterhaltung, und er erzählt mir davon, dass er für eine Messe hier ist und morgen wieder nach Hause fährt, Lyon, aber erst mittags. Ich nicke und sage »Ahh!« und weiß nicht wirklich weiter. »Soll ich vielleicht ein bisschen für dich tanzen?«, schlage ich also das Offensichtlichste vor, und Michel sagt »gern«, und ich bin erleichtert, denn das mit der sexy Unterhaltung ist doch irgendwie ganz schön schwer.

Ich stelle mein Glas ab und schiebe den Tisch etwas zur Seite und beginne ganz langsam, vor ihm zu tanzen, und er lächelt und lehnt sich zurück, und ich lächele auch und fange an, mich zu entspannen. Das hier ist schön. Ich streife mein Kleid ab, ganz langsam, lege es hinter mir aufs Tischchen und tanze mit sanften Hüftbewegungen ganz dicht vor seinem Gesicht weiter, während ich mich etwas auf seinen Knien abstütze, um nicht umzuknicken auf meinen hohen Schuhen. Er schaut mir tief in die Augen und ich ihm, und es macht ihm Spaß, mir zuzusehen, und mir macht es Spaß, dass es ihm Spaß macht, und das hier ist so gar nicht böse, so gar nicht schlecht, sondern sehr gut und sehr richtig. »Du tanzt toll! Das hier ist wirklich schön…«, sagt er leise. Und ich sag, »Danke. Ich find's auch sehr schön«, und werde rot und schließe lieber die Augen, als auf einmal der Vorhang zur Seite gerissen wird und zwei Frauenkörper in unsere still-sanfte Zweisamkeit wirbeln, wie der Tasmanische Teufel auf Speed. Sie fallen über Michel her, setzen sich auf seinen Schoß, kreischen »Baby, baby, baby«, geben ungefragte Küsschen und lockern jubelnd, quiekend seine Krawatte. Ich habe keine Ahnung, was passiert und was das soll und ob das okay ist oder nicht und wie es jetzt weitergeht für mich und Michel und die beiden Profi-Schlampen. »Baby, Baby, komm, lass uns Spaß haben!!!«, betteln sie wie vernachlässigte Scheidungskinder, »wir zeigen dir, wie man richtig feiert! Komm schon! Baby, Baby!!!« Michel ist überfordert und blickt Hilfe suchend zu mir. Aber ich weiß auch nicht weiter. Um ihn drängen sich Milfs mit Löwenmähne und Wimpern, so lang, sie könnten mich damit bewusstlos klatschen. Fingernägel krallen sich in sein Jackett, dicke Lippen lachen dreckig laut, und Mörderbrüste verdecken mir die Sicht aufs Schlachtfeld. Ich kapituliere. Ich fühle mich wie die kleine Ronja Räubertochter, die von den bösen Hexenvögeln angegriffen wird, und möchte mich jetzt auch zum kleinen Knäuel zusammenrollen und in meine Armbeuge schluchzen, bis alles vorbei ist.

Als die Girls mit lautem Getöse wieder abdampfen, ist unser Champagner leer und die Zeit rum. »Oh Mann, tut mir echt leid«, entschuldige ich mich bei Michel, der sich ziemlich mitgenommen sein Hemd wieder zuknöpft, »ich weiß auch nicht, was das war, ich kenne diese Girls gar nicht!« Ob er vielleicht verlängern möchte, traue ich mich nicht zu fragen, und so sage ich schüchtern, »Na dann, ich wünsch dir noch 'n schönen Abend«, als er verärgert den VIP verlässt und ich mit meinem Kleidchen in der Hand zurückbleibe.

Als ich die kleine Seitenstraße hinunterlaufe, ist es schon hell. Es ist nach 6 Uhr. Die Boulangerie hat schon geöffnet, und es riecht nach Baguette. Zwei betrunkene Typen rufen irgendwas zu mir rüber, und ich fühle mich etwas unwohl mit meiner dicken Tasche über der Schulter und dem Partygirl-Make-up im Gesicht. Ob man wohl sieht, woher ich gerade komme? Was ich heute Nacht gemacht habe? Und wenn man das sieht, was dann? Als ich an der Haustür ankomme, ist sie verschlossen, natürlich, und einen Schlüssel habe ich ja noch nicht. Ich bin müde und will ins Bett und mit Lieblingsserie einschlafen.

… und die andern girls so »yeah«!

Talulah zieht Leira und mich zu sich. Leira und ich sind beide neu und haben uns deshalb irgendwie zusammengetan. Leira kommt aus Nigeria. Sie wohnt bei ihrem Cousin in einem Pariser Randbezirk, aber der darf davon, also hiervon natürlich, nichts wissen. Sie weiß aber selbst noch nicht, wie lange sie das hier machen wird, mal sehen. Eigentlich will sie ja Köchin werden.

Leira und ich haben nicht viel Ahnung und fühlen uns beide verloren in unseren langen Stripperkleidern, die wohl sexy sein sollen, und sind eingeschüchtert von den anderen Mädchen, die diese Kleider irgendwie besser ausfüllen. Wir wissen weder, wie man die Männer zu den Private Dances überredet, noch ob es normal ist, dass sie dann aber total Spaß machen, diese Private Dances, und so gar nicht eklig oder unheimlich sind.

Somit sind Leira und ich zu zweit beim Alleinsein. Zweckgemeinschaft oder so. Ich schenke ihr das lila Kleid, was mir nicht steht, und sie hilft mir beim Druckknopfannähen am engen Kleidkragen, den ich aufgeschnitten hab, um das Kleid ausziehen zu können, ohne wieder mit dem Kopf stecken zu bleiben.

»Mädels, kommt, setzt euch mit zu uns«, hält Talulah uns also am Arm fest, als wir an ihrem Tisch vorbeigehen, ziellos wie neu Eingeschulte auf dem Pausenhof. Talulah ist Amerikanerin und sitzt zusammen mit ein paar Männern und einer anderen um eine Riesenflasche Wodka herum. Die andere hat den Arm um einen der Typen gelegt und lehnt ihr großzügig gepimptes Dekolleté über seinen Schoß, während sie ihm laut-betrunken und mit dickem australischem Akzent ins Ohr schreit: »Also eigentlich mach ich sowas ja nicht, also strippen!« Und dann noch irgendwas von Glamourmodel und Bikini-Shooting.

Leira und ich setzen uns dazu und lassen uns Drinks einschenken. Talulah schwankt leicht auf ihrem Stuhl, so schlimm wie bei der anderen ist es aber noch nicht, und Talulah wirkt auch irgendwie geübter im Schwanken. »Sag mal, wohnst du nicht auch im Dancer-Apartment?«, fragt sie, und ich nicke. »Yep, dritter Stock.«

»Ashley und ich wohnen im zweiten Stock. Komm uns doch mal besuchen«, sagt sie und wendet sich dann wieder ihrem Sitznachbarn zu.

Als Ashley und Talulah auf der Bühne sind, sehen sie aus wie ein ungleiches Schwesternpaar. Talulah tanzt elegant mit unangestrengten, simplen Bewegungen um die Stange, während Ashley am anderen Ende der Bühne wie für Selfies posiert. Die dunklen Extension-Locken fallen dabei auf den dicken Busen, sie wiegt sich behände von links nach rechts und zieht einen Schmollmund, der wohl *süß* sein soll. Eigentlich bin ich Glamour-Model. Eigentlich mach ich so was hier nicht. Whatever.

Talulah macht dieses *sowas* schon seit über zehn Jahren und wirkt happy. Ursprünglich aus Hawaii, erzählt sie, wohnt aber schon lange in Las Vegas. Jetzt halt Paris, davor Tokio und mal hier und mal da und danach, na mal schauen. Achtundzwanzig Jahre alt sei sie, sagt sie, und ich glaub mal, ich glaub ihr.

Oben im Backstage ist das Raucherklo besetzt, und ich will die Tür gerade wieder zuziehen, als mich Kat zurückhält. »Komm einfach rein, scheißegal.« Sie hockt auf der Toilette und pinkelt und raucht, und ich stell mich dazu und zünde mir auch eine Zigarette an. Kat ist besoffen, ziemlich, die Mascara unter den falschen Wimpern ordentlich verschmiert und ihr breiter Stand mit heruntergelassener Panty ziemlich wacklig über der Pipischüssel. Sie zieht sich schwankend wieder an und plappert auch gleich los über dies und das und den Stand der aktuellen Gerüchteküche. Darüber, dass Michelle ja eine Freundin des Chefs ist und aber vorher ja mal im *Hustlers* gearbeitet hat, wo sie dann ja aber rausgeflogen ist, weil sie und Monica, ich weiß ja, wer Monica ist, oder, was Komisches mit dem Management am Laufen hatten, also als sie dort noch Tänzerin war, und darüber, dass Katy das dann ja rausgekriegt hat, weil sie ja auch mal da gearbeitet hat und mit Monica befreundet war, die sich dann ja aber gestritten haben und Katy aber auch noch andere Sachen mitgekriegt hat, die ziemlich krass waren, aber was, das konnte sie mir jetzt ja nicht erzählen, das hatte sie ihr ja versprochen, also Kat Katy. Aber Katy arbeitete ja jetzt eh nicht mehr im Pink, kenn ich Katy überhaupt, nee, ne, also so gesehen könnte sie es mir ja dann vielleicht doch alles erzählen und …

Eine Blondine mit Supersilikon kommt hereingeplatzt und drängt sich dazu. Es wird jetzt langsam ganz schön eng auf unserem qualmigen Quadratmeter. Sie zündet sich auch eine Zigarette an, schaut in die kleine Runde, an mir herunter und kreischt entsetzt auf: »OMG! Deine *boobies* sind ja SO klein! Meine waren auch mal so klein!!!«

»Oh«, fällt mir nichts anderes dazu ein, und: »Tja. Naja.«

»Huh«, sagt sie, noch immer unter Schock, ohne den Blick von meinen exotischen Brüsten zu lassen, »es soll ja Typen geben, die auf sowas stehen«, und starrt für den Rest ihrer Zigarette fasziniert auf meinen Körper, als würde ich einen seltsamen Fetisch bedienen.

Als ich Leira zum Bus gebracht habe und die Champs-Elysées zurücklaufe, sehe ich Eve und Kat bei *Pomme de Pain*. Es ist 7 Uhr morgens, die beiden kaufen sich Sandwiches und Kaffee. Ich habe auch Hunger, aber hier draußen im Tageslicht komme ich mir zu fremd und fern vor, um mich den beiden anzuschließen. Ich biege ab in meine Straße und hoffe, dass ich nicht allzulange auf den Stufen vor dem Haus warten muss, bis irgendjemand rein- oder rauskommt und ich durch die offene Tür nach oben huschen kann, in den dritten Stock, vorbei an betrunkenen Zickereien aus dem einen Zimmer und stillen Telefonaten aus dem anderen.

Die Tür zu Andrews Zimmer öffnet sich, und ein Mädchen im Handtuch kommt heraus und geht ins Bad. Oben in meinem Zimmer schmeiße ich den Wasserkocher an und öffne das Fenster, um eine letzte Zigarette zu rauchen. Unter mir lehnt Talulah aus ihrem Zimmer und telefoniert. Sie schaut kurz zu mir nach oben und verschwindet dann aber schnell wieder und schließt das Fenster. Nun ist es still. Draußen ist es inzwischen taghell, und die Sonne strahlt warm ins Gesicht. Es ist Juni. Morgens, kurz vor acht. Ich ziehe den Vorhang zu, gieße heißes Wasser auf meine Cupnoodles und kuschle mich mit Serie ins Bett.

Crêpe Suzette

Albert ist Anfang zwanzig und sieht unglaublich hübsch aus. Wie der Schwarm von Sophie Marceau im Film »La Boum – Die Fete«. Nur schüchterner. Albert ist mit Bekannten hier, ein Geburtstag oder so, und eigentlich ist das hier nicht wirklich sein Ding. Aber das Geburtstagskind ist nun mal ein Freund, und Geburtstage muss man zusammen feiern, vor allem wenn man sonst nicht viel Zeit für seine Freunde hat, so wie Albert.

Albert ist der persönliche Assistent eines Botschafters in Paris. Er fährt ihn rum, erledigt Besorgungen, fährt ihn wieder rum und ist generell für ihn da, wenn er ihn braucht, egal wann das ist. Das ist anstrengend, sagt Albert, und Zeit für sich selbst hat er so gut wie keine. Aber es ist nun mal sein Job. Albert sieht chic aus und sophisticated elegant in seinem perfekt sitzenden Anzug. Ich würde mich nicht wundern, wenn er selbst mal ein Botschafter wird oder sonst jemand von Rang und Namen. Er strahlt diese Klasse aus, die man nicht kaufen oder erlernen kann. Entweder man hat sie oder man hat sie nicht. Albert wohnt in einer kleinen Wohnung am Montmartre über der, wie er sagt, besten Crêperie von Paris. Die Crêpe Suzette müsste ich unbedingt mal probieren, schwärmt er, das seien mit Abstand die besten, die ich je gegessen hätte.

»Das mach ich auf jeden Fall«, verspreche ich ihm und setze ihn sanft auf das Sofa hinter dem Glasperlenvorhang. »Glaub ich dir nicht«, antwortet er und scheint etwas enttäuscht zu sein von sich. Nun hat er sich doch tatsächlich einlullen und zu so ’nem Private Dance überreden lassen, denkt er vermutlich, vierzig Euro verdammt noch mal, mit hübschen Augen, falschen Versprechungen und gespieltem Interesse. »Lehn dich einfach zurück und genieß es«, sage ich und drücke ihn sanft zurück, »das wird schön.« Und das meine ich auch so. Der nächste Song beginnt, und ich beginne, langsam vor ihm zu tanzen.

Es dauert eine Weile, bis ich das Restaurant finde, von dem ich glaube, dass es das Richtige sein müsste, aber als ich den ersten Happen meiner Crêpe Suzette probiere, bin ich mir sicher. Der Kellner bringt eine kleine Karaffe Wein, ich habe doch gar keinen bestellt, und zwinkert mir zu. Für mich. Vom Haus. Einfach so, weil warum nicht. Ich freue mich und fühle mich wohl. Vermutlich wirklich die beste Crêperie der Stadt.

»Sag mal, kennst du einen Albert?«, frage ich den Kellner, als ich bezahle. »Ich glaube, er wohnt oben?«

»Albert, ja klar!«, antwortet er und strahlt. »Bist du 'ne Freundin? Soll ich ihn mal eben holen?«

»Nein, nein!«, sage ich schnell und nehme meine Tasche. »Danke, aber is schon okay. Sag ihm einfach einen lieben Gruß von Mia.«

Ich sehe was, was du nicht siehst

»Oh mein Gott! Du must echt besser aufpassen!! Sie muss echt besser aufpassen!«, schreit Leira hysterisch erst über die Straße und dann zu mir und meint damit Ashley, die besoffen und grölend im Ministretchkleid die Champs-Elysées entlangtorkelt und bei jedem zweiten Schritt auf ihren High Heels umknickt. Leira hat natürlich recht. Aber es ist ja sehr früh am Morgen, und so viele Autos sind noch nicht unterwegs. Und Ashley ist ja auch schon groß und so. Sie weiß ja, was sie tut. Denke ich mal. Ich stehe auf der anderen Straßenseite und schaue mir an, wie Ashley auf dem Mittelstreifen steht und dabei hin und her schwankt und immer wieder einknickt, während Kat sie gerade zu halten versucht und gleichzeitig hinter den hupenden Autos herschreit und schimpft und kickt und flucht. »O Mann, ey, die muss echt ihre Wut in den Griff kriegen«, sagt Eve neben mir, während Kat etwas nach einem vorbeihupenden Auto wirft. »Gestern ist sie 'nem Taxifahrer mit so 'nem Stück Holz in der Hand hinterhergerannt. Ich hab echt gedacht, die will den verkloppen!«

Das Restaurant ist das Einzige, was noch oder schon aufhat, und so marschieren wir hinein. Gerade egal, dass es teuer ist, wir haben ja Cash, und auch egal, dass es ein Steakhouse ist und wir Frühstück wollen. Essen ist ja Essen, vor allem wenn man betrunken ist. Talulah geht voran und wir im Entenmarsch hinterher. Einmal quer durch den Laden, Richtung Tisch in der Ecke da, der am Fenster da vorn, genau, vorbei an den Typen links am Tisch da und – oh, äh, hallo, das bist ja du!

»Dich hab ich hier jetzt aber nicht erwartet!«, sage ich dummdreist, als hätte er mir doch Bescheid sagen müssen, dieser Fremde, den ich so gut kenne und er mich ja aber nicht.

»Ja, äh, hi!«, sagt er, höflich nett und adrett, und weiß aber vermutlich trotzdem nicht, was es da jetzt noch zu reden gäbe mit dieser Fremden.

»Ich glaube, wir haben uns mal auf der letzten Filmworks-Weihnachtsfeier getroffen«, sage ich naiv hoffnungsvoll, und er nickt brav und sagt: »Oh ja« und »kann sein« und hat vermutlich keine Ahnung. Woher auch.

»Ey, die Typen kriegen wir noch dazu, dass die unser Essen bezahlen«, flüstert Kat mir zu und zieht mich weg. Das ist irgendwie trippy. Alle Welten kommen zusammen, alle Identitäten in einem Raum.

Ich setze mich zu den Mädels an den Tisch und schlage die Karte auf. Kat hat sich zu den Jungs gesetzt und macht da weiter, wo sie im Club aufgehört hat. Ob man ahnt, was wir sind? Wo und wie wir heute Nacht waren? Ich schaue rüber. Seine Kumpels finden Kat gut. Wie auch nicht. Partygirl-Entertainment für ein bisschen Steak mit Sauce Bernaise. Er lächelt verhalten, und ich versuche mich in zwangloser Konversation: »Und? Was machst du in Paris? Drehst du gerade?«, frage ich unbekümmert über das Tischtuch rüber und versuche, den großen Elefanten im Raum wegzusmalltalken. Ich im kleinen Kleidchen beim Steakfrühstück mit Hustlerfreundinnen. An unseren Stuhllehnen Louis Vuittons und andere Taschen in Kurzurlaub-Größe mit Vorhängeschloss am Reißverschluss. Kat zwischen den beiden Jungs. Kat mit den extrem langen falschen Wimpern. Kat, die langsam sauer wird, weil es ja wohl echt krass unverschämt wäre, wenn sie uns jetzt nicht einladen würden, also echt, Mann!

Vor ein paar Wochen haben wir noch auf derselben Filmparty getanzt, also er und ich, in Berlin. Mit Jeans und Turnschuhen und

Moscow Mule in der Hand. Vermutlich hat ein irre hipper DJ mit Vollbart gespielt, und vermutlich wurde ihm viel auf die Schulter geklopft, also ihm, nicht dem DJ, von wegen steile Schauspielkarriere, erst »Bourne-Ultimatum« und jetzt auch noch Tarantino, krasses Ding Mann, saugeil.

»Und ihr? Was macht ihr denn so?«, fragt er zurück und grinst, als ob er's irgendwie weiß. »Äh, wir arbeiten hier in der Nähe«, sage ich und werde rot. Kat füttert die Jungs mit grünen Bohnen, und Ashley grölt: »*I looove Champs Ilaisiii!*«, und wackelt mit ihren Brüsten über dem kalten Steak. »*Wanna get outa here?*«, fragt Eve. »*Yes, please*«, sage ich, und wir bezahlen und sind weg.

Die Patisserie an der Ecke zum Canal St. Martin hat schon geöffnet, und die ersten Frühaufsteher stehen mit uns in der Schlange zu Baguette, Kaffee und Süßkram. Draußen ist es still, und die Luft ist noch angenehm kühl von der dunklen Nacht, die nur wenige Minuten zurückliegt. Bald wird es flimmern vor den Augen durch aufsteigende Hitze, und die heiße Luft wird schwer und dick sein durch Gestank und Lärm. Noch aber ist alles frisch und neu und der Tag nichts weiter als ein unbeschriebenes Blatt. Alles ist möglich. Gestern war gestern.

Wir setzen uns an den Rand des Wassers auf den kalten Beton des Kanalwegs und breiten unser Picknick aus. Eine Ente schwebt leise auf dem Wasser vorbei. Ansonsten ist es still. Noch keine lauten Touristenboote. Noch keine spielenden Kinder im niedlichen Kleidchen mit Mutti und Vati beim schönen Sonntagsspaziergang. Nur wir beide und irgendwo vielleicht noch jemand. Vielleicht aber auch nicht. Eve öffnet ihren Zopf und legt sich zurück. Ihre roten Haare leuchten auf dem Beton, und die rasierte Unterseite des Kopfes ist jetzt wieder von langem Mädchenhaar verdeckt, als sei immer alles niedlich und fein. Ich sehe was, was du nicht siehst, und das ist. In ein paar Stunden werde ich ins Taxi steigen und zum

Flughafen fahren und morgen schon wache ich wieder in Berlin auf. Dann ist alles ganz ganz schnell wieder ganz ganz normal und nichts erinnert an nacktes Champagnertrinken und Private Dances und crazy Kat, Ashley und Brüste auf Steak.

Ob er mich wohl wiedererkennen würde, frage ich mich, wenn wir uns mal wieder begegnen sollten, irgendwo in Berlin? Auf einer Filmparty in Jeans und Turnschuhen oder am Nebentisch eines der schicken Restaurants, in die man halt so geht, wenn man in Berlin in schicke Restaurants geht, mit Produktionsleitern, Regisseuren, Werbetypen, »ach, komm doch bitte mit, Mia, du kannst das immer so gut«. Vermutlich nicht. Und das ist mir auch extrem recht. Ich sehe was, was du nicht siehst.

BERLIN

Stripdingflucht

Manchmal glaube ich, ich bin einfach unglaublich faul. Ich habe kaum Disziplin, ein immer kürzer werdendes Durchhaltevermögen und bin nur in Gedanken zielstrebig und fleißig. So wie ich oft auch nur in Gedanken aufstehe und aus dem Bett komme und dann mit Erschütterung feststelle, dass das nur in Gedanken passiert ist und ich in Wahrheit noch immer in meinem Bett liege. In Gedanken habe ich tolle Dinge vollbracht, grandiose *Kunst* gemacht, wunderbare Ideen umgesetzt und mich mit interessanten Menschen getroffen. In Wahrheit allerdings bin ich Königin der Prokrastination und feiger Bequemlichkeit, mein Sofa ist mein Palast und die Online-Stripcommunity meine Garde von herrschaftlichen Beratern und Vertrauten.

Wenn ich meinem sogenannten *Dayjob* nachgehe und als Produktionstusse mit dem MacBook Werbefilmdrehs organisiere, bin ich unschlagbar. Ich bin schnell und organisiert und effizient, dabei stets freundlich und gut gelaunt und habe sogar noch eigene Lösungsideen zu wichtigen Fragestellungen parat.

Das geht dann zum Beispiel so:

A: »Sollen wir unserer Hauptdarstellerin für die Küchenszene ein legeres Jeanshemd oder einen eleganten Blazer anziehen?«

B: »Hm … oh … das is super tricky. Die Marktforschung sagt ja, dass die Zielgruppe sich eher lässig gibt, trotzdem wollen wir auch die etwas konservativere Besserverdienerin abholen …«

A: »Hmm … schwierig …«
B: »Ja … sehr …«

Und dann kommt mein großer Auftritt:

Ich: »Man könnte doch die Ärmel vom Blazer etwas hochkrempeln, dann wäre der sonst elegante Blazer gleichzeitig legerer, und wir hätten somit beides?«

Stille. Dann Wow. Die Menge beginnt erst langsam, dann frenetisch zu applaudieren. Jubel. Korken knallen. Fanfaren tönen. Freudenfeuerwerke erhellen das einst dunkle Firmament, und Menschen fallen sich weinend in die Arme. Irgendwo wird vielleicht auch ein Lamm geschlachtet. Feiertag. *She did it again.* Was für eine Produktionsassistentin!

Okay, ganz so ist es nicht immer. Aber trotzdem bin ich doch meist eine gern gesehene Besetzung für diesen Posten. Ich mache detaillierte Listen, die ich sofort abarbeite, und wenn ich mein Magenknurren irgendwann nicht mehr ignorieren kann, esse ich mein lauwarmes Thai-Take-Away am Schreibtisch, mit Blick auf den Bildschirm und einer Hand auf der Tastatur. Ich bin fleißig und gut in meinem Job. Nur schade, dass er mich so irrsinnig langweilt.

Wenn ich wieder zu Hause an meinem unordentlichen Schreibtisch sitze, ist außer dem Magenknurren kaum etwas von der Streberin übrig. In solchen Momenten, in denen ich eigentlich dies und das und jenes und vieles tun sollte und wollte, um reich und berühmt zu werden, flüchte ich mich in meine Stripperwelt. In eine Online-Community von Strippern, Stripclubs und Strip-Agenturen und Perspektiven auf Glamour und Unterwelt und rasierter Pussy und Abenteuer. Es werden Erfahrungen ausgetauscht, Versprechen gemacht, mit *big business* gelockt oder vor kriminellen Clubbetreibern gewarnt. Ich liebe diese Welt, die oft so böse und verboten lockt. Wäre ich ein Mann (und dumm, äh, nein, mutig), wär ich vielleicht Mafioso. Aber da ich ein Mädchen bin und nur in kalkuliertem Maße dumm, äh, nein, mutig, sind eben Stripclubs mein *rabbithole* ins düsterpinke Wunderland, und wenn ich nicht gerade live dort sein kann, dann zumindest virtuell, um meinen nächsten Sturz in den Abgrund zu planen.

Es ist wie eine Droge.

Ich denke, ein Spielsüchtiger muss sich ähnlich fühlen wie ich. Es muss doch noch mehr zu holen sein, denke ich nach jedem Trip, denn nach dem Striptrip ist vor dem Striptrip, mehr Verderben, mehr Geld, mehr schöner Schein, mehr schöner Schmerz.

Natürlich sind alle Stripclubs grundlegend ähnlich: Mädchen, mehr oder weniger hübsch, verdienen Geld durchs Ausziehen, sexy sein, Mädchen sein, Schauspielerin sein. Männer, nicht alle hübsch, kommen, um Mädchen tanzen zu sehen, nackt, und mit ihnen zu flirten, Zeit zu verbringen und von ihnen für ihr Mannsein bewundert zu werden. Dafür bezahlen sie – manche unbewusst, andere bewusst – meist mehr als sie vorhatten. Diese Rollenverteilung haben alle Clubs gemein. Und trotzdem ist jeder Club, jedes Mädchen dort, jeder Kunde, jede Nacht neu und wie die allererste, und während ich in der Realität nicht selten gelangweilt auf der kalten Ledercouch irgendeines Clubs sitze, während ein völlig uninteressanter Typ mich vollquatscht, ohne irgendetwas zu zahlen, oder ich auch einfach allein rumsitze und gähne und friere, weil mal wieder keine Gäste da sind, sehne ich mich in Momenten meines Berliner Alltags nach genau dieser glitzernden Tristesse.

Forever Eve

Als Eve und ich uns beim After-Hour-Picnic am Canal St. Martin in Paris kennengelernt haben, haben wir schnell gemerkt, dass wir aus dem gleichen Holz geschnitzt sind, irgendwie. Und als sie mich noch im selben Sommer in Berlin besuchen kam, wurde aus der gegenseitigen Schwärmerei schnell die große Liebe. Es ist schön, wenn man jemanden trifft, dessen Kopf genauso seltsam funktioniert wie der eigene. Man ist dann weniger allein, und weil man den anderen toll und faszinierend findet in seiner Andersartigkeit, findet man sich auch ein bisschen weniger falsch. Eve und ich tanzten durch den Berliner Sommer, machten sexy Fotos auf Kreuzberger Dächern, und wenn ich an einem Sonntag Produktionsarbeit erledigen musste, ausgelaugt und den Tränen nah, scheißegal ob Wochenende: Powerpoint und Excel-Tabellen statt Freibad und Sonnenschein, dann kam Eve und brachte mir Essen und saß auf dem Sofa und blätterte in Zeitschriften, immer in der Nähe, falls ich eine Umarmung oder eine kleine Balkonpause brauchte.

Eve war noch einen Tick wilder als ich, irgendwie. Sie feierte noch härter als ich, war noch planloser als ich und noch einen Tick unzuverlässiger. Man wusste nie, wann sie tatsächlich auftauchte, wenn man sich mit ihr verabredete. Aber wenn sie dann kam, mal nur eine halbe, mal anderthalb Stunden zu spät, konnte ich ihr nie wirklich böse sein. Eve liebte Glitzer und Regenbogenfarben, gutes, gesundes Essen und ferne Länder und Musik und bewusstseinserweiternde Erfahrungen, wodurch auch immer hervorgerufen. Oder das dumpfe Dämmen des Bewusstseins, je nachdem, denn manchmal war es auch einfach einfacher den Kopf stillzustellen, das wussten wir beide.

Wir waren uns so ähnlich, dass es fast gruselig war.

»Ich find's Hammer, wie ich wie so'n super *Babe* aussehen kann«, sagte sie einmal, während sie vor dem Spiegel stand. «Ich clip mir einfach 'n paar Extensions rein, mal mir das Gesicht an, zieh mir ein slutty Mini-irgendwas an und wackele mit den Brüsten, und niemand würde je auf die Idee kommen, dass ich normalerweise wie 'ne alte Amishfrau auf Acid aussehe.«

Eve wusste auch nicht wirklich, was, wie und wann. Zu Hause in Melbourne veranstaltete sie Partys oder hielt sich mit kleinen Grafikjobs über Wasser, bis es auf die nächste Reise ging. Viel Geld, um große Ideen umzusetzen, hatte sie nicht, aber noch mehr als Geld fehlte ihr, glaube ich, der Glaube ans Gelingen. Aber leidenschaftlich träumen und planen, das konnte sie gut in ihren guten Momenten. In den nicht so guten hörte ich manchmal Monate nichts von ihr. Aber das war okay, denn ich verstand sie, so wie sie mich verstand, und wir mussten uns nicht erklären, denn wir kannten den Kopf des anderen ja irgendwie, denn er war dem eigenen so ähnlich.

Eves und meine Lieblingsbeschäftigung war es, zu skypen und dabei Striptrips zu planen und den gemeinsamen Abenteuerurlaub anzutreten, in Theorie zumindest, den gemeinsamen Ausbruch. Wir verbrachten Stunden damit, uns Häppchen zu füttern, Häppchen von »wir könnten doch wirklich« und »diesmal aber echt«, und uns damit im Glauben zu lassen, für eine Weile jedenfalls, dass er diesmal wirklich stattfinden würde, zum Greifen nah quasi, der nächste gemeinsame Striptrip, das nächste gemeinsame Abenteuer!

Skype Chat mit Eve

[2:47:16 AM] Mia: komm doch mit nach Hamburg nächste Woche!
[2:47:19 AM] Mia: ah Moment.
[2:47:24 AM] Mia: geht ja nicht.
[2:47:31 AM] Mia: hatten wir ja alles schon.
[2:47:38 AM] Mia: ich dreh mich im Kreis, ahhhhh!!!!
[2:48:35 AM] Eve: hahahahaha ich weiß genau was du meinst, ich komm mir auch vor als wär ich in Karussell-lala-Land.
[2:50:52 AM] Mia: ohmann ey ich auch … und alles dreht sich immer schneller und schneller … bin gerade auf der Arbeit aber google schon wieder nach Stripclubs … *same old same old* … immer das gleiche.
[2:51:29 AM] Eve: ich weiß … es dreht sich alles wirklich immer schneller und schneller.
[2:51:34 AM] Eve: bringt einen total durcheinander!
[2:52:26 AM] Mia: ja und das Schlimmste ist, es dreht sich ja alles nur in unseren Köpfen! Wenn wir nur die Hälfte von all dem machen würden was wir immer planen und recherchieren. Aber nee, es bewegt sich alles nur im Kopf, der Arsch bleibt faul auf dem Sofa.
[2:55:20 AM] Eve: total!! ich hab manchmal das Gefühl ich trickse mich selbst aus, spiel Spiele mit meinem Kopf oder so was.
[2:57:04 AM] Eve: haha oh Gott, ich brauch mal ne Richtung im Leben! Ist nämlich ganz schön anstrengend so.

HONGKONG

Megan

»Sie heißt Megan, sie kommt aus L.A. und ist Burlesque-Tänzerin! Ihr müsst euch mal ihre Kostüme anschauen, absoluter Wahnsinn!« Während ich noch in der offenen Tür stand, war Talulah schon schnurstracks in die Wohnung gelaufen. Das machte sie immer so. Mi casa i su casa oder so was. Sie setzte sich auf das breite Fenstersims, stellte die Scheibe auf Kipp und nahm sich eine Zigarette. Dies war auch mein Lieblingsplatz in der kleinen Wohnung. Zwischen meinem behaglichen Wohnzimmer und der lauten, grellen, unwirklichen Stadt war dann nur eine dünne Scheibe. Direkt dahinter ging es siebenundzwanzig Stockwerke hinab. Die Straßen lagen dunkel und fern, und der Himmel schien irgendwie vertrauter. Es war gegen Abend. Ich nahm mir meine zweite Tasse Kaffee und wurde so langsam wach. Talulah war schon wach. Sie war immer wach. Ob wir gerade unsere Schicht beendeten, um 06.30 Uhr, und sie noch weiterziehen wollte, in eine Bar, wo sie den Barkeeper kannte, oder in einen Club, dessen Besitzer ein Freund war. Oder ein paar Stunden später, 10 Uhr oder so, wenn ich nach einer Folge »*Breaking Bad*« endlich eingeschlafen war und sie anrief, um zu fragen, ob ich denn nun mit auf die Yacht komme von dem Banker, den wir letzte Nacht bespaßt hatten. Talulah war immer wach. Nun saß sie auf unserem Sofa und berichtete aufgeregt vom Neuzugang in ihrer Stripper-WG, die ein paar Stockwerke unter unserer lag. »Ach, Megan ist echt süß, ich bin sicher, du wirst sie mögen«, sagte sie, »und das Beste: Sie schreibt Theaterstücke und plant, im Club auch so 'ne Art Show aufzuziehen! Cool, oder?« Supercool, yeah.

Mir wurde schlecht. Ich fühlte mich unangenehm wohl in meiner dreckigen Stripclubwelt. Ich hatte ein, zwei Freundinnen dabei, der Rest waren andere Mädchen, Russinnen, Engländerinnen, Amerikanerinnen, alle auf derselben Mission: viel Geld und ein bisschen Spaß. Vielleicht auch Abenteuer für manche, sicher nicht für alle. Was wir aber vermutlich alle gemeinsam hatten, war der Wunsch nach Unabhängigkeit. Geld und Spaß und Unabhängigkeit. Ich war Meilen gepilgert, um Frieden im Dreck zu finden, und das Letzte, was ich wollte, war ein Mädchen, das Anspruch und Kunst in mein Nirvana aus Primitivität und Niedergang bringen wollte.

Ich sah sie zum ersten Mal ein paar Stunden später. Fertig gestylt in einem schwarzen Nichts und silbernen Heels setzte ich mich neben sie. Megans Outfit bestand aus einer grauen Leggins mit Blazer, dazu passend ein ledernes Notizbuch, in das sie fleißig schrieb, während Mike, der Manager, wie jeden Abend erfolglos die Clubregeln predigte. »Beim Rumlaufen im Club wird nicht geraucht! Es wird nicht vor den Gästen über andere Girls gelästert! Es werden keine Männer in die Dancerwohnungen gelassen und, verdammt noch mal, drückt nach dem Scheißen den Spülknopf!« Das Übliche eben. Megan kritzelte fleißig mit und nickte bei jeder Anweisung zustimmend wie eine Streberin im Deutsch-LK. Ich begann mich zu entspannen. *Megan, hm? Burlesque-Star und Showregisseurin. Mal sehen, was dieser Ort aus dir macht.* Die Angst vor Konkurrenz um die Luder-Krone wich einer schadenfrohen Neugierde.

Megan roch gut, war sauber, hübsch, gesund und wach. Sie erinnerte mich an mich selbst, wenn ich sonntagmorgens ausgeschlafen und geduscht ins Berghain gehe, vorbei am übermüdeten Türsteher, der fasziniert an meinem Haar riecht, als sei ich eine Elfe mit Zauberkräften: »Ohhh! Du! Du riechst ja so frisch!« Ein paar Stunden später dann bin ich dreckig. Ohne Kontrolle und ohne Anspruch an mich und meine Umwelt tanze ich benommen in der Menge schwitzender Körper und verlier mich im Schmutz der

Unmoral. Dann bin ich glücklich. Ein Stripclub ist kein Berliner Technotempel. Hier regieren Lust und Fleisch und Geld. Vor allem Geld. Hier paaren sich düsterer Kapitalismus und ein Urverlangen nach menschlicher Nähe. Himmel und Hölle. Wahrheit findet man nur in diesem Deal. Alles andere ist ein wunderschön glitzerndes Mobile aus Lügen, Projektionen und Inszenierungen. Und dazwischen ist Megan aus L.A., die Notizen macht, um ihre Spoken-Word-Performance vorzubereiten. Hallo, Megan. Willkommen auf deinem Trip.

Ich holte mir meinen zweiten Wodka Orange und nahm einen großen Schluck. Meine Hände wurden ruhiger, und ich spürte, wie sich endlich Anzeichen von Entspanntheit in meinem Körper bemerkbar machten. Wie Watte, die sich sanft um meine nervösen Nervenzellen legt. Der Körper gewöhnt sich erschreckend schnell an Gift und verlangt nach mehr. Ich war eigentlich nie eines der Mädchen gewesen, das Alkohol braucht, um sich ausziehen und performen zu können. Sobald ich nackt bin, fühle ich mich nämlich stark und geschützt durch die Abwesenheit von Verkleidung. Dann gibt es nur mich und meinen Körper, meine Bewegungen, und die kompromisslose Aufforderung zum Begehren. Mit jedem Kleidungsstück fallen einstudierte Floskeln von Anstand, Moral und höflichem Verhalten. Dann sind wir endlich wieder das, was wir sind: Tiere, die ein Balzritual vollziehen und dabei mit Genuss und Selbstverständlichkeit unsere Rollen spielen.

Aber das kommt später. Noch ist es früh am Abend, die einzigen zwei Gäste schon belagert von drei Russinnen. Ich hatte es nicht eilig. Ich ging hinüber zu Megan, die noch immer in ihrem Sessel saß und wichtige Recherchen zu betreiben schien. Vor ihr flanierten Bitches in Kleinstmengen an Netz, Neon und Nylon gekleidet und versuchten, die Blicke der zwei Gäste auf sich zu ziehen, um sie ihren Kolleginnen abzuluchsen. Megan, in Kleidung gekleidet, entzog sich mit einer Aura mir unerklärlicher Berechtigung diesem Deal »Nacktheit gegen Cash«. Sie war älter und dicker als das durchschnittliche Stripgirl, was soviel heißt wie Ende zwanzig mit Rundungen, die auf ein gesundes Essverhalten schließen lassen. Insgesamt wirkte sie mit ihrer Leggins plus Blazer-Kombi eher wie eine *Dom-Pérignon*-Vertreterin als wie ein Partygirl, das für Scheine ihren String über Anzughosen kreisen lässt oder mit perfektem Lolita-Tralala Geschäftsmänner zum Bestellen des teuersten Champagners animiert, um die fette Provision von mehreren Hundert Dollar einzustreichen.

Ich ließ mich neben sie auf das kalte Leder des Sofas fallen. »Hey, ich bin Mia.« Ich war immer schon die Person, die sich um die Neue kümmerte. Eine Kati im Gymnasium oder eine neue Praktikantin im Büro, bei mir sind alle Neuen gut aufgehoben. Ich nehme sie unter meine Fittiche, wenn sie wollen, und heiße sie willkommen. Das hat Vorteile für uns beide. Die Neue ist nicht allein, während sie vorsichtig die Umgebung abcheckt, und ich mache den Feind zum Freund, halte ihn nah und bin dadurch etwas sicherer vor einer feindlichen Übernahme. Ich beneide Frauen, die einer anderen tollen Frau mit naiv-fröhlicher Begeisterung Beifall klatschen können, während diese lächelnd in den Pöbel von Dummerchen winkend tripp-trapp-trapp den freien Thron besteigt. Der hübsche Pöbel setzt sich brav auf die ihnen zugewiesene Bierbank, wundert sich noch kurz darüber, dass es jetzt ja etwas hart drückt unter dem kleinen Popo, zuckt kurz mit den Schultern und klatscht grinsend weiter. Blumig und weich muss es sich anfühlen, unverwundet oder dumm zu sein.

Ich erzählte Megan ein bisschen, wie das hier so läuft. »Wir müssen alle vier bis fünf Mal am Abend auf die Bühne. Jedes Stageset dauert drei Songs. Beim ersten Song bleibst du angezogen, zweiter ist topless und dritter Song String. *Full nude* ist illegal in Hongkong, leider.« Megan schaute mich mit großen Augen an. »Na ja, in den

Private Dances dürfen wir dann schon ganz nackt sein«, sagte ich schnell, »Gott sei Dank, wär ja Quatsch sonst.«

Seit Hongkong an China zurückgegeben wurde, ist diese Stadt Sonderverwaltungszone dieser seltsamen Volksrepublik, und Stripclubs und andere unbekleidete Unterhaltungsformen sind eigentlich verboten. Bevor ich im Black Flamingo anfing, wurde mir aber erzählt, dass Topless-Tanzen für Kohle sich im legalen Bereich befände. Ich hätte mich natürlich auch einfach mal selber schlau machen können, bevor ich hochmotiviert in den Ring des Dirty-Dancings steige, klar. Aber in diesem Business hat das Einhalten von Recht und Ordnung nicht unbedingt Priorität, und die Grenzen dessen, was in Bezug auf gesellschaftliche oder persönliche Werte *okay* ist, verschwimmen schnell, wenn Dollarscheine fliegen und Champagnerflaschen Feuerwerk sprühend an den Tisch gebracht werden, während schöne Russinnen dazu jubeln.

Megan zeigte mir ein Foto von Marc, ihrem Boyfriend. Er sah nett aus. Das Foto wurde letztes Thanksgiving gemacht. Das hatten sie bei ihren Eltern verbracht. »Aber das nächste Thanksgiving sind wir dann wieder bei seiner Family«, sagte Megan, und ich dachte: Aha. Marc arbeitete bei einer Firma, die irgendwas mit irgendwas macht. Bestimmt hatten Megan und Marc auch einen Golden Retriever, dachte ich, und hatte auf einmal großen Appetit auf Truthahnbraten mit Preiselbeersoße und Süßkartoffelbrei.

»Und wie lang bleibst du?«, fragte ich.

»Hm, auf jeden Fall bis September, vielleicht Oktober, wenn's gut läuft«, sagte sie, und mir war immer noch unklar, was sie hier suchte, beziehungsweise wo sie ihre Rolle sah in diesem Nackte-Mädchen-auf-eisgekühltem-Champagner-Dingsbums. »Und hast du vorher schon mal getanzt?«, fragte ich, auch wenn ich die Antwort schon kannte. Denn wer auch nur einmal für mehr als eine verlorene Wette in einem Stripclub getanzt hat, beherzigt spätestens beim nächsten Mal für gewöhnlich ein paar inoffizielle Regeln:

Sei nicht allzu freundlich zu den anderen Mädels, bevor du sie kennst. Sei keine Zicke, aber verhalte dich ihnen gegenüber lieber neutral. Sie sind nämlich nicht deine Freundinnen, sondern im besten Fall Kolleginnen, aber eigentlich deine Konkurrentinnen. Bist du zu schnell zu nett, entlarvst du dich als unerfahren und bist angreifbar. Alle sind vor allem hier, um Geld zu verdienen, und je nachdem wie unfair oder erfolglos deine Mitstreiterinnen dabei sind, können sie deine Unerfahrenheit schnell ausnutzen, um sich daran hochzuziehen, wenn ihnen nichts Besseres einfällt.

Du bist Schauspielerin und deshalb ist dein Name als fröhlich-hübsch-hotte Entertainerin auch nicht dein echter Name, sondern eben Tiffanee, Tyler, Diamond oder Lexxxy. Für welchen bescheuerten Fantasienamen du dich auch entscheidest, dieser Name ist im Club dein Name. Für alle. Für die Gäste, für das Personal und für deine Kolleginnen. Solange jemand nicht auch im echten Leben dein Freund ist, sollte auch niemand deinen Namen aus dem echten Leben kennen. Beide Welten getrennt zu halten, ist ziemlich wichtig.

Dazu gehört auch dieser Ratschlag: Außer banalen Details, wie was du heute zum Lunch hattest oder wo du dich waxen lässt, behalte Informationen über dein Privatleben lieber erst mal für dich. Zu erzählen (außer deinen Freundinnen), dass du einen Freund hast, ist, als würde ein Krieger seinem Gegner vor dem großen Kampf die Koordinaten seines Waffenlagers durchgeben. Was du verkaufst, sind ja Illusionen, und je weniger deine Konkurrenz – denn das sind deine Kolleginnen nun mal leider – über deine wortwörtlich ungeschminkte Wahrheit weiß, desto besser. Es gibt so viele fantastische, liebe, faire Menschen in dieser Welt, aber leider auch viele Biester, und es wäre ärgerlich, wenn eines davon deinem Stammkunden verrät, dass du gerade ganz ganz glücklich verliebt bist oder ganz ganz unglücklich, weil verschuldet und mit Sehnsucht nach der kleinen Tochter in der Heimat.

Männer stellen sich gern vor, dass sich die süßen Hasen im Bikini alle lieb haben und sich gegenseitig im Backstage die Brüste mit Babyöl einreiben. Die Realität aber sieht anders aus. Sie sind in erster Linie Konkurrentinnen in einem Business, das kapitalistischer kaum sein könnte. Dazu kommen oft starke Persönlichkeiten und ein Riesengeltungsbedürfnis mal dreißig (oder wie viele Schauspielerinnen, Performerinnen, Rampensäue es eben gibt, die durch den Club wirbeln und zum Mantra *»me! me! me!«* meditieren). Es ist ein rosa schimmerndes Haifischbecken, und ich habe zarte, hübsche Mädchen erlebt, vor denen ich mehr Respekt hatte als vor den toughesten Typen in der Medienbranche. Niemand ist hier, um Freundschaften zu schließen. Dies ist es aber auch, was ich so liebe an dieser Welt und den Girls: Viel Bullshit trifft auf no Bullshit.

Megan und ich beobachteten Katya, wie sie ihren kleinen Körper auf allen vieren räkelte. Auf den Knien liegend schob sie sich langsam vor, bog den schmalen Rücken dabei tief ins Hohlkreuz und streckte damit ihren Jungmädchenpopo schön weit nach oben. Dann flippte sie mit geschlossenen Augen die langen, hellbraunen Haare in den Nacken und brachte dabei den Oberkörper wieder hoch. Sie öffnete ihre stahlblauen Augen, griff an die Stange und richtete sich grazil und lässig-routiniert, Heel für Heel, eine Hand am Pole, wieder auf. Katya. Perfekte, süße Katya. Traum meiner schlaflosen Clubnächte.

»Pfff, sorry, aber so werde ich ganz sicher nicht tanzen!« Megan schien entsetzt und irgendwie leicht angewidert. »Mein Körper ist ein heiliger Tempel, und er gehört nur mir und Marc und Gott.« Nun war ich diejenige mit dem entgeisterten Gesichtsausdruck. Ihr Körper ein Tempel für Boyfriend und Gott? Wie bitte war diese

Botschafterin des Herrn denn nur an diesen Ort gelangt? Was machte sie hier? Wusste sie denn nicht vorher, was sie erwarten würde? »Marc wäre total sauer, wenn ich so tanzen würde! Ich finde es außerdem langweilig. Ich glaube, die Gäste hier würden auch gern mal was anderes sehen, *richtiges* Entertainment mit intellektuellem und künstlerischem Anspruch.«

Katya kletterte vor uns die Stange hoch. Eine Hand unter dem Po und die andere oben am Pole brachte sie ihre schlanken Beine weit zum Spagat, und man sah nun deutlich, wie sie sich durch den schmalen Nylonstreifen des Strings abzeichnete. Der dicke Ami hinter mir blickte ihr tief in die Augen oder so, murmelte etwas zu seinem Kollegen und lachte dreckig. Katya hielt seinem Blick stand und lächelte kühl zurück. Diese Kreditkarte war ihr dann wohl sicher.

»*Anyway*, die Show wird fabelhaft!«, schwärmte Megan von ihrem Kunstkram, intelligentes Entertainment mit Anspruch oder so. »Und ich glaube, ein paar von den Mädchen werden da super reinpassen. Nicht alle natürlich, aber manche kann ich, glaub ich, ganz gut einsetzen.« Megan kritzelte etwas in ihr blödes Buch und wies mich an, ihr doch bitte meine Verfügbarkeiten mitzuteilen, bis morgen früh gern, »dann kann ich den Probenplan fertig machen«.

Ich verschluckte mich an meinem Wodka-Orange. Morgen früh sitze ich im besten Fall mit einem Mann im VIP, dem kein Geld zu viel ist, um die Leere zu betäuben, die das viele Geld in ihm auslöst, und du, liebe Megan, hast dich im besten Fall um- beziehungsweise ausgezogen, um dasselbe zu tun. Wenn du mit morgen früh allerdings das andere morgen früh meinst, das morgen früh, was danach kommt, also *unser* morgen früh – dann bin ich entweder schlafend im Bett oder auf der Tanzfläche irgendeiner After-Hour-Bar. Wer weiß, vielleicht bin ich sogar mit Talulah auf irgendeiner bescheuerten Yacht eines bescheuerten Bankers, aber sicherlich bin ich nicht im Internetcafé, um dir Verfügbarkeiten für die Proben irgendeines Improtheaters zu mailen. Liebe Megan.

Fast forward: Langbeinige Mädchen rasen vorbei, in Rekordgeschwindigkeit schwingen sie ihre langen Haare. Extensionssträhnen bleiben dabei kurz auf erhitztverschwitzt gebräunten Brüsten kleben. Weißes Pulver durchs Stupsnäschen, brauner Rauch über der Toilettentür. Touristen fotografieren, Banker banken. Feuerwerk sprüht, eine Hand gleitet zwischen nackte Beine. Durchsichtige Plastikabsätze fliegen schwerelos durch lustgetränkte Luft. Lust auf Sex, Lust auf Geld, Lust auf Verschwendung. Irgendwo fließen Tränen, irgendwo fließt auch Blut. Mädchen rasen auf High Heels vorbei, in Rekordgeschwindigkeit schwingen sie ihre langen Beine um die kalte Stange und räkeln dabei ihre glatten Körper. Stop.

Es ist zehn Nächte später. Ich nehme einen großen Schluck von meinem vierten Wodka-Orange und merke langsam, wie sich endlich Entspannung in meinen verwöhnten Nervenzellen bemerkbar macht. Der Körper gewöhnt sich erschreckend schnell an Gift und verlangt nach mehr. Es wird noch einige Gläser dauern, bis ich betrunken bin, und das ist auch gut so. Ich bin nur ungern betrunken, wenn ich mich ausziehe, tanze und schauspiele. Ich möchte es schließlich genießen. Megan ist schon betrunken. Ich sehe sie auf der anderen Seite des Raumes, bei zwei Japanern. Talulah lässt sich neben mich auf das kalte Leder des Sofas fallen. »Sie sieht aus wie 'ne französische Nutte.« Talulah hat nicht ganz unrecht. Wir beobachten Megan, wie sie mit unkontrolliertem Enthusiasmus ihren prallen Hintern gegen einen Schoß reibt. Die gerüschte lila Corsage, die sie warum auch immer zusammen mit 'ner Spitzenpanty als Stripperdress ausgewählt hat, verrutscht dabei arg und lässt das Outfit noch ungeschickter erscheinen. Sie sollte sie einfach ausziehen, also die Corsage (Panty lieber noch nicht), denn das macht ja jetzt auch nichts mehr. Während die Russinnen in Robe und Positur den Magnum Crystal-Coup bei den Gästen nebenan zu landen versuchen, reitet Megan sich und ihren Kunden ins Nirvana. Irgendwo zwischen dem erfolglosen Versuch, freifröhlichnackte Nomadinnen von dem Mehrwert verpflichtender Theaterproben zu überzeugen, und dem ersten doch mal probierten Private Dance hatte sie den lästigen Anstand wohl abgeworfen und war hinabgestiegen von dem hohen Ross, um sich da unten mal umzuschauen. Ich klatschte anerkennend Beifall. Noch mal herzlich willkommen, liebe Megan, willkommen auf deinem Trip!

Janet

Wenn ich an Janet denke, dann denke ich an einen langen, dicken regenbogenfarbenen Dildo aus Silikon. So einen, den man von beiden Seiten benutzen kann, zusammen mit seiner besten Freundin oder so. Also sie an einem Ende, man selbst am anderen Ende. Dicht an dicht, sozusagen. So ungefähr stell ich mir das jedenfalls vor.

Ich hatte gerade meinen Koffer in meiner Stripper-WG im siebenundzwanzigsten Stock eines Hochhauses abgestellt, war müde, erschöpft und erschrocken darüber, nun wirklich in diesem Abenteuer zu sein, als Janet und Talulah an die Tür klopften und wie ein pink lackierter, nach Vanille duftender Hurrikan in unsere Wohnung stürmten. Sie schmissen ihre Louis-Vuitton-Handtaschen aufs Sofa, fläzten ihre Jeanspopos auf das Fensterbrett, hinter dem Hongkong metertief ins Dunkle fiel, und begannen zu rauchen, zu fluchen, zu lachen und zu nerven. »Woaaaaa, Mann, du bist so widerlich!«, quiekte Talulah, während Janet ihr den bunten Dildo ins Gesicht klatschte: »You know you love it! You know you love it!« Sie lachte laut und dreckig und hustete und lachte wieder und klatschte uns mit ihrem Regenbogenpenis abwechselnd ins Gesicht, auf den Arsch oder auf sonstige Körperteile, die ihr langer Gummiknüppel eben easy erwischen konnte.

Janet war nicht unhübsch, aber verlebt. Ihr Körper war schlank und gebräunt, ihre Beine lang und trainiert, aber auf allem lag eine graue Schicht und ließ das vielleicht Schöne wie von Asche bedeckt, stumpf und fahl wirken. Auch ihre Stimme war rau und heiser und erinnerte mich an die Frauen, die auf der Kirmes die Lautsprecheransagen der Fahrgeschäfte machen:

»Einsteigen bitteeee ... Yeaaaahhhhh ... Yip Yip Yip ... whoooooo ... was geht ab ab ab ... hey hey hey ...«

Ich habe diese Girls als kleines Mädchen immer unglaublich faszinierend, badass und sexy gefunden, wie sie da so in ihrer kleinen, vollgequalmten Kassen-Box sitzen, die ganz allein ihnen gehört, mit ihrer Geldkassette und dem Mikrofon, über das sie mit raublecherner Stimme coole Sprüche klopfen können. Diese Mädels hatten meist irre schlecht blondierte Haare und lächelten nie. Sie waren einfach nur cool. Janet hatte auch so eine Stimme, aber sonst hatte sie wenig von der kühlen *badassness* der starken Kirmesmädchen. Janet war laut und taktlos und hatte wenig Feingefühl. Dafür war ich an diesem Tag umso dünnhäutiger, und Janets traurig-gefährliche Dunkelheit, die sie trotz Lachen und Albernsein in nicht abzuwehrenden Mengen ausschüttete, krallte sich in meine Haut wie ein stinkender Zombie. Ich hatte nichts gegen Janet. Sie war nicht unfreundlich, und sie freute sich anscheinend, dass ich dabei war. Aber das Dunkle in ihr sog in diesem Augenblick wie ein eiskalter Kuss jegliches Glück aus mir heraus. Es war unheimlich. Und Tränen kullerten mir unvermittelt die Wangen hinunter, sobald die Tür hinter ihr ins Schloss gefallen war.

Am Abend des nächsten Tags stand ich mit Janet an der Bar unseres Clubs und trank Shots. Sie war etwas ruhiger heute, weniger überdreht, und ich begann, sie vorsichtig zu mögen. »Auf meinen *Evil-Twin*!« Sie hielt mir meinen zweiten Tequila Shot hin und leckte sich den Handrücken ab. »Huh?«, sagte ich, während ich zu viel Salz auf meine Hand streute. »Ja Mann, du bist doch total wie ich!« Wir leckten das Salz ab und kippten den Tequila runter, »du bist voll mein *Evil-Twin, Mann*!«. Ich biss in die Zitrone, verzog mein Gesicht und verstand kein Wort.

Wenn Janet tanzte, war sie in völligster Kontrolle. Sobald die ersten Töne von Prodigys »Firestarter« begannen, wurde sie jemand anderes. Dann war sie nicht mehr der Tornado aus grölendlauter Unberechenbarkeit, der Backstage-Gerüchten zufolge erst vor Kurzem aus dem japanischen Knast entlassen worden war. Dann war sie eine schöne, stolze, wenn auch angebrochene Frau. Verletzbar und verletzt, aber am Leben. Mit erhobenem Kopf und stillem Lächeln. Ob zwei oder zwanzig Männer ihr zuschauten, schien egal. Janet tanzte immer gleich kraftvoll-leise und irgendwie eigentlich nur für sich. Es schien so, als sei es ihr ganz egal, ob sie Geld verdienen würde. Ob sie nun fünf oder fünfzig Private Dances verkaufte. Vielleicht lag es daran, dass sie auch noch Kohle mit dem Verkauf von Crystal Meth machte. Vielleicht lag es auch daran, dass sie sich wiederum von ihrem Dealer aushalten ließ, im Gegenzug für körperliche Gefälligkeiten. Vielleicht lag es aber auch einfach daran, dass Janet nichts mehr erwartete und die Einflussnahme auf ein sogenanntes Schicksal aufgegeben hatte. Dass sie das Leben nur noch passieren ließ, anstatt es zu lenken zu versuchen. Ich weiß es nicht. Doch wenn sie tanzte, erkannte man eine Idee davon, wer sie mal war, bevor ihr das Leben aus den Händen geglitten war und das Dunkle sich verselbstständigt hatte.

Janet verschwand. In der Stripnomadinnenwelt war das weder außergewöhnlich noch erzeugte es sonderlich großes Interesse. Man trifft so viele Menschen, hört so viele Geschichten. Sieht Mädchen lachen, weinen, feiern, ausrasten. Mädchen kommen, Mädchen gehen. Sie heißen Lexy, Barbie, Diamond. Tiffanee oder eben Janet. Sie sind blond oder brünett, aus Russland oder Ungarn, Australien oder Schottland. Wollen nur mal schauen und eigentlich studieren oder wissen es ganz genau und wollen ganz ganz schnell ganz ganz viel Geld. Man sieht große Brüste, kleine Brüste, pinke Nägel, french lackierte Nägel. Solche Pussys und solche. Nachts drängelt man an verschwitzten Brüsten vorbei und klatscht sich gegenseitig quiekend auf die nackten Ärsche. Tagsüber schläft man über denselben fremden Menschen und ihren Kuscheltieren leise im Hochbett. Mädchen kommen, Mädchen gehen, und jede ist ihr eigener Boss. Und wenn eine nicht mehr da ist, dann ist das eben so.

Megan war es ganz recht, dass Janet weg war. Sie teilte sich ein Zimmer mit ihr, und während ich in meiner friedlich-normalen Mädchengemeinschaft selig schlummerte, brach eine Etage unter mir Janets Dunkelheit in unberechenbaren Schwarzwasserwalzen über Megan herein. Mal war es ein Tobsuchtsanfall, weil niemand ihr mehr Geld leihen wollte, ein anderes Mal war es eine vergleichsweise harmlose Explosion an Kleidungsstücken, Strings, Kleidchen, Schuhen, bei dem verzweifelten Versuch, Ordnung zu schaffen, in ihrer Umgebung und in sich selbst. Selten waren es auch stille, unheimliche Anzeichen, dass mit ihr etwas nicht mehr stimmte: »Es ist zu kalt. Die werden da durch- und dann reinkommen.«

»Durch was, Janet? Wer kommt rein durch was?«

Einen Tag vor ihrem Verschwinden wurde Megan davon geweckt, dass Janet laut ins Zimmer polterte. Die nackten Beine eng um eine Männerjeans geklammert und die Arme fest um den Stiernacken des Unbekannten geschlungen, fiel sie stöhnend ins Zimmer und auf den harten Boden. Er drückte sie gegen die kalten Fliesen, ihr Gesicht, mit seiner großen Hand, zog ihr mit der anderen in einem Rutsch den Slip aus und war mit einem einzigen beherzten Stoß und stöhnendem *»Awww, baby!«* auch sogleich schwuppdiwupp drin. Das Liebe machen ging auch gleich in die Vollen, und so musste die arme Megan mit anhören, wie er rhythmisch an Janets Arsch klatschte, während die zwar wunde Knie bekam, aber sonst doch recht happy schrie und stöhnte. So ging es wohl noch eine Weile, sodass Megan lieber Gesicht und Ohren tief im Kissen vergrub und an ihren Freund Marc und den Golden Retriever dachte, den er ihr zum Dreijährigen versprochen hatte.

Am nächsten Tag war Janet verschwunden. Megan war froh

und machte Ordnung und kaufte Blumen. Wir anderen dachten »Nanu?« zum einen und »Naja« zum anderen und machten weiter jede ihr eigenes Ding. Ich sah sie nicht am darauffolgenden Tag und nicht an dem Tag, der danach kam, und auch nicht an den Tagen, die darauf folgten. Sie blieb weg, und irgendwie vermisste ich sie. Bis zum Wiedersehen, dem ersten und letzten.

Es war schon fast sieben Uhr morgens, und die Tanzfläche der Buddha Bar, in die wir nach der Arbeit oft zum Runter- oder Hochkommen gingen, war noch immer brechend voll. Ich kam gerade von der Toilette mit Eve und war auf dem Peak meines kurzen Highs, als Janet mich stürmisch von hinten umarmte, umdrehte und mir fröhlich ins Gesicht schrie: »Evil Twiiiiiiiin!« Ich umarmte sie. Wir strahlten uns an. Sie sah gut aus. Oder okay. Irgendwie harmlos in ihrer engen ausgewaschenen Jeans und dem grauen Tanktop. Der DJ spielte »Single Ladies«, und wir hüpften und booty-shakten eng umschlungen über die Tanzfläche wie Bestfriends4ever auf dem Abiball. Ich wusste nicht, was sie in mir sah, und ich wusste nicht, was ich in ihr sah. Das alles war ja ihre Welt irgendwie, während ich nur einen kurzen Abenteuerurlaub machte. Oder? Aber hier waren wir nun. Zusammen. Tanzten zu Beyoncé, hielten unsere Hände und waren uns bedrückend nah.

Magnums of Crystal

Viele Menschen fragen mich, warum Männer denn in Stripclubs gehen, wenn sie doch eh meist nichts wirklich anfassen oder *was machen* können. So sehr ich diese Verwunderung erst mal nachvollziehen kann, genauso sehr finde ich diese Frage absolut absurd und fast schon eine Beleidigung meiner Wunderwelt Stripclub, denn Stripclubs bieten doch noch soooooo viel mehr als nur körperliche Befriedigung (die sie ja eigentlich ohnehin nicht bieten, es sei denn, wir sind in Berlin oder in Miami, ähem).

Stripclubs bieten nämlich neben der seelischen Befriedigung noch Zugang zu etwas viel Seltenerem: der wunderbaren Möglichkeit, Status und Dekadenz zu zelebrieren und sich ganz ohne schlechtes Gewissen der schillernden, protzigen Oberfläche und dem schönen Schein hinzugeben! All das zuckersüß Böse, was man ja eigentlich nicht soll, weil auf der falschen Seite der Werte-Waage und so.

Ich vergöttere den schönen Schein und finde Oberflächlichkeit eine wunderbar unterhaltsame Tugend. Menschen, die nur in die Tiefe schauen, zwanghaft buddelnd, und nicht erkennen, dass das wundersam Dunkle, interessant Mysteriöse viel näher, nämlich direkt vor ihren Augen, am blendenden Oben liegt, finde ich meist langweilig und auch ein bisschen dumm. Und selbst wenn man keine großen Erkenntnisse zu finden versucht, manchmal kann es auch einfach nur recht hübsch sein, sich oben ein bisschen vom Tiefgang zu erholen. Ich glaube auch, dass es nicht selten die Menschen sind, die schon einmal tief hinabgeblickt haben, die das Wertvolle am schönen Schein erkennen und sich ohne das schlechte Gewissen eines erhobenen intellektuellen Zeigefingers an Oberflächlichkeit erfreuen können.

Sicher, das ist nicht unbedingt bei allen so. Und nicht alle *gold-digger* sind tiefgründige Weise. Manche Mädchen mögen It-Bags und Privatjets, einfach weil Prinzessinsein nun mal toll ist. Alle Mädchen wären doch gern mal Prinzessin. Ich auch. Denke ich, dass man ein besserer, glücklicherer Mensch ist, wenn man eine abartig teure Designertasche oder einen Lover mit Privatjet an der Hand hat? Quatsch. Hätte ich trotzdem mal Interesse daran? Klar! Extreme sind faszinierend, und alle Menschen seit Menschengedenken haben mit Neugierde nach oben geschaut zu den Schönen und Reichen und ihren Juwelen und Königshäusern und ausschweifenden Festen und Diamanten. Das ist heute nicht anders, und ich finde es überhaupt nicht schlimm. Was ist so verwerflich am Auch-glitzern-Wollen? Das ist eines der vielen Dinge, die ich an den Russinnen so mag. Sie haben das Intelligent-Oberflächlichsein zur Kunstform erhoben und machen keinen Hehl daraus, nach Wohlstand zu streben.

Eine dieser Russinnen sitzt gerade neben mir, Vlada, mit edler Blässe, nix Solarium, und einem locker um die nackten schmalen Schultern geschwungenen cremefarbenen Cashmereschal. Es ist oft kühl hier im Club, Klimaanlage und so, und es wäre ärgerlich, krank ans Bett gefesselt zu sein, man könnte ja einen Millionär verpassen. Nah dran am großen Coup war Vlada schon mal. In Mexiko war sie über ein Jahr mit einem Drogenboss liiert, schön reich war der. Leider hatte er keine Lust auf Hochzeit, und so ist Vlada weitergezogen, und nun sitzt sie mit mir am Tischlein-deck-dich, lässig unbemerkt Daumen drückend, genau wie ich, während unser Gast, ein Hedgefonds-Typ aus London, gerade in die Getränkekarte schaut. Die eingebaute Lampe geht beim Aufklappen der Karte an und beleuchtet die Preise, von denen sich hier am Tisch aber schon lange niemand mehr beeindrucken lässt. Entweder man hat Geld oder ist an das Geld der anderen gewöhnt. *No Shock for no one no more.*

Der große Coup, den hier alle jeden Abend zu landen versuchen, die Magnumflasche *Crystal,* wird es diesmal leider nicht, aber immerhin die Kategorie drunter, »Wir nehmen den Louis Roederer Cristal, danke« für tausendzweihundert Dollar. Davon gehören knapp dreihundert Dollar uns. Provision.

Den Champagner bekommen wir natürlich auch zu trinken, wobei wir den schon lange nicht mehr wollen, weshalb wir das teure Zeug in unseren Gläsern gleich unauffällig in den Eiskühler oder in die Grünpflanze neben der Sitzlounge schütten werden. Dann schenken wir nach, kicher-kicher-entertain, und nehmen vielleicht ein kleines Schlückchen, vielleicht aber auch nicht. Nur weil man sein Geld mit Champagner trinken verdient, heißt es noch lange nicht, dass man auch Champagner trinken muss. Ich habe schon mit Gästen *Champagner getrunken,* ohne dass irgendjemand auch nur einen Schluck genommen hat. Denn um das Trinken oder den Champagner an sich geht es ja nicht wirklich. Es geht um das Feuerwerk, das über der Flasche sprüht, sichtbar für alle, wenn sie an den Tisch gebracht wird. Es geht um die Unterschrift unter der exorbitanten Summe, während der Barman mit seiner schicken Taschenlampe diskret leuchtet. Es geht um die schönen, jungen Girls, die in die Hände klatschen und dabei auf und ab hüpfen wie Wackeldackel, wenn der Gast sich lässig und cool für die teuerste Flasche auf dem Menü entscheidet. Es geht um das »*because I can*«. Es geht um Status. Und ein bisschen um den Exzess, der einem mit sprühenden Funken und nackter Haut veranschaulicht, wie erfolgreich man ist, wie weit man es geschafft hat. Der Erfolg ist dann nicht kalt und hart, sondern prickelt auf der Zunge und schmeckt nach heißer Luft und süßen Lippen und ist samtig, jung, vanillig und verboten gut. Solange man seine Unterschrift unter die Beträge setzen kann.

Tony

Talulah ist 'n büschn böse. »Wir haben uns echt Sorgen gemacht! Du must uns doch Bescheid geben, wenn du zurück bist, Mädchen!« Sie hat natürlich irgendwie recht, immerhin bin ich mit einem fremden Menschen verschwunden, aus dem kleinen sicheren Club raus in Hongkongs unüberschaubare Nacht. Das war zwar abgemacht, *Buyout* halt, aber trotzdem, mich bei den Mädels zurückmelden, alles gut und so, hätte ich wohl können. Ich habe es immer noch nicht so wirklich begriffen, wann man sich hier füreinander interessiert und wann nicht. Die Grenzen scheinen so fließend.

Aber von vorne.

Die Sache mit den Buyouts ist nicht unbedingt üblich für Stripclubs, ganz im Gegenteil. Normalerweise ist es streng verboten, mit den Gästen außerhalb des Clubs Kontakt zu haben, dazu gehört auch der Austausch jeglicher Kontaktinformationen, und wer beim Verstoß dieser Regel erwischt wird, muss üblicherweise damit rechnen zu fliegen. Diese Regel ist zum einen der Sicherheit der Mädchen geschuldet, aber der eigentliche, viel wichtigere Grund, Kontakt über die Ledersofasitzecken hinaus zu verbieten ist, dass der Typ natürlich in den Club kommen soll, um seine Liebste zu treffen und dabei dann idealerweise möglichst viel Geld dort zu lassen. Im Black Flamingo ist das aber irgendwie anders, denn hier können die Gäste ihre Lieblings-Entertainerin auch außerhalb des Clubs treffen, beziehungsweise sie einladen, an anderen Orten weiterzufeiern und gemeinsam durch die Nacht zu ziehen, durch teure

Restaurants und schicke Bars. Oder so. Dafür bezahlen müssen sie trotzdem, denn sowohl der Club als auch das Mädchen sollen natürlich für die Zeit entschädigt werden, in der sie ihre Geschäftstätigkeit im Club für ihn unterbricht. »Buyout« heißt das dann passenderweise und kostet tausendachthundert Hongkong-Dollar die Stunde, das sind circa zweihundertvierzig US-Dollar. Schnäppchen. Und buchbar immer ab Mitternacht. Jetzt ist es kurz vor eins, und ich stehe im Backstage und ziehe mich wieder um, also an, denn Tony hat mich für ein paar Stunden freigekauft. Sozusagen. Yippieh! Glaube ich.

Tony ist Engländer und lebt in der Schweiz und ist hier in Hongkong *on business*. Er findet mich gut, man könne so gut mit mir reden, und sexy sei ich natürlich auch, also sowieso, »Ich meine, wow!« Wir haben uns nun schon eine Weile kennengelernt, die Länge einer Flasche Louis Roederer Crystal, also die Normale, nicht die Magnum, und so bin ich einverstanden, als er mich fragt, ob ich Lust habe, mit ihm den Club zu verlassen und woanders weiterzufeiern.

Als wir draußen auf der geschäftigen Pottinger Street stehen und billiger Pop aus Grölbars und betrunkenes Partyvolk an uns vorbeizieht, zwinkert Tony mir zu: »Also, worauf hast du jetzt Lust?« und grinst. Ich grinse auch, vielleicht, und überlege kurz, ob ich nicht doch alles abbrechen sollte. Geld zurück, hier, tut mir leid und so, dann schnell zurück aufs sichere Stripclubsofa. »Karaoke!«, schlage ich stattdessen vor und klatsche in die Hände und finde die Idee genial. »Bitte, bitte, Karaoke!« Ich hüpfe auf und ab und freue mich, und Tony freut sich, dass ich mich so freue, so sind sie nämlich, und schon sitzen wir schwuppdiwupp ein Augenblinzeln später im Taxi auf dem Weg zur Karaoke-Empfehlung unseres Fahrers.

In der Penthouse Sky Lounge Karaoke-Bar ist es irgendwie nicht so wie erhofft. Kein großer Raum mit Bar und Bühne und minder talentierten trotzdem laut singenden Menschen darauf und betrunkenen mitjaulenden Pflichtfans davor. Stattdessen elegant marmoriertes Empfangsfoyer und Hostess in azurblauem Kostüm, die uns fragt, welche Box wir denn wünschen. Wir haben keine Ahnung, sagen wir, denn so ist es, wir sind ja zum ersten Mal hier, und so bekommen wir Box Nummer 7, die große hinten rechts.

In unserer privaten Karaoke-Bar ist Platz für noch zwölf Menschen mehr. Eine Gruppe müsste man jetzt sein, Geburtstagsparty, Firmenfeier oder so, aber wir sind nur zu zweit und feiern kein Jubiläum, sondern Stripper-Freigang. Die Hostess in Blau nimmt unsere Bestellung auf, Tonic und ein Kübel Eis und eine Flasche Gin dazu, und wir setzen uns an den Rand der großzügig geschnittenen Sofalandschaft, ganz als könnte da noch jemand kommen für die besseren Plätze. Auf dem Bildschirm singt eine junge Frau leidenschaftlich in Richtung Horizont, und chinesische Schriftzeichen bewegen sich dazu am Bildrand und färben sich von Weiß nach Rot. Ich möchte mitsingen. Aber ich kann ja kein Chinesisch. Tony auch nicht. Mit dem Singen wird das dann wohl nichts heute. Schade. Tony kramt in seiner Hosentasche und holt ein kleines Tütchen hervor. Wie immer alle, wenn sie in ihrer Hosentasche kramen. Na klar, na gut.

Ich freue mich immer, wenn Menschen andere Menschen überraschen und nicht die Erwartung erfüllen, die ihnen entgegengebracht wird. Ich mag es, wenn Vorurteile widerlegt werden und Klischees eben nur das bleiben, Klischees. Manchmal ist es aber auch so, dass Klischees doch wahr sind, irgendwo zumindest, mehr oder weniger gut unter der Oberfläche versteckt, und dann ist das (nackte) Mädchen auf der Bühne eben wirklich manchmal so traurig und verloren, wie man denkt, und der große reiche Mann eben doch eigentlich klein und arm – Klischeeklischee –, weil er sich trotz Kind und Gattin und Geld einsam und alleine fühlt. Und unbefriedigt. Vermutlich vor allem unbefriedigt. Jedenfalls Tony.

»Du bist so hot und so cool! Ich wünschte, meine Frau wär wie du!«, sagt Tony nach der ersten Line, und wir kommen langsam ins Plaudern. Ich sitze dicht neben ihm, die Schuhe habe ich ausgezogen und mache es mir auf dem Sofa gemütlich, Drink in der Hand, und schwärme davon, wie viel Spaß mir dieses Stripding macht. Lieblingsgeschichte. Dauerschleife. »Oh Mann, ich wünschte echt, sie wär wie du! Aber isse nun mal nicht …« Tony durchsucht die Fotos auf seinem iPhone und hält es mir dann hin. Zwei Kinder, Junge, Mädchen, eins jünger, eins älter, drei bis sechs oder so, grinsen mich an. Ich denke: Und nun?, und sage: »Süß, sehr süß« und gebe ihm das Telefon zurück. »Ich liebe meine Frau, echt, aber wir haben einfach keinen Sex. Also nicht wirklich. Ich will wilden Sex, echten Sex!« Er zieht die nächste Line und lässt sich zurück ins Sofa fallen. »Na, und hast du schon mal mit ihr drüber gesprochen? Also mit deiner Frau?«, frage ich ihn, und er schüttelt den Kopf. »Ich schau viel Porn und masturbiere. Also echt oft.« Ich lache. Wir lachen. »Heimlich natürlich.« Natürlich.

Auf dem Bildschirm singt inzwischen ein Mann. Irgendetwas von verlorener Liebe und gebrochenem Herzen, nehme ich an. Tonys Herz ist sicher nicht gebrochen, aber verloren ist er irgendwie trotzdem, und ich glaube, dass es viele wie ihn gibt. Typen, die anderen Sex wollen als den, von dem sie annehmen, dass es der ist, den ihre Liebste will. Familienväter mit Kohle und Status und schönen Kindern und schönen Häusern und schönen, professionell geföhnten Ehefrauen. Und genauso viele Nichtväter, mit normalem Gehalt, Durchschnittsstatus und Selbstföhnfrau. Die flüchten sich dann in ganz viel Porn und geben noch mehr Geld aus, um mit Mädchen wie mir in Karaokeboxen zu sitzen und zu koksen und darüber zu klagen, wie elend es ihnen geht. Und die Frauen? Die sitzen währenddessen wahrscheinlich zu Hause und sind genauso unglücklich und frustriert und wägen ab, mit wem sich das Fremdgehen wohl am meisten lohnen würde, wer würde sie wohl am besten durchnehmen?

Auch das vielleicht wieder ein Klischee, aber Wahrheit und Klischee liegen immer nur ein paar Gedankengänge voneinander entfernt. Zumindest darin besteht eine Sicherheit und eine Ordnung der Dinge.

»Redest du mit deiner Frau denn über Sex?«, frage ich Tony. »Also, ich mein, weiß sie überhaupt, was du willst? Weil, vielleicht will sie ja genau das Gleiche? Vielleicht langweilt sie sich ja auch total?«

Tony schaut mich mit großen Augen an: »Meinst du?!«

»Keine Ahnung!«, starre ich zurück. »Woher soll ich das denn wissen? Ich kenn deine Frau doch gar nicht. Aber wär schon irgendwie unfair anzunehmen, dass sie auf langweiligen Sex steht, nur weil sie deine Frau ist, oder?«

Tony ist ganz Gentleman, als er mich wieder am Club abliefert, und versucht mich nicht weiter zu überreden, mit ihm ins Hotel zu kommen.

Dass das ja auch gar nicht ginge, selbst wenn ich wollte, da ich mich nach einem Buyout doch wieder beim Club zurückmelden muss, glaubt er mir jetzt mal. »War echt superschön«, sagt er und gibt mir ein Küsschen auf die Wange. »Fand ich auch«, antworte ich und nehme seine Karte entgegen, wenn ich mal in der Schweiz sein sollte, melde ich mich, na klar.

Im Club ist es längst leer, Licht ist an, und irgendjemand hinter der Bar zählt das Geld der Nacht. Sonst ist niemand mehr da. Ich hole meine Sachen aus dem Backstage, stopfe Glätteisen und Make-up-Täschchen dazu und falle draußen müde ins Taxi. Es ist schon hell, schon etwas länger, glaub ich. Ich hole mein Handy aus der Tasche. Fünf Anrufe in Abwesenheit. Als ich Talulah zurückrufe, geht sie sofort ran, denn sie ist wach. Talulah ist irgendwie immer wach.

Maddison

Es gibt immer eine selbsternannte Königin. Herrscherin des Backstage, Queen of Drama and Bitchness, immer über all den anderen schwebend, weil schöner, besser, teurer. Im Black Flamingo war diese Königin Maddison. Maddison kam nie einfach so in den Backstage. Maddison hatte jedes Mal einen Auftritt. Sie stürmte durch die Tür, grüßte nicht, sondern fluchte laut und ließ alle damit wissen, dass sie nun da war. Platz da, *asshole*, jetzt komm ich. Sie schob Taschen und Krempel barsch zur Seite, echauffierte sich über die Widerwärtigkeit der bloßen Co-Existenz anderer und schaffte sich großzügigen Alleinplatz für Louis Vuitton-Bag & Co.

Maddison saß meist allein im Club und wartete auf ihre Stammkunden, die mal kamen und mal nicht, und wenn sie kamen, sich dann recht bald mit ihr zurückzogen, in den Champagne Room oder gleich nach draußen, ins flirrende Hongkong Nightlife. Oder so. Die Buyouts, mit denen Gäste ihr Lieblingsgirl als Party-Begleiterin aus dem Club »leihen« konnten, waren neben den Champagne Sales immerhin unser lukrativstes Geschäft.

Angeblich wurde Maddison während eines Buyouts mal mit einem Messer bedroht. Angeblich lag sie dabei in einer Badewanne. Angeblich bei einem der Gäste zu Hause. Denn Buyouts sind bei Maddison nicht nur Partybegleitung, angeblich. Angeblich macht Maddison nämlich auch noch mehr. *Stuff on the side.* Angeblich.

Wenn Maddison mit ihrem Stageset dran war, bewegte sie ihren skinny Körper mit Silikon nur langsam und sehr widerwillig Richtung Plexiglas. Tanzen, die quasi unbezahlte Promotionarbeit des Jobs, war schließlich für den gewöhnlichen Strip-Pöbel und völlig unter ihrem Niveau. Und so breitete sie auf der Bühne ihr schwarzes Kunstfell aus, langsam, bedächtig, legte sich entspannt auf den Bauch und blieb dann da liegen für die nächsten drei Songs. Tanzen, sich anstrengen, sich bewegen, unbezahlt? *She was better than that.* Sie begutachtete stattdessen gelangweilt ihre Nägel oder spielte mit den blonden Kunsthaarsträhnen, bis die Zeit endlich rum war und sie wieder in der Ecke sitzen und ungestört besser als der Rest sein konnte.

Maddison hatte nicht wirklich Freundinnen im Club, vielleicht eine, wenn überhaupt, denn Nettsein war Zeitverschwendung, und ihre Freundschaft kostete Geld. Es war eh keine gut genug, und trashig und dreckig waren wir anderen alle sowieso.

»*Dirty bitches out!!!*«, rief Maddison laut aus ihrer Ecke, während der Manager eine Standpauke über Damenklo-Hygiene hielt. »*Dirty bitches out!!!*« und zischte zickig in ihre blonden langen Locken. Talulah, Eve und ich saßen ihr gegenüber und quetschten uns die Hände, um das Kichern zu unterdrücken, denn die Standpauke war zu komisch, und wir hatten einfach zu viel Spaß, mal wieder. Maddison schaute zu uns rüber und rümpfte die Nase, arrogant-angewidert: »*Dirty bitches out!*« Und sie tat mir irgendwie leid.

Bankerblues

James ist Investment-Banker oder Broker oder so was. Es ist schon spät, irgendwas um drei Uhr morgens vielleicht, so genau weiß ich das nicht, aber ich bin schon etwas betrunken. Champagner schmeckt zwar irgendwann nicht mehr so besonders, wenn man ihn in Massen mit Gästen trinkt, so wie andere Arbeitende Filterkaffee mit Kunden, aber betrunken macht er leider trotzdem noch.

James arbeitet bei einem Finanzunternehmen, wie er mir sagt, aber ich höre nur halb hin, oder vielleicht ist es auch einfach zu laut, jedenfalls verstehe ich nur die Hälfte. Ich habe keine Ahnung von Wirtschaft im Allgemeinen und Finanzunternehmen im Besonderen und denke, als ich den Unternehmensnamen höre, dass das jetzt wohl sein Name war, »Ja, freut mich auch, dich kennenzulernen, Morgan«, und nenne ihn von nun an auch so. Am nächsten Tag, also heute, werde ich die Visitenkarten der Nacht durchgehen und sehen, dass da *James M.* steht unter dem Firmenlogo des Großunternehmens und »Oooops« denken. Aber bis dahin vergehen noch ein paar Stunden.

James trinkt nicht. Er trinkt nie Alkohol, sagt er, und ich sage »Oh« und »Wow« und meine das auch so, denn das finde ich beeindruckend. Ich habe in den Clubs schon oft Männer kennengelernt, die keinen Alkohol trinken, also gar nicht. Niemals. Sie trinken Wasser oder Cranberrysaft, aber meistens einfach Wasser, und haben dichtes, volles, glänzendes Haar und schöne Haut und perfekt sitzende Anzüge und ein charmantes Lächeln, und die Rolex glänzt am Handgelenk, und die Hemdsärmel sind hochgekrempelt, leger, aber dennoch elegant, und der Oberarm ist fest, und die Schultern sind breit, denn sie sind fit. Topfit. Und in Form. Tennis, Golf, Fitnessstudio, in der Freizeit oder vorm Büro, um 6 Uhr morgens. Sie sind erfolgreich und ambitioniert und scharfsinnig und kontrolliert und immer ganz vorne mit dabei. Bei allem. Ganz ganz vorne. Immer. Sie nehmen einen Schluck aus ihrer Wasserflasche und sehen dabei sexy und lässig aus, niemals fehl am Platz. Dass die Welt um sie herum sich derweil in betrunkenes Chaos stürzt, stört sie nicht. Toleranz gehört zu ihren Tugenden. Sie wissen es nur einfach besser. Sehr viel besser. Die Kontrolle zu verlieren, ist schwach und gefährlich.

Das sind die Ganz-oben-Typen. Die American Psychos der Erfolgsgesellschaft. Nur eben ohne den Blutrausch. Glaube ich.

James ist auch so einer. Ganz oben mit dabei, konzentriert und erfolgreich. Immer mehr. Seine Anzugjacke schimmert schwarz elegant und sitzt super und fühlt sich glattsamtig teuer an. So eine Jacke bekommt keine Falten, nie. Da bin ich mir sicher. So jemand wie James sieht immer sauber gebügelt aus, dabei attraktiv und charmant, nie verbissen. Nein. Perfekt. Er könnte in ein paar Stunden direkt zur Arbeit gehen, in sein Büro, im dreiundzwanzigsten Stock im Distrikt Wan Chai. Die Nacht hätte keine Spuren hinterlassen. Er würde gut riechen und wäre in Topform. Wie immer.

»Und, magst du deinen Job?«, frage ich ihn, und James grinst. »Hast du ’ne Ahnung, wie viel ich verdiene?«, fragt er. »Ich hab ’n siebenstelliges Einkommen. Und jedes Jahr wird’s mehr.«

»Fuck.« Fällt mir nichts anderes dazu ein, und James lacht.

»Und dann kommen noch Bonuszahlungen und Provisionen dazu, wo ich noch mal ’n abartigen Haufen Kohle bekomme.«

»Wow«, sage ich und staune, »so viel Geld …«

»Yep«, sagt er, »so viel Geld. Aber um deine Frage zu beantworten: Ich mag meinen Job nicht, nein. Ich hasse ihn.«

James prostet seinem Kollegen zu. Der sitzt gegenüber, mit zwei

Blondinen und amüsiert sich und seine beiden koreanischen Geschäftspartner. »Das Ding ist, wenn du einmal so schnell so viel Geld verdient hast, kannst du nicht mehr zurück. Niemals. Man wird süchtig danach und will immer mehr und mehr und mehr. Es ist wie eine Droge. Das Ganze ist 'ne Falle, und man merkt es erst, wenn's zu spät ist. Es macht dich krank.«

James steht auf und verschwindet auf der Toilette. Die Flasche Champagner, die er mir – ganz Gentleman – bestellt hat, ist noch fast voll, und ich kippe schnell einen kleinen Schluck in mein Glas und einen größeren Schluck in den Eiskühler. Als James wiederkommt, ist er noch redseliger als zuvor. Jeder braucht wohl doch einen Strohhalm zum Festhalten, selbst der kontrollierteste Perfektionist. »Ich erzähl dir mal 'ne Geschichte«, sagt James und dreht kleine weiße Kügelchen aus meiner Serviette. »Ich bin in Arizona aufgewachsen, da gibt's viele Golfclubs. Als kleiner Junge hab ich einen Sommer als Ballboy in so einem Club gearbeitet. Ich musste die verschossenen Golfbälle suchen und aufsammeln, aus Büschen und Sandkuhlen und Wassertümpeln und so. Für jeden Golfball bekam ich einen Dollar. Ich kann mich noch ganz genau daran erinnern, wie ich meinen ersten Ball hochgeholt hab aus kaltem, dunklen, dreckigen Tümpelwasser. Ich bin da rein, bin untergetaucht, hab den Ball hochgeholt und bekam meinen ersten selbst verdienten Dollar in die nasse Hand gedrückt. Nie wieder in meinem Leben hab ich mich so reich gefühlt, wie in diesem Moment da, mit dem nassen Dollar in der Hand.«

Streetwalking

Ich habe mir eine Razzia immer anders vorgestellt. Böse, hart, grob und breitschultrig. Dies hier ist irgendwie fast niedlich. Für uns jedenfalls. Für die Manager Mike und Anson nicht so, denn nach dieser Nacht wird das Black Flamingo geschlossen und auch geschlossen bleiben. Das wissen wir natürlich noch nicht. Noch sitzen wir wie die Hühner auf der Stange auf den kalten Sofas und sind still und warten, was nun passiert, wie es jetzt weitergeht.

Die Gäste wurden schnell weggeschickt eben, oder sind selbst aufgestanden und gegangen, als die Beamten reingelaufen kamen, von Stürmen konnte keine Rede sein, und unbeholfen irgendwas von Razzia faselten. Nun ist das Licht an und die Musik aus, und der Glamour ist ganz und gar verschwunden. Dort, wo eben noch dunkle Schatten versteckte Ecken geheimnis- und verheißungsvoll gemacht haben, strahlt jetzt unschmeichelhaftes Deckenlicht hellgrell auf dreckigen Boden, und die Kleider leuchten nicht mehr *neon-party-party*, sondern sind einfach nur banal rosa oder stumpfschwarz. Und die Körper sehen ohne den rendernden Effekt der lila-neblig-blauen Clubbeleuchtung auch fast normal aus, durchschnittlich halt, blaue Flecken, Gänsehaut und Cellulite inklusive. Manchmal liegt die Realität eben nur einen Lichtschalter entfernt.

Vor mir steht eine zierliche, junge Polizeibeamtin und schreibt meinen Namen und meine Adresse auf ein viel zu kleines Stück Papier auf einem viel zu knautschigen, verzettelten Notizblock. Ich bezweifle, dass sie meinen Namen richtig aufgeschrieben hat und dass es irgendein nachvollziehbares System der Ordnung in ihrem Zettelchaos gibt. Aber das würde sie natürlich nie zugeben, denn das würde ja bedeuten, das »Gesicht zu verlieren«, das Schlimmste für einen Chinesen. Arme Kerle. Ob ich einen Ausweis dabeihabe, fragt sie, und ich sage nein, denn das stimmt, und Eve sagt auch nein, und so sitze ich ein paar Minuten später neben zwei anderen Mädchen im Auto der Beamten und lasse mich zur Wohnung fahren um unsere Pässe zu holen, die wir natürlich haben und die uns natürlich ordnungsgemäß hier in Hongkong sein lassen. Zumindest Eve und mich. Das mit dem Arbeiten ist eine andere Sache. Ich habe zwar ein Arbeitsvisum (vermutlich als Einzige hier, tief in mir bin ich eben doch Spießerin), aber die Strip-Sache an sich ist trotzdem nicht ganz so erlaubt. Und so sitzen wir eine halbe Stunde später wieder im Club und beteuern weiter, dass wir nur hier sind, um einen Drink zu nehmen, unter Freundinnen quasi, auch um Männer kennenzulernen, sicherlich, wir sind ja jung und so, aber unsere Getränke haben wir selbst bezahlt, doch doch, natürlich. Und bezüglich des Outfits, ach so, na ja, also das sei tatsächlich unser regulärer Ausgeh-Style, gewagt, klar, aber wir sind eben Partygirls aus Berlin. Also manche von uns. Also eigentlich nur ich.

Die kleinen Beamten wuseln durcheinander, fast aufgeregt, möchte man meinen, und wissen scheinbar nicht so wirklich, was und wie jetzt.

Vlada wird auch nach Hause gefahren, um ihren Pass zu holen, aber kommt nicht wieder. Angeblich ist der Pass verschwunden, höre ich es tuscheln, aber angeblich war er heute Mittag doch noch da, angeblich hat ihn eines der Mädels geklaut eben. Oder aus Fiesheit versteckt. Angeblich. Wie es weitergeht für Vlada werde ich nicht erfahren, denn ich sehe weder sie noch ihre Freundin Katya noch Maddison oder irgendein anderes der anderen Mädchen wieder. Der Club bleibt geschlossen.

Aber auch so wäre dies meine letzte Nacht gewesen, denn morgen fliege ich weg. Auf die Philippinen, zu Sandstrandinsel, selbst gefangenem Fisch und Schlafen in Holzhütte. Perfektes timing mal wieder, einmal Glückskind, immer Glückskind.

»Ihr alle behauptet also, dass ihr nur für einen Drink hier seid und dass das euer normales Party-Outfit ist!«, ruft auf einmal einer der Beamten laut und bissi böse in die Versammlung wartender *Partygirls*. »Nun, wenn das der Fall ist, dann macht es euch bestimmt nichts aus, kurz mit nach draußen zu kommen und einmal in diesem Outfit die Straße auf und ab zu laufen.«

Ich trage Glitzer-BH und Miniröckchen. Eve hat es besser, denn ihr kurzes, schwarzes, enges Minikleid mit dem ultraheißen, durchgehenden Reißverschluss könnte so gerade noch als das Partykleid einer *Superslut* oder zukünftigen Braut auf Junggesellinnenabschied durchgehen. Wenn da nicht die rot glitzernden Stripperschuhe wären. Daher ist sie genau genommen wohl doch genauso doof dran wie ich gerade, hier draußen halbnackt auf der Straße.

Da stehen wir nun, völligst bedeppert und mehr amüsiert als peinlich berührt, und sollen einmal die kleine Seitenstraße hoch- und wieder runtergehen, um zu beweisen, dass das, was wir behaupten, auch stimmt und dies nicht das Outfit von Mädchen ist, die Geld mit dem Ausziehen ebendieser Outfits verdienen.

Es ist ziemlich leer auf der Straße und irgendwie tun mir die jungen chinesischen Beamten leid, denn sie machen ja nur ihren Job und haben es dummerweise aber mit einer Spezies zu tun, die nun wirklich kein großes Problem damit hat, sich im *knappen* Kostümchen der Öffentlichkeit zu präsentieren. Schon gar nicht ganz weit weg von zu Hause, an einem Ort, wo Fremde weder lächeln noch sich sonst irgendwie um andere Mitmenschen scheren. Nun wirklich kein großes Ding also, die Sache mit dem mal kurz halbnackt Auf-und-ab-Gehen.

Als wir wieder in den Club gelassen werden, dürfen wir uns

endlich um- also anziehen und werden nach Hause geschickt. Alles okay. Für uns jedenfalls. Wie das mit Vlada und den anderen osteuropäischen Mädchen aussieht, die diesen Job vielleicht nicht alle aus Abenteuerlust betreiben, weiß ich nicht.

Wir nehmen unsere Taschen und gehen raus. Unser Geld können wir morgen im Büro abholen. Tschüs, Black Flamingo, was für ein Abgang.

Es ist schon 7 oder 8 Uhr. In ein paar Stunden geht mein Flugzeug, und ich bin *high as a kite* und muss noch packen und Übergepäckspakete zur Post schleppen und mein Geld abholen. Auweia. Aber es ist so schön hier oben auf dem Dach von diesem Typen, diesem Freund von Eve, dessen Vater angeblich der Frauenarzt der Queen ist und der angeblich mal einem Typen alle Zehen abgeschnitten hat aus Rache für schlechte Drogen. Angeblich. Vielleicht wollte er sie, also Eve, aber auch einfach nur mit Badboytum beeindrucken, denn eigentlich sieht er sehr sehr jung aus und harmlos und lieb, und seine Dachterrasse ist spitze.

Talulah erzählt von ihren Plänen. Einen High Class Holiday Retreat würde sie gerne mal eröffnen hier in Hongkong, sagt sie, mit Spa und Abteilung für Schönheitschirurgie! »Super Idee!«, sage ich und meine das auch ganz ehrlich so, denn in dieser Welt ist so was genau das, eine super Idee.

Der Typ vor mir pennt. Wer das ist, weiß keiner. Er saß auf einmal an unserem Tisch in der Karaoke-Bar eben, und dann war er mit uns im Fahrstuhl, und dann saß er neben uns im Taxi, und jetzt ist er hier. Essen, Bar, Karaoke, mehr trinken, Drogen, Karaoke. Und jetzt runter- und wieder hoch- und wieder runterkommen auf diesem Dach hier. Perfekte letzte Nacht!

Megan ist nicht dabei. Sie saß aber auch in der Bar vorhin, mit ’nem Bankertyp, im roten kurzen Paillettenkleidchen, also nicht der

Banker, sondern Megan. Wir haben gewunken, sie zu uns gerufen, aber es war ihr wohl irgendwie unangenehm, und sie ist dann auch schnell verschwunden mit diesem Typen in einem, seinem? dicken schwarzen Auto.

Eve legt den Arm um mich, und ich kuschle mich an sie.

Die Sonne geht auf, und die Stadt sieht von hier oben ganz harmlos aus, fast sanft, im körnigen Frühmorgenlicht, dabei ist sie doch eigentlich so kalt und glatt. Jetzt gefällt sie mir zum allerersten Mal, wenige Stunden vor dem Abschied, und ich denke, vielleicht komme ich ja doch mal wieder.

BERLIN

Und warum?
Nur für den Kick für den Augenblick?

Es ist natürlich nicht das erste Mal, dass ich das höre. Ich höre es immer. Vielleicht nicht so direkt, manchmal ist diese Haltung auch in Fragen versteckt, aber sie ist doch meistens da. Dann werde ich gefragt, wie die anderen Mädchen denn so drauf sind. Ob es viele Drogen und viele missbrauchte Menschen in dieser Stripperwelt gibt. Ob die Mädchen gezwungen werden und vielleicht sogar Zuhälter haben. Ob ich so richtig viel Asche verdiene immer, da ich das ja sonst sicher nicht machen würde. Undsoweiterundsofort. Niemand nimmt an, dass das jemand freiwillig macht, und niemand nimmt an, dass es einem sogar Spaß machen könnte. Dass das unter bestimmten Vorraussetzungen sogar ein ziemlich cooler, vielleicht sogar ein Traumjob sein kann.

Andere Menschen aus anderen Berufsgruppen werden selten aus der gleichen Richtung mit ihrer Berufswahl konfrontiert, und ich tue es auch nicht, generell nicht, obwohl ich die Berufswahl mancher meiner Freunde genauso wenig nachvollziehen kann wie andere meinen Wunsch, mich für Geld für andere Menschen auszuziehen.

Aber ich könnte ja auch mal nachfragen:

»Bekommst du eigentlich so richtig viel Asche dafür, dass du dich so großem Druck aussetzt?«

Oder: »Denkst du, viele deiner Kollegen haben psychische Probleme, weil sie ja ihre Seele und Kreativität an die Wirtschaft verkaufen?«

Oder auch: »Die vielen Überstunden bekommst du aber schon

bezahlt oder? Was?? Nicht??? Warum machst du das dann?! Wirst du etwa gezwungen?!! Brauchst du Hilfe?!!!«

Könnte man alles mal fragen, wenn diese Menschen, zu denen ich ja auch zeitweise gehöre, abends von einem langen Arbeitstag erzählen, mit tiefer Stirnfalte und fahler Haut, schniefend und hustend, denn Zeit, sich zu erholen, gab es schon seit Herbst nicht mehr, das iPhone immer in der Hand, falls doch noch mal eine wichtige Mail reinkommt, abends kurz nach halb elf.

Aber ich frage nicht, denn ich akzeptiere, dass diese Leute diesen Weg gewählt haben. Auch wenn diese Wege nie hinterfragt werden. Sicher, die Peter Pans in Pluderhosen, die dauerlächelnd und lauteschlagend das andere Leben loben, die hinterfragen. In Reimform. Zu schmissigem Trommelsound und Räucherstäbchenduft. Aber das muss es ja auch nicht gleich sein. Ich bin nämlich sehr gerne in der zivilisierten, kapitalistischen Mainstreamgesellschaft.

Mich erstaunt es immer wieder, wie legitim und logisch es erscheint, die Beweggründe meines nackten Tuns in Frage zu stellen, nicht glauben zu wollen, dass es mir Spaß und Freude bereitet, meine Weiblichkeit zu zelebrieren, Lust zu leben, Menschen kennenzulernen, Fantasien und Wünsche zumindest illusorisch zu erfüllen, dabei zu helfen, vorübergehend irgendeine Leere zu füllen, oder auch einfach zu einer hemmungslosen, wilden, bunten, hotten Nacht abseits des Alltags beizutragen und dabei auch noch gutes Geld zu verdienen. Dass einer selbstbewussten, klugen, gesunden Frau so was Spaß und Freude bereiten könnte, kann man nur schwer nachvollziehen.

Einfacher ist es zu glauben, dass sie sich das nur einredet, sie in Wirklichkeit ganz ganz arm ist und doch eigentlich nur kuscheln will. Wenn ich zusammenbrechen und schluchzen würde: »Ja, ja, es ist alles Lüge! Männer sind böse, und ich bin so traurig, und Sex ist so eklig, und ich will eigentlich nur Liiiiebe! Ich bin ja ein Mädchen!!!« – dann wären alle sofort still. Sie würden mich in den Arm nehmen, meinen Kopf streicheln und trösten: »Shh, shh, ich weiß, ich weiß …« und würden nie mehr fragen. Aber es gibt nichts zu trösten, meinen Kopf muss man nicht streicheln. Mir macht mein Job Spaß, und der Nervenzusammenbruch bleibt aus. Nasowas. Und jetzt?

WG-Porn

Elodie stellt den großen Topf mit dem dampfenden Boeuf Bourguignon in die Mitte des Tisches und reicht mir die Kelle. Elodie kommt aus Brest, und Elodie ist genau der Typ Frau, bei dem ich denke: Vielleicht kann man ja doch auch mal mit einem Mädchen zusammen sein. Nicht nur küssen und anfassen, sondern so richtig mit einschlafen und aufwachen und Kaffee ans Bett bringen. Sie ist frech und lustig und unangestrengt schön. Sie hat volle Lippen, redet viel und das mit diesem wundersüßen französischen Akzent. Ja, vielleicht bin ich heute Abend mal ein bisschen in Elodie verliebt.

Neben Elodie und mir gibt es aber noch weitere Boeuf-Esser am Ikea-Holztisch in der Kreuzberger WG-Küche. Ich hasse Kreuzberger WG-Küchen. Ich hasse WGs, und noch mehr hasse ich die Idee des Kochens-mit-der-WG. In der Küche, der Kreuzberger. Am runden Ikea-Holztisch. Man erzählt sich dann von Auslandsaufenthalten oder der letzten crazy Party bei Arne, Tine, Holger, redet von Uni-Pensen oder -Pensums und ist tagesaktuell informiert, weil man unter den Mitbewohnern einstimmig beschlossen hat, die Süddeutsche zu abonnieren. Und wenn jemand mal seine Ruhe haben will, lässt man ihn aber auch. Alles kann, nichts muss. Gut gelungene junge Gesellschaftsmitglieder. Ekelhaft.

In dieser WG-Küche, in der ich jetzt sitze, bin ich durch Zufall gelandet und bin zwischen Weißwein und Vorspeisensalat irgendwann unangenehm davon überrascht, dass es diesmal gar nicht so schlimm ist, dieses WG-Ding. Das liegt aber sicher vor allem an Elodie und ihrem Boeuf.

Karla fragt mich in ihrer lauten selbstbewusst bis ignoranten Art nach meinem neuen Aushilfsjob für diese Internetseite, und ich berichte bereitwillig und geübt. Ich fotografiere und filme manchmal für eine Pornsite. Alternative Porn. Australische Firma. Girl-Next-Door. Die Models wollen das wirklich, ja. Durchweg coole Mädels. Ja, da sieht man alles, natürlich. Die fassen sich auch an, genau. Nein, das ist nicht seltsam, okay, vielleicht ein bisschen. Ganz unterschiedliche normale Mädchen. Wie du und ich, ja genau.

Wie es scheint, ist Karla allerdings nicht wirklich daran interessiert, aus meiner durchaus illustren Praxis als Sex-Bilder-Macherin zu hören, in der Vorgaben wie »bis zum echten Orgasmus zu masturbieren ist keine Pflicht, aber sehr erwünscht« zum Briefing gehören. Wie es scheint, ist Karla heute mehr an einer generellen Diskussion über Pornografie interessiert. Meinetwegen. Sie tut sich noch eine Portion auf, man sagt dazu wohl Nachschlag, und beginnt, engagiert ihre Empörung über das Verkommen der sexuellen Werte und die Gefahren für unsere Gesellschaft kundzutun. Pornografie sei inzwischen so mainstream geworden, dass in einer Castingshow der Erfolg einer Siebzehnjährigen mehr von der Länge ihres Paillettenminis als von ihren Gesangskünsten abhängt. Und dass im Porn jedes Luder sich in jeder erdenklichen Art und Weise flachlegen lässt, gäbe Männern auch nur ein falsches Bild darüber, was Sex ist oder was Frauen wollen.

»Ja, aber Pornografie ist doch viel facettenreicher als das«, versuche ich sie von meinem Hobby zu begeistern, »die menschliche Sexualität und Fantasie, wenn sie anonym vor dem Computer ausgelebt werden kann, hat da nämlich die verschiedensten Bilder, davon sind willige Fickluder im Studio doch nur eines von vielen. Und all diese anderen sexuellen Fantasien werden doch genauso oft geklickt wie die Bilder, die du als die frauenverachtende Pornografie interpretierst. Außerdem werden Männer in hardcore Reindamit-Szenen doch genauso benutzt. Die werden sogar noch viel krasser auf ihren Schwanz reduziert, da interessiert sich nämlich kein Mensch für die Gesichter. Ist doch okay.«

Karla ist nicht überzeugt. »Ja, aber das ist doch traurig!«, antwortet sie mit einer Dringlichkeit in der Stimme, die ich von tierschützenden Vegetariern kenne, »was sagt das denn über unsere Gesellschaft und die Gefühle zwischen Menschen aus, über das Schöne der Sexualität und über das, was Frauen wirklich sind und sich wünschen, das verkommt doch alles durch solche Bilder!«

»Karla«, versuche ich sie zu unterbrechen, »dies ist eine Fantasie-Sexwelt, in der Menschen ihren Fantasie-Sex ausleben können, wenn sie home-alone Bock auf Fantasiesex haben. Das hat nicht zwangsläufig was mit echtem Sex zu tun, und die meisten Menschen können das auch unterscheiden.« Ich stopfe mir einen Haufen Nudeln mit Soße in den Mund, damit ich erst mal den Mund halte. Ich rede oft und gern und viel und schnell. Das Denken passiert bei mir meist während des Redens, manchmal danach, selten davor. Stimmt das eigentlich, was ich da sage? Können die meisten Menschen das unterscheiden? Vielleicht gehe ich zu sehr von mir aus? Ich liebe Porn! Keinen Storyline-Frauen-für-Frauen-Porn, sondern richtigen Porn! Ich finde Pornografie neben Online-Banking einen der wunderschönsten Dienste des Internets. Als Teenager musste ich mir Emmanuelle auf Videokassette aufnehmen, um meine Me-Dates nicht vom Fernsehprogramm abhängig machen zu müssen. Nun steht mir eine ganze Welt von dreckigen Bildern zur Verfügung. Rund um die Uhr. Wunderschön. Ich verbeuge mich mit wässrigen Augen dankbar für diesen Fortschritt.

Ob aber alle diese Welten trennen können? Ich hatte das bisher angenommen. Vielleicht ist Markus K. aus B. ja aber wirklich überrascht, wenn er seine Verlobte Cornelia nicht stundenlang hart in alle Öffnungen bangen und das Ganze dann gebührend mit einem kräftigen Samenerguss in ihrem Gesicht abschließen darf, bevor sein Kumpel Rainer randarf. Ja, vielleicht. Vielmehr glaub ich aber, dass sich Markus so einen Sex einfach gern anschaut, wenn Cornelia nicht da ist, weil es nun mal eindeutiger, animalischer und grafischer ist als eine weichgezeichnete Spielfilmliebesszene und das zum Masturbieren ganz gut passt. Außerdem, vielleicht wünscht sich Cornelia ja genau diesen heftigen Geschlechtsakt, und Markus kann das aber gar nicht so gut wie diese Muskeltypen im Video bringen, und Cornelia ist die beleidigte Leberwurst, nicht Markus.

Maike reißt mich aus meinen Gedanken. Maike hat bisher nicht viel gesagt, denn sie kommt nicht leicht zu Wort. Sie sitzt am Kopfende, und mir ist sie bisher nur durch ihren hochgeschlossenen Pulli aufgefallen. Mir ist wahnsinnig heiß in dieser Kreuzberger WG-Küche, und ich hatte mich gefragt, ob ihr nicht schwitzig ist am fest im Strickstoff steckenden Hals. »Ich weiß nicht, also ich kann da ja nicht so mitreden, ich schau ja eigentlich keine Pornos«, beginnt Maike mit lieb wollweicher Stimme, »ich find es halt nur irgendwie traurig und unmoralisch, dass diese Frauen sich dafür hergeben, damit andere Männer sich daran aufgeilen können.«

Meine Freundin Jule will zu protestieren beginnen. »Nee, nee, lass mal Jule, ich versteh schon, was sie meint«, unterbreche ich sie. *Good cop, bad cop.* »Du bist ja auch nicht allein mit dieser Meinung, Maike, das denken ja viele. Aber weißt du«, lächele ich sie freundlich und verständnisvoll an, »es gibt so viele selbstbewusste, intelligente, gesunde Frauen, die genau diesen Deal eigentlich ganz geil finden.«

Und da sind wir beim eigentlichen Dilemma.

Denn was soll das denn überhaupt heißen, dieses »diese Frauen« und Karlas »Das, was Frauen wirklich sind und sich wünschen«? Was wollen denn *die Frauen* wirklich? Hier am Holztisch scheint es ja zumindest schon mal zwei zu geben, bei denen die Antwort sehr unterschiedlich ausfallen würde. Wer oder wie ist also bitte »die Frau« (allein bei dieser politisch-gewichtigen Betonung des Geschlechts bekomme ich Brechreiz), oder »der Mann«? Sind die immer alle gleich? Männer mögen's hart und stumpf, weil die, wie wir ja alle wissen, nur mit dem Schwanz denken, und Frauen, weil ja so viel komplexere Geschöpfe, funktionieren da natürlich ganz anders. Viel intelligenter und sensibler als die armen, einfach gestrickten Typen. Schwachsinn. Und extrem diskriminierend sowohl für Männer als auch für Frauen. Der arme Kerl ist dann nämlich der Loser, wenn er nicht auf die Brust trommelnd durch die Bars rennt und alles flachlegt, was nicht bei drei auf den Bäumen ist. Und wenn es stattdessen aber das Mädchen macht, ist sie die Dumme. Sie ist doch eigentlich viel komplexer und sensibler als das und macht das doch sicher nur, um den Männern zu gefallen.

Ihr werden stattdessen Publikationen und Filme angeboten, die sich an ihre weibliche Sexualität richten sollen. Da ist dann von Erotik die Rede und *frivolen* Geschichten mit *Anspruch,* und es gibt Fotostrecken in entsättigter Farbe von vermeintlich heißen Boys mit coolen Haarschnitten und schlabberigen Baumwollunterhosen, und mich soll das jetzt horny machen. Ich denke dann aber nur »Mehhh, langweilig« und google wieder mal *»Russian Teenage Lesbians dry humping«* oder *»Drunk college sluts gone wild«,* weil mein Sex dann wohl doch genauso stumpf abläuft wie der der Männer, nichts da Erotik. Und das finde ich auch völlig in Ordnung. Und wenn ich einen Typen heiß finde, dann ist das kein nackter Informatik-Toyboy-Student mit Rose im Mund, sondern ein gut angezogener Mann an der Bar, der etwas Cleveres sagt, mit charmantem Lächeln und selbstbewusstem Blick. Das *frivole Kopfkino* kann ich mir schon selbst dazubasteln. Bin ja eine Frau, sehr komplex und sensibel und so. Oder ich trommel mir halt auf die Brust.

[10:22:03 PM] Mia: ich überleg im Oktober für n langes Wochenende nach Antwerpen zu gehen. Die ham da n neuen Club, sieht cool aus und ich könnt mir n bisschen Reisegeld vorm Surftrip verdienen.

[10:23:10 PM] Eve: ooh lala! klingt gut! hast du was von Talulah gehört?

[10:23:41 PM] Mia: nee nix!!! obwohl ich ihr ganz oft geschrieben hab … die ist so flaky die Frau, haha.

[10:24:58 PM] Eve: hahaha yep, flakyness ist schon so'n Ding bei ihr …

[10:26:27 PM] Eve: aber ehrlicherweise, haha, ich glaub ich bin auch nicht viel besser, also flakyness-mäßig …

[10:27:41 PM] Mia: Ey ganz im Ernst, wir sind doch ALLE superflaky, wenn wir mal ehrlich sind! All talk no action!

[10:30:13 PM] Eve: hast recht, viel Gerede, no action, aber manchmal denk ich so drüber nach, denk und denk und dann frag ich mich, ob dass nicht vielleicht auch besser ist, als all die Action, die man dann tatsächlich so abgehen sieht …

HAMBURG

Backstage-Tristesse

Meine Tasche steht auf dem Boden, und Vicky ist entsetzt: »Alta, du darfst deine Tasche doch nicht auf den Boden stellen! Bringt voll Unglück! Russische Weisheit, Geld rennt raus und so!« Sie nimmt meine Tasche und stellt sie auf die Ablage vor dem Spiegel. Gut so, danke, Vicky. Geld weglaufen wär blöd, auch, da ja so wenig reinkommt.

Es ist nach Mitternacht, und wir Mädels sitzen im Backstage und warten auf Gäste. Oder einen Gast. Drei, oder auch nur zwei. Irgendwas. Irgendwen. Aber es ist leer im Club. Anna sitzt auf einem Stuhl vor dem Schminkspiegel, High Heels ausgezogen, Beine hoch, und schaut Fernsehen auf dem iPad. Ihre Freundin Daria schaut mit. Irgendeine russische Telenovela. Eine Frau und ein Mann streiten sich, die Frau läuft weinend davon, er haut auf den Tisch, wütend über sich selbst, glaub ich.

Veronika steht am Fenster und raucht. Unter ihr laufen Menschen durch Nieselregen. Sie ruft etwas runter, zu einem unserer Jungs, die die Gäste ansprechen und in den Club locken sollen, obwohl von Locken ja gar keine Rede sein kann, denn der Club ist echt toll, superchic, und wir Mädels ja auch. Leider ist er trotzdem leer, gähnend. Der Typ unten, ich glaub, er heißt Tarek, hält sein Walkie-Talkie in die Luft und ruft etwas zurück. Veronika lacht. Veronika ist lieb, die anderen aber auch. Nicht so kalt-bitchig wie ich es aus den internationalen großen Clubs kenne. Das liegt aber vielleicht auch daran, dass hier keine dreißig, vierzig Mädels zusammen beziehungsweise gegeneinander arbeiten. Hier sind wir zu siebt. Veronika kommt aus Litauen, Daria und Anna kommen aus der Ukraine. Roxana ist Deutsche, hat aber litauische Wurzeln. Vicky ist Russin und Violetta kommt aus Ungarn. Backstage-Sprache ist also Ukrainisch oder Russisch (den Unterschied würde ich nie erkennen), und alle außer mir hier scheinen zumindest das meiste zu verstehen. Auch die Notizen und Regeln an der Wand und neben den Spinden sind in kyrillischen Buchstaben geschrieben und somit ebenso Böhmische Dörfer für mich, oder in dem Fall eben Russisch-Ukrainische.

Ich sitze auf einer der Stufen, die in die Duschkabine führen, und refreshe zum x-ten Mal in dieser Stunde mein Facebook. Was Stripper bei Langeweile vor Smartphones gemacht haben, ist mir ein Rätsel. Vermutlich noch mehr gestritten, geraucht, getratscht. Auf der anderen Seite der Duschkabine ist eine große Glasscheibe, und dahinter beziehungsweise darunter liegen die Bar und der restliche Clubbereich. *Einzige Dusch-Show Hamburgs* und, wie ich finde, ein ziemlich gutes Gimmick. Auch sonst ist dieser Club erfrischend modern und poppy designed. Kein rotes Licht hinter Plastikpalmen. Keine durchgesessenen Plüschpupspolstersessel an Salzstangenspendern. Keine Futonbetten mit herzigem Kuschelkissen. Und kein ruppig-schmieriger Stripclub-Boss mit *besonders guten Freunden des Hauses, sei mal bisschen nett.*

Stattdessen danceclubinspiriertes Design und undeutsche Lässigkeit. Goldene Stange auf pink beleuchteter Bar, blau-lila schimmernde Wassershow über gut ausgestattetem Champagner-Regal. Und der Boss ein attraktiver Geschäftsmann aus Litauen, nett, respektvoll, professionell. »Siehst du die kleinen Lüftungsschächte an den Sitzecken da? Das sind keine Lüftungsschächte. Das haben wir einbauen lassen, damit ihr da euren Champagner reinkippen könnt.« Zwinker, zwinker. Und clever dazu.

Leider kommt aber niemand. Nebenan ist die Touri-Titti-Bar mit Busen-Bärbel auf rotierender Harley, und ein paar Häuser weiter kann man Irina, Kristof und Cindy beim Sex zuschauen. Halligallizirkus Große Freiheit. Der schöne Club mit den schönen Mädchen bleibt leer.

Mit auf der Treppenstufe sitzt Vicky und schaut sich Fotos auf ihrem iPhone an und lacht dabei übertrieben laut. Sind wohl witzig die Fotos. Nebenan, dort, wo die Spinde und ein halber Meter Platz zum Umziehen sind, telefoniert Anna und schimpft wütend und weint, glaub ich, auch. Worum es geht, verstehe ich nicht. Vicky zeigt mir Bilder von ihrem Sohn, der ist fünf und schon ein richtig kleiner Macho, wie sie sagt. »Letztens saß er so vorm Fernseher in so voll der Macho-Gangster-Pose, nä, und sagt so ›Mama, ey! Hol ma trinken jetzt!‹ Voll süüüüß!« Auf dem Foto sitzt ein kleiner Kerl mit Stylo-Gel-Frisur im Planschbecken auf der Balkonterrasse und sieht ordentlich Terror aus. Süß, na ja. Vielleicht schon, aber hm.

Auf einmal piept das Walkie-Talkie auf der Ablage. Dann Rauschen, Knistern und Tareks Stimme »krrrrrrrrgästekrrrrrrrr«. Na dann: Auf die Plätze, fertig, los!

Veronika springt vom Fensterbrett, also rein, nicht raus, macht Fenster zu und Fluppe aus, die anderen auch, also Fluppe, schnell schnell, drückdrück, noch ein kurzer Blick in den Spiegel, am Bikini gezupft, bisschen Mundspray, sprühsprüh, und schwuppdiwupp trippeln klackerdiklack alle in den Clubbereich und drapieren sich ganz ganz fix auf diversen Plätzen: Daria hinter die Bar, Anna davor, ich in einen Sessel, Violetta ein paar Plätze weiter und Roxana auf die Bühne, wo sie gleich langsam und bedächtig um die Stange stolziert, ganz so, als sei sie schon 'ne ganze Weile da oben, als wären wir alle schon eine ganze Weile da, wo wir jetzt sind. Lalala, war was? Nö, nix. Langeweile? Quatsch, hier steppt der Bär!

Die Tür geht auf und Tarek kommt rein, im Schlepptau einen wiederum anderen Typen, der wiederum eine ganze Meute Menschen dabei hat, männlich, weiblich, alt und jung, wie's aussieht, mehr alt als jung, wie's aussieht, hauptsächlich Senioren quasi. Er führt sie in den Club. »… Tjoaaa … und hier haben Sie also eine unserer berühmt-berüchtigten Tabledancebars …« und Roxana dreht sich an der Stange, und die Herrschaften staunen. Man nickt uns nett-höflich zu, »'n Abend …«, und wir nicken nett-höflich zurück, »'n Abend …«, und einer der Herren schaut vielleicht noch einmal öfter zur Bühne, als Roxana ihr Top auszieht, aber das ist auch ganz in Ordnung, denn man findet es hier im Allgemeinen doch recht ansprechend und nett, und so was gehört ja auch schließlich dazu, zu so einer Reeperbahntour. Und so rumpelt das Rudel also einmal schnell durch den Laden und dann aber auch schnell wieder raus, und so schnell, wie es eben voll wurde, wird es wenige Minuten später schon wieder leer, und wir rutschen auch gleich wieder vom Barhocker, noch bevor die Tür hinter dem letzten Menschen ins Schloss gefallen ist, und trippeln klackerdiklack schnell wieder zurück nach hinten. Zu Telenovela und Funnypics. Während das Rudel weiterzieht, gezogen wird, zu den nächsten Attraktionen der Reeperbahn.

Violetta nutzt die Zeit zum Nähen. Einer ihrer Kleidträger ist abgerissen, und Zeit hat sie ja hier hinten viel. Ich frage sie, wie sie hier gelandet ist, also nicht hier hinten, sondern in diesem Job generell, also somit schon doch auch hier hinten, und sie sagt, dass sie sich eigentlich als Kellnerin beworben hat. »Aber sie haben mir gesagt, dass Gäste die Kellnerinnen auch gern tanzen sehen.« Violetta arbeitet auch noch als Erzieherin im Kindergarten und findet beide Jobs ziemlich ähnlich. »Für mich gibt es absolut keinen Unterschied zwischen den Jobs.«

Victor, der Club-Boss, kommt nach hinten mit frischem Cappuccino für uns Mädels. Super Idee jetzt. Danke, Victor. Er schaut aus dem Fenster auf die Straße, wo sich inzwischen Pfützen bilden, von Regen, Matsch, Bier, vielleicht Pipi, vielleicht aber auch noch nicht. Ist ja erst eins oder so. »In zwei Wochen wird's besser!«, sagt er nachdenklich, »Großes Event in Hamburg, viele Leute!« Es ist immer besser vorher oder nachher, und *the grass is always greener on the other side.* Immer hat man gerade ein ganz ganz tolles Wochenende verpasst, wo das Geld nur so durch die Luft geflogen ist. Oder man ist da, wenn es in ein paar Wochen dann aber erst wirklich gut wird, aber dann auch ganz bestimmt. Spätestens das Wochenende danach. Ganz sicher.

»Arbeitest du schon lange hier?«, frage ich Vicky, als ich neben ihr aus dem Raucherfenster lehne, Brust draußen, Popo drinnen, und sie schüttelt den Kopf mit den blondierten Haaren und ascht in die leere Red-Bull-Dose, die auf der Fensterbank steht. »Aber in meinem letzten Club war voll der Zickenterror, ey. Hatt' ich kein Bock mehr drauf.«

Unter uns zieht 'ne halbstarke Landjugend vorbei. Einer der Jungs zieht sein T-Shirt hoch und hält uns grölend seine Hühnerbrust entgegen. Stark. »Das waren voll die Bitches da, ey!«, sagt Vicky weiter, »das Krasseste war, als die mir Koks untergejubelt und dann die Bullen gerufen haben. Am nächsten Abend bin ich mit 'ner Schreckschusspistole in die Umkleide und hab geschrien, so: Auf den Boden ihr Schlampen!!! Haha, so geil, ey, die dummen Tussen lagen echt alle flach und haben gewinselt. Hahaha, ich hab ja sooo gelacht, Alter!« Vicky. Stark, stärker, am stärksten.

Wir tauschen Nummern aus. Wir können doch mal abhängen, schlägt Vicky vor, und ich sage: »Ja, klar, gerne. Machen wir auf jeden Fall mal!«, und denke: *Mal sehen*, und weiß aber eigentlich: *Vermutlich nicht*. Ich sage oft, »Ja, klar, gerne. Machen wir auf jeden Fall mal!«, und nur selten wird wirklich was draus. Wenigstens weiß ich das inzwischen. Ich bin nicht verlässlich. Auf etwas festgenagelt zu werden, stört mich. Denn sobald ich etwas zusage, erwartet jemand etwas von mir, und das bereitet mir großes Unbehagen. Ich fühle mich am wohlsten, wenn ich gar nichts *muss*, und wenn ich meine Pflichten und Zusagen immer wieder neu definieren kann, ganz nach Laune und Eigenregie. Kurzum, wenn ich mich egoistisch und völlig frei von Verantwortung bis zur Einsamkeit und Langeweile mir selbst widmen kann.

Das Walkie-Talkie piept. Dann Rauschen, dann Knistern, dann »krrrrrrrrrgästekrrrrrrr«. Wir drücken die Zigaretten aus, fixfix, schneller Blick in den Spiegel, Mundspray sprühsprüh, igitt, bäh, und klacker-di-klack raus und rein in den Club. Drapieren auf Sessel, Barhocker, Bühne und hoffen, dass etwas passiert, irgendwas.

Die Schwaben

Mit den Schwaben habe ich mich schon viel zu lange beschäftigt. Die Koberer des Clubs – das sind die Jungs, die draußen stehen und potenzielle Gäste anquatschen – haben sie mit dem Bier-Flatrate-Deal gelockt: fünfzig Euro für eine Stunde saufen. Da sagt kein Schwabe nein. Nun sitzen sie mit dem Gefühl, ein super Geschäft gemacht zu haben, in der Ecke vor der kleinen Bühne und trinken zufrieden Bier. Es ist früh, circa 23 Uhr. Ein Pärchen kuschelt auf der Eckbank, und ein englischer Tourist trinkt ein Becks an der Bar. Die fünf Dollarscheine, die er beim Zahlen des Eintrittsgeldes bekommen hat, liegen sorgfältig gefaltet neben seiner Flasche. Er wird sie nicht leichtfertig verteilen, sondern sich gut überlegen, wem von uns Mädchen er sie wann und wie zusteckt, denn vermutlich wird er keine weiteren Dollar kaufen können, geschweige denn andere Dienstleistungen in Anspruch nehmen. Das kann er sich nämlich nicht leisten. Trotzdem ist er gern hier, und das Geld, das er sich für diesen besonderen Abend zur Seite gelegt hat, wird er auch gerne ausgeben. Nur ist es eben nicht viel.

Auch wenn sie nicht meine Taschen füllen, mag ich diese Art von Gast. Einfache Männer, die Stripclubs kennen und schätzen und die hier für die kurze Zeit, die ihnen ihr weniges Geld kaufen kann, Zuflucht suchen vor der echten Welt, die sie oft übersieht oder auf sie herabschaut. Man erkennt, dass das Geld, was sie hier ausgeben, hart erarbeitet ist, und dass sie sich etwas ganz Besonderes gönnen, wenn sie zwanzig Euro für ein dünnes Bündel Dollar ausgeben, um uns damit für einen kurzen Moment ganz nah zu kommen. Oder sieben Euro für ein Bier, das ihnen für eine kurze Zeit die Berechtigung gibt, die schönen nackten Frauenkörper vor sich tanzen zu sehen. Diese Männer kennen das Geschäft und wissen, dass sie hier nur so viel wert sind wie ihr Portemonnaie. Bescheiden und anspruchslos sitzen sie mit ihrem Bier in der Ecke und beobachten dankbar die Show, wohlwissend, dass sie nie das Geld oder die persönlichen Qualifikationen haben werden, einem dieser Engel wirklich näher zu kommen. So einen Gast versuche ich in den wenigen Minuten, die ich mit ihm verbringe, mit so viel echter Wertschätzung wie möglich zu füttern. Denn ein Stripclub ist nicht gerade der geeignetste Ort, um ohne Kohle »YEAYYYs!« von hübschen Girls zu bekommen, geschweige denn mehr. Da hat man als Mensch mit dickerem Portemonnaie schon bessere Karten.

Die Schwaben scheinen nicht unbedingt ein dickes Portemonnaie zu haben – nur dickere Bäuche, haha –, aber sie sind bereit, zumindest ein bisschen Geld hier zu lassen, wie es scheint. Schaffe schaffe, Häusle bauen, Geld verdienen, Titten schauen. Oder so. Allerdings haben sie nicht vor, es mir heute einfach zu machen, und so sitze ich nun schon zum dritten Mal neben dem kleinen Blonden, dessen Name angeblich Harry ist, und verstehe kein Wort.

»Wie dor Krimi-Harry aus'm Tatort.«

»Wie bitte?«, frage ich ihn freundlich mit meinem Lipglosslächeln.

»Ha, du schausch scheinbar kein Tatort?«, fragt Harry zurück.

Nein, Tatort schaue ich eher selten. »Weißt du, ich schau sonntagabends lieber Promi-Dinner«, blinzele ich ihn sweet an.

»Ha, Herrgottsack, des isch ja der totale Bleedsinn!«, kommentiert der Unterhaltungsexperte neben mir laut lachend.

Tatort ist doch auch totale Scheiße, du Langweiler, denke ich, und versuche das Thema auf anderes zu lenken. Allerdings verstehe ich kaum ein Wort bei dem besoffenen Geschwäbel und verliere jegliche Motivation für einen taktisch cleveren, subtilen Angriff. Die Jungs sind langweilig und spielen das »Du willst was von uns, also bemüh' dich mal, Kleine, und versuch uns zu überzeugen«-Spiel ermüdend schlecht. Denn natürlich ist es ein Spiel. Er will etwas haben. Ich will etwas haben. Aber zwischen den Zeilen, in den flüchtig magischen Momenten, in denen sich beide dieses Geschäfts bewusst sind und dennoch das Spiel der Verführung und möglichen Eroberung sensibel und einfallsreich spielen, liegt die wahre Freude meines Jobs. Denn dass das hier ein Deal ist, wissen alle. Dass dieser Deal aber nicht unehrlich und freudlos ablaufen muss, wissen nicht immer alle. Der Schwabe auch nicht, und so verschwende ich auch keine kreative Energie daran, ihn liebevoll um den Finger zu wickeln, sondern begegne ihm auf demselben banalen Autoverkäufer-Kunde-Niveau wie er mir. Bringt ja nichts. Oder: »Desch hat kei Wert!«, wie der Schwabe wohl sagen würde.

»Wie sieht's aus, Harry, ich hätte Lust, für dich zu tanzen«, lüge ich ihn also unbemüht an. Der rechte Arm liegt dabei schwer auf seiner Schulter, die linke Hand streichelt bescheuert sein dickes Knie. Ich setze einen lieblosen Flirtblick auf und versuche, mit nur verhaltener Dringlichkeit zu vertuschen, wie öde und dumm ich Harry finde. Scheinbar klappt es. Harry merkt nichts.

»Ha, verzehl doch a mol, was würdn des bedeude?«

»Na ja«, säusel ich, »siehst du die Vorhänge da hinten? Dahinter ist die Private Lounge. Und da würde ich dann ganz privat für dich oder euch tanzen …«

»Hm, tjoa-joa, und was koscht mi des?«

»Sechzig Euro für die kurze, heiße Version. Hundert Euro für die längere, noch heißere Version«, antworte ich, aber Harry ist noch nicht überzeugt.

»Oooch … hm … ha ja und was kriegn ma dafür? Kamma da auch anfasse, scho, oder?«

Auf den Flatscreens über der Bar laufen die Dienstleistungsoptionen im Dauerloop: »Private Dance 1 Song € 60, 2 Songs € 100, Anfassen erlaubt.« Scheiß-Billig-Deutschland. »Also wenn du genügend Tip-Dollars mitnimmst, darfst du mich *vielleicht* auch mal ein bisschen berühren ...« Harry dreht sich zu seinen Jungs um und brabbelt etwas Unverständliches. Sein Kumpel schaut mich ernst an, er hätte da noch eine konkrete Frage bezüglich meines Angebots. »Ha, ischn das dann mit oder ohne Hand?« Ich verstehe nicht. »Ha ja, isch kenn des, da heischts dann Fullstrip und man sieht nichts, weil die Alde ihr Hoand vor de Muschi hält.«

Nein, nein, versichere ich ihm, er wird schon was zu sehen bekommen. Nix Hand.

Die Jungs besprechen sich. Schwierige Entscheidung. Ein weiterer Kandidat meldet Bedenken bei seinen Kollegen an: »Aber mehr als gucke isch da ja nich, ha ja, und was mach i dann mit der Palme?« Aber man wird sich schließlich dennoch einig. »Okay, Chefin, warum net. Du, mir mache des! Allesamt.« Handschlag. Na prima. »Dann solltet ihr vorher aber noch ordentlich Dollars kaufen, damit es noch lustiger wird«, bluffe ich. Harry drückt mir Scheine in die Hand, und ich gehe zur Bar und komme mit einem Bündel Club-Dollars wieder, die ich gerecht in der Gruppe verteile.

»Na dann, mir nach!« Ich laufe in Richtung *Private Lounge*, und die Bierschwaben trotten hinterher. In dem kleinen Separee setzen sich Harry und seine Kumpels wie Schuljungs brav auf die Bank und warten mit ihren Dollars in der Hand gespannt, was passiert.

Jetzt geht's los. Ich liebe diesen Part. Man könnte meinen, dass das Schwierige an diesem Job das Sich-Ausziehen ist, so ganz allein vor Fremden, aber das ist der einfache Teil. Das ist der Spaßteil. Die Belohnung für die vorhergehende Schauspielarbeit, geschicktes Verkaufen und sensible Gesprächsführung. Jetzt muss ich nicht mehr mit dem Kopf arbeiten, sondern kann mit dem Körper genießen. Ich liebe es nämlich zu tanzen, angezogen, ausgezogen, und Menschen, die ich mag, die es wert sind, die gut zu sein scheinen, damit zu überraschen, dass es nicht gespielt ist, dass ich wirklich Spaß und Freude dabei empfinde, mich für sie hinzugeben, wenn auch nur visuell und für einen kurzen Moment. In solchen Momenten bekommt dieser Mensch vor mir mich. Keine Schauspielerin und keine Salesperson mehr, sondern mich, splitterfasernackt, innen wie außen.

Aber mit der Reisegruppe Harry ist es ein bisschen anders. Vermutlich auch, weil eben Reisegruppe und nicht nur Harry. Für zwischenmenschliches Knistern und emotional-ehrliche Verbindungen sind wir hier nämlich zu viele in diesem Kabuff. Und außerdem sind Harry & Friends irgendwie auch eher auf Reeperbahn-Touri-Tamtam eingestellt, und deshalb mache ich jetzt auch genau das, Reeperbahn-Touri-Tamtam: dumm-dusselig Zwinkern, Popo shaken wie Shakira und mit zusammengequetschten Brüsten Dollars kassieren. Auweia. Aber auch das ist irgendwie ganz witzig, so zur Abwechslung mal.

Als ich mich während des letzten Songs auf dem Boden räkele, geschlossene Augen, Kleid und so auf dem Beistelltisch, bin ich irgendwie ganz glücklich und zufrieden. Ich mag meinen Körper und wie gut er zu mir ist, was für Glücksmomente er mir beschert. Ihn zu bewegen, zu Lieblingsludermusik, am besten noch ohne nervige Kleidung, ist einer davon.

Manche Männer missverstehen mein Genießen als Kompliment an sie oder als Aufforderung zu mehr. Vielleicht überraschend für den einen oder anderen, aber es gibt tatsächlich kaum etwas, worauf ich jetzt weniger Lust hätte als auf Gangbang über Kunstleder. Mein Körper reagiert einfach schnell auf Schönes. Wenn ich im Auto aufs Gaspedal drücke und rase, nur bis zur nächsten Ampel mal eben, obwohl ich nicht darf. Oder wenn warme Sonne nackte

Haut heizt und der Wind gleichzeitig kühlt. Selbst wenn ich etwas wahnsinnig Gutes esse, reagiert mein Körper, und es kann vorkommen, dass mir von einem fantastisch perfekten Steak mit grünen Bohnen ganz kribbelig-wohlig-warm wird.

Der letzte Song ist fast vorbei, und ich checke aus den Augenwinkeln die Lage: Der eine hat noch zwei Scheine in der Hand, die anderen scheinen blank zu sein. Wie ein debiles Kätzchen krabble ich zu ihm und schnappe mir mit den Lippen das Geld aus seiner Hand. Nun ist der Song zu Ende. That's it. Ich stehe auf, nehme die Klamotten vom Tisch und mache eine faule Schnellschnell-Version eines Verbeugungs-Knicks. »So, das war's, hoffe, es hat euch gefallen«.

»Du, desch war dor Hamma!«, sagt der eine, der eben so Sorgen hatte, nicht genug Pink zu sehen. »I muss au glei noch amol mit dir schwätza und di was froga.«

»Klar«, sage ich und »bis gleich« und halte den Vorhang zur Seite. Leicht bedröppelt laufen sie zurück in den Club, einer sagt irgendwas, die anderen lachen, höhöhö.

Ich ziehe mich wieder an und sammle meine Dollars vom Teppichboden auf, ein ganz schön dicker Stapel. Sie geben mir Geld, ich gebe ihnen dafür Dollars, ein paar Minuten später nehme ich mir die Dollars zurück und bekomme dafür wieder Geld. Seltsame Welt.

»Hey, du wolltesch doch zurückkomma, I wollt di no was froga!«, sagt der Typ neben mir an der Bar, als ich mir gerade einen Drink bestelle.

»Ach ja«, sage ich zögernd und bereite meine Antworten vor: Ja, na klar, mich hat es total scharf gemacht, für dich zu tanzen. Nein, ich habe keinen Freund. Nein, ich würde dich trotzdem nicht gerne mal treffen, einfach nur so, auf'n Kaffee oder so.«

»Also, was i di nommal froga wollt, warum hascht du denn so a sauschöne, woiche Haut? Machscht du da was Besonderes?«

Ich bin etwas sprachlos. Huch? Das war's? »Öhm, äh, nö. Äh, eincremen halt. Also manchmal.«

Der Schwabe schaut mich mit harmlos netter Bewunderung an und haut mir kumpelhaft auf die Schulter: »Mensch du, des isch subba!«, sagt er ganz lieb. »Du bisch subba. Bleib wie de bisch, gell.«

Auf dem Flur in der Stripperwohnung, vor dem Badezimmer, am frühen Abend. Alle Girls machen sich für die Nacht fertig:

Mädchen 1: *Klopf-klopf*
Mädchen 2: Yes?
Mädchen 1: How much longer do you need?
Mädchen 2: What?
Mädchen 1: How much longer do you need? Can I take shower?
Mädchen 2: Umm yes, sure…but I'm not finished yet.
Mädchen 1: Oh that's ok. You can stay. I have pussy as well. I mean, I don't care if you see my pussy.

Klickklack, Tür auf.

Roxana

Roxana ist vierundzwanzig Jahre alt, intelligent, hübsch und ambitioniert. Sie kommt aus Litauen, ist aber in Deutschland aufgewachsen. Sie spricht drei Sprachen fließend, macht ein Praktikum bei der Zeitung und plant Journalistik zu studieren und dann zum Fernsehen zu gehen. Sie sei Karriere- und Erfolgsmensch durch und durch, sagt sie. Roxana arbeitet außerdem im Stripclub und hat Brüste zum Niederknien; wenn man auf große, pralle Brüste steht. Wenn sie wie bei Roxana gut gemacht sind, kann das schon ganz okay aussehen. Ich liebe es jedenfalls, ihr zuzuschauen, wenn sie tanzt und diese zwei perfekt gemachten Kunstwerke mit dem neon-pink leuchtenden String um Aufmerksamkeit buhlen.

Roxana findet meine Lippen schön. Sie schaut mich fasziniert an und sagt: »Du hast sooo schöne Lippen, so schön groß! Ich möchte mir meine machen lassen, nur ein bisschen aufspritzen. So.« Sie macht einen übertriebenen Kussmund, mit dem sie einen bescheuerten Gesichtsausdruck bekommt. Ich sage ihr, dass das doch Quatsch ist, da ihre Lippen ja jetzt schon wunderschön und perfekt sind.

Am nächsten Tag sitzen wir nebeneinander am Spiegel. Sie findet, dass ihre Haut schlimm aussieht, nicht wie die Haut einer Vierundzwanzigjährigen. Das mag natürlich sein. Der nächtliche Lifestyle und das berufsbedingte Herunterkippen von Champagner hinterlässt seine Spuren. Davon sind fahle Haut und Falten nur die offensichtlichsten. Roxana jedenfalls hat sich entschlossen, Letzteren entgegenzuwirken und sich diese Woche von einem Fachmann helfen zu lassen. Der Termin sei schon gemacht, nur ob es Botox oder Hyaluronsäure wird, ist noch nicht klar.

Ob ihren neuen Lover ihre Falten auch stören, hat Roxana nicht gesagt. Aber dass sie ihm generell nicht gefallen könnte, verunsichert sie.

»Gestern hatte ich voll schönen Sex«, erzählt sie mir, während wir am Badezimmerfenster stehen und auf die an uns vorbeiziehenden Junggesellenabschiede herabblicken, alles torkelt, Schlabberjeans und Dosenbier. Und auf Mädchenabende mit teilweise schlimm sitzenden Klamotten. Während die eine tiptop gestylt ist, sieht ihre Freundin daneben ganz schön panne aus mit dieser unvorteilhaften Kleidungswahl, und ich denke, das macht die doch mit Absicht, also die hübsche Freundin, »neee, wirklich, Anne-Kathrin, sieht voll gut aus«, wenn die etwas pummelige Anne-Kathrin sie unbeholfen zu Skinny Jeans und Bauchfrei-Top befragt. »Neee, echt, Anne-Kathrin, total gut, echt, überhaupt nicht zu eng!«

Na, jedenfalls hatte Roxana gestern voll schönen Sex.

»Ja, aber als ich ihn gefragt hab, wie es für ihn war, also, wie ich war, hat er nur ›okay‹ gesagt. Also: ›Okay, alles okay, alles gut.‹ Jetzt hab ich irgendwie Schiss, dass er mich nicht so sehr mag wie ich ihn.« Ich versuche, sie zu trösten, dass man das doch nicht einfach so daraus schließen kann und dass, wenn es für sie schön war, es das doch sicher auch für ihn war. Und warum sie so etwas Doofes überhaupt fragt und nicht einfach genießt, dass sie gerade schönen Sex hatte, und einfach davon ausgeht, dass es ihm auch Spaß gemacht hat. Das hilft ein bisschen, aber nicht wirklich.

»Irgendwie war es aber auch komisch«, sagt sie nach einem kurzen Moment des Innehaltens, »als ob seine Form nicht so richtig in meine Muschi passt.«

»Nimm's mir nicht übel, aber du siehst total aus wie meine kleine Schwester. Aber probier's doch mal bei meinem Bruder da drüben, der könnte Interesse haben.« Manchmal ist es ratsam, nicht so viel nachzudenken über das, was man hört und sieht. Und so setze ich mich zu dem Bruder da drüben, und der hat auch tatsächlich Interesse an mir. Wie gesagt, lieber nicht nachdenken.

Als ich etwas später wieder im Backstage bin, ein paar Private Dances und Tip-Dollar reicher, faucht Roxana mich an. »Hör mal, wir nehmen uns hier nicht gegenseitig die Kunden weg!« Und ich verstehe nicht, was sie meint. »Na, der Typ da eben, hast du nicht gesehen, dass ich da kurz vorher noch saß?« Ich hatte es nicht gesehen, nein, oder hatte ich das? Man wird etwas rücksichtslos in diesem Geschäft und ist sich schnell selbst die nächste. Da muss man aufpassen. Aber der Platz neben ihm war frei. Nein, ich hatte sie da wirklich nicht gesehen. Und es war ja auch vorher irgendwann, wie sie selbst gerade gesagt hat. Ich hatte ihr doch also echt nichts weggenommen. «Du, tut mir leid, das war echt keine Absicht«, sage ich ihr und meine das auch so und gebe ihr zum Zeichen ein paar der am Typ gerade verdienten Dollar. Stripperetiquette. Roxana gibt mir das Geld zurück, sagt: »Nee, lass mal, is' ja schon gut«, schaut sich im Spiegel an und übt konzentriert ihren neuen Schmollmund.

BERLIN

Sir Cameron

Da stehen wir nun, dicht gedrängt auf einer Terrasse an der Kreuzberger Spree, und nippen an Drinks und rauchen. Es ist eng auf dieser Terrasse, und wie immer stehe ich im Weg, egal, wo ich stehe, und werde angerempelt, links, rechts, hinten.

»Oh, 'schuldigung.«

»Ooops, tut mir leid!«

»Äh, kann ich mal vorbei, sorry.«

Ich stehe im Weg, immer, denn es ist einfach viel zu eng hier. Im Clubraum, drinnen, wäre noch Platz. Aber drinnen kann man keine Zigaretten rauchen, und Zigaretten rauchen ist jetzt dringend nötig nach diesem Schock.

Und so drängle ich mich mit anderen Premierengästen auf wenigen Quadratmetern Frischluft und rauche, was das Zeug hält, und versuche, den schlechtesten Film meines Lebens zu verdauen. Okay, einen der schlechtesten.

Ich rauche Camerons Zigaretten. Ich rauche irgendwie immer Camerons Zigaretten, wenn ich mit Cameron rauche, das ist ein bisschen peinlich. Cameron steht neben mir und scheint irgendwie nicht ganz so oft hin und her geschoben zu werden wie ich. Manchmal, ganz selten, wünschte ich, ich wäre größer.

Cameron ist Engländer, und Cameron hat schon mal mit der Queen Tee getrunken. Ich finde das außerordentlich spektakulär. Ich habe keine Ahnung von der Queen und der englischen Politik. Ich hab ja noch nicht mal Ahnung von der deutschen Politik. (Hatten wir eigentlich mal 'ne Queen?) Ich bin nämlich sehr sehr faul, was wichtiges Wissen angeht, aber solche Informationen, also wie die mit der Queen und Cameron und dem Teedate, finde ich enorm und extrem wissens- und teilenswert.

Cameron saß hinter mir im Kino eben, und ich glaube, er hat nicht ganz so sehr gelitten wie ich in den letzten neunzig Minuten. Aber Cameron ist ja auch Engländer, wie gesagt, und seine Deutschkenntnisse sind trotz sechs Jahren Berlin nicht wirklich vorhanden. Das ist gut für ihn in Momenten wie diesen, denn die Bilder dieser deutschen Komödie waren ja auszuhalten. Also daran lag es nicht.

Ich bin eigentlich kein Filmsnob, also kein Cineast. Weit ab davon sogar. Ich habe zwar was in der Richtung studiert, irgendwie, aber so richtig interessiert haben mich die *guten* Filme, also die, die man *gesehen haben muss,* noch nie. Ich möchte mich unterhalten lassen, wenn ich Filme schaue. Ich liebe Entertainment, Zerstreuung, bunte Bilder! Bang, Boom, Pow! Ich verehre die Oberfläche, das bunte, lustige, haha-Leichte. Schillernde. Alles, was easy und fröhlich ist, oder glitzernd und grell, oder extrem pechschwarz, böse, laut! »*All I care about is sex and violence, a heavy bassline is my kind of silence*«, Dizzee Rascal weiß Bescheid. All diese guten, intelligent-tiefgründigen, zum Nachdenken anregenden Filme, die so gekonnt inszeniert sind, dass stiller Raum und bedrohlicher Platz für Gedanken bleibt, sind nichts für mich. Sie strengen mich zu sehr an und schubsen mich in dunkle Gassen, in die ich mich auch ohne Schubsen schon oft genug verirre. Dahin geh ich doch nicht auch noch freiwillig. Ich bin doch nicht blöd.

Das wäre dann nämlich wie diese bescheuerte Tussi aus dem Horrorfilm. Jeder kennt sie. Diese dumme dumme Nuss, die mit nackter Angst *nachsehen* geht, was da los ist. Im Keller! Ohne Licht!! Allein!!! Dummheit pur, und man möchte sie an den nackten Schultern packen (sie trägt ja nur dünnes Hemdchen zu barfuß), ihren anorexischen Mädchenkörper schütteln und sie anschreien: Mädel, mach Licht an! Und dann zieh dir Schuhe an und lauf halt weg!

Paula kommt zu uns und schnorrt sich eine Zigarette. Armer Cameron. Bald wird er eine neue Schachtel kaufen müssen, dabei hat die Party doch gerade erst begonnen. Paula ist Filmstudentin und mit einem der Macher des heutigen Films befreundet. Wir sind zusammen zur Premiere gefahren, denn wir waren ja eh schon zusammen heute, quasi beruflich. Ich habe von Paula Fotos und Videos gemacht, wie sie zusammen mit einem anderen Mädchen masturbiert. Heute war das andere Mädchen Mona. Mona kommt aus San Francisco und arbeitet als Konditorin für diverse Cafés und Restaurants in Berlin. Mona und Paula kannten sich nicht vor ihrer ersten Zusammenarbeit heute, aber ich glaube, sie hatten sehr viel Spaß. Nein, Quatsch, ich weiß es. Ich war ja dabei.

Cameron weiß natürlich von meinem kleinen Kamerafrau-Nebenjob für diese Pornsite. So was spricht sich ja schnell rum, und ich mache auch keinen Hehl daraus. Von dem technischen Gefummel, das ich immer noch nicht wirklich durchschaue, mal abgesehen, macht mir der Job Spaß. Und das Beste sind natürlich wie immer die Mädels! Mädchen wie Paula und Mona oder Kate und Lara, Mareike, Lynn und wie sie alle heißen. Coole, selbstbewusste, interessante Menschen. Schmuckdesignerinnen, Musikerinnen, Bäckerinnen, Studentinnen, Tanzlehrerinnen. Und alle finden irgendetwas daran, sich auszuziehen und öffentlich sexuell zu sein. Konsumierbar für die ganze Welt. Wir sind alle unterschiedlich, aber in diesem Punkt sind wir gleich, und dafür liebe ich all diese Mädchen. Dafür, dass sie mir das Gefühl geben, nicht allein zu sein mit dieser Freude am Dreckigen. Nicht der einzige Freak unter den Frommen.

Cameron ist skeptisch, was die ganze Porn-, Strip-, Sexsache angeht. »Ich glaub, ich find's einfach traurig, dass Frauen meinen, so was machen zu müssen«, sagt er und vermutet vermutlich mit dieser Haltung im grünen Bereich zu liegen. Also in dem Bereich, in dem ihm als Frauenversteher und Gentleman auf die Schulter geklopft wird. Von Frauen, Männern, allen eben. Und das wird ihm ja auch. Hat er nämlich gut gelernt: Du sollst nicht begehren des anderen Weib. Zum einen. Und dann eben die zeitgemäße Erweiterung: Du sollst nicht begehren überhaupt irgendein Weib! Denn merke: Frauen finden Sex eigentlich ziemlich lästig und machen das alles nur mit, um euch notgeilen Männern zu gefallen. Denn ihr armen Würmer, ihr braucht das ja! Ihr seid ja soviel einfacher gestrickt, was das angeht. Könnt euch nicht zurückhalten. Neandertaler eben. Aber wir Frauen, also mal ehrlich: Freude haben wir daran ja nicht wirklich, und wir haben auch weitaus Wichtigeres zu tun und zu bieten. Die paar Ausnahmen? Die Tussis, die reihenweise in die Kiste springen? Na ja, Schlampen eben. Und aufmerksamkeitsgeil. Kann man nicht ernst nehmen. Also bitte, wenn du ein moderner Gentleman und Frauenversteher bist, lass uns in Ruhe mit dem ganzen Schweinkram, ja?

So ist scheinbar eine ganze Generation von Männern erzogen worden. Denn testosterongeladene Sexorgien sind jetzt out! Dafür schieben diese Männer nun Kinderwagen durch den Kiez, reden über Gefühle und schauen mit uns »Girls«. Sie wollen am liebsten raus aufs Land, können keine Reifen wechseln, aber dafür ein ganz klasse Schokosoufflé zaubern. Und wir Mädels haben den Salat und bekommen zwar süße Desserts gereicht, aber haben nun niemanden mehr, der uns mal so richtig … na ja. Und so tröste ich eine Freundin nach der anderen, die laut wie ein Waschweib flucht, dass ihr Typ irgendwie kein richtiger Typ mehr ist, und dabei wie Rumpelstilzchen auf den Boden stampft, mit den klobig-derben aber für den Alltag ja so praktischen Outdoorboots.

Das habt ihr super gemacht, ihr Feministinnen von gestern. Schönen Dank auch. Jetzt ist alles verdreht, und Männer sprechen abfällig von *this*, wenn es um Sex und Lust und Begehren geht.

Und sie nehmen an, dass es eine Art Kapitulation ist, wenn Frauen sich zu diesem primitiven Begehren auch noch herablassen, und wollen uns davor schützen. Und was ist mit den Frauen? Die gehen fremd oder gehen strippen und drehen Porn oder drehen durch. Und nun?

Noch ein Skype Chat mit Eve

[8:37:43 PM] Eve: Ich hab mich gerade bei diesem fetten Casino Club in Macau beworben, ich denk einfach das Geld wird hammer sein in der Vorweihnachtszeit!
[8:38:00 PM] Eve: ich glaub das wär auch was für dich da Mia! Die Bilder sehen ziiiiiiemlich fun und pinkish aus!
[8:39:36 PM] Mia: Ohmann, wenn du echt gehst MUSS ich mit!!!
[8:39:57 PM] Mia: Ich hab irgendwie das Gefühl das könnte einer unserer letzten Striptrips sein? Ach was für'n Quatsch, einer von viiiielen letzten Striptrips haha.
[8:40:04 PM] Eve: mindestens noch 2!
[8:40:07 PM] Eve: Macau und NYC.
[8:40:09 PM] Eve: oder L.A.
[8:40:11 PM] Eve: oder NYC und L.A.! Genau: Macau, NYC, L.A.!
[8:40:15 PM] Mia: … und Miami!
[8:40:19 PM] Eve: STRIPTRIPPIN FOREVER!!!
[8:40:22 PM] Mia: *Damn straight*.
[8:40:37 PM] Eve: ahhh ich fühl mich gut.
[8:40:41 PM] Eve: ich vermiss dich.
[8:40:46 PM] Mia: ich vermiss dich auch
[8:40:48 PM] Eve: ich wünschte wir wären gerade halbnackt
[8:40:54 PM] Eve: in schummrigem Licht.
[8:40:54 PM] Mia: Ich bin's
[8:40:57 PM] Eve: hahahaha.
[8:40:59 PM] Mia: okay, ich hab gelogen.
[8:40:59 PM] Eve: OMG!

[8:41:00 PM] Mia: Was denn?
[8:41:07 PM] Eve: Talulah hat mir gerade geschrieben
[8:41:15 PM] Eve: Janet is im Gefängnis!!!
[8:41:17 PM] Eve: das war gerade meine erste und letzte Verwendung von »OMG«.
[8:41:40 PM] Eve: hab ich ganz gut eingesetzt oder?

NEW YORK CITY

American Diner

Ein großer Abfalltruck fährt vorbei, schritttempolangsam, und die Männer im Wagen geben mir Zeichen, zu ihnen rüberzuschauen. Sie halten ein großes Pappschild mit einer draufgemalten 10 ans Fenster und lachen nett, *two thumbs up*, und ich auch, *thanks guys*! Auf so eine charmante Idee würden die BSR-Müllabfuhr-Jungs in Berlin nie kommen. *Gotta love New York*. Manchmal. Und trotzdem fühle ich mich etwas unwohl und komme mir exotisch vor, hier in diesem Teil Brooklyns, um kurz vor sieben am Abend. Nicht überall ist Brooklyn nämlich Gentri-hip. Bio-Fairtrade-Kaffee und 90s Beanie. Kunstbildband und Skinny Jeans und iPad und Vegan-Brunch. Nicht hier. Hier ist's ganz schön schmuddelig und rough, und schneien tut's natürlich auch schon wieder. Das wär auch eigentlich alles ganz gut so, wenn ich passender gekleidet wäre, aber ich sehe aus wie 'ne Möchtegern-Russin auf Shoppingtour. Die Müllmänner finden's gut. Und ich hab ja auch gleich ein Vorstellungsgespräch mit einer Strip-Agentur. Daher *dress to impress* oder so.

Eigentlich sollte man sich nicht auf Craigslist rumtreiben. Wirklich nicht. Egal, ob man nach einem Zimmer oder Jobs oder 'nem Date sucht, aber vor allem nicht, wenn man nach unbekleideter und dennoch halbwegs seriöser Arbeit sucht. Craigslist ist gruselig mit seinen simplen Blau-auf-Weiß-Kleinanzeigen und anonymisierten Chiffreadressen, hinter denen sich vom Axtmörder bis hin zu deiner Mudder so ziemlich jeder verbergen könnte.

Aber das macht Craigslist ja auch so spannend.

Und dreckige Jobs erfordern nun mal dreckige Wege, und so klacker ich weiter die Straße entlang, um mich mit diesem Vitali zu treffen, dem Manager einer Agentur, die Tänzerinnen an Clubs in New York vermittelt und damit auf Craigslist wirbt. *»100% professional, safe and clean!«* stand auf der Website, und die sah immerhin ganz okay aus. Also keine erheblichen Rechtschreibfehler, schön lila Schreibschrift auf Schwarz, und alle Buttons funktionierten und so. Top.

An der verabredeten Adresse angekommen, stehe ich vor einem hoch in die Luft ragenden, großen, grünen Werbeschild, auf dem in gelb abblätternder Schrift »El Greco Diner« steht. Sieht schön aus vor dem grau-schwarz-wolkigen Himmel, schön runtergekommen und kaputt. Hat so einen American-Vintage-Romantik-Chic, gefällt mir, aber was soll ich hier? Auf dem großen Parkplatz steht ein Pick-up-Truck, aber sonst ist es leer.

»Ich steh hier an 'nem Diner, ist das richtig?« Whatsapp an Vitali-Typ.

»Ja, bin in 10min da«, kommt zurück und »okay« auf mein »Alles klar, ich warte drinnen«.

Drinnen setze ich mich in eine *booth* am Fenster und bestelle schwarzen Kaffee. Es ist schön hier. Ich liebe amerikanische Diner. Und dieses Diner ist wunderbar groß und simpel. Kellnerinnen laufen mit Filterkaffee in Glaskannen rum und sagen *Darling* und *Sweetheart* und schenken nach, sobald man zwei Schluck genommen hat. Ein Treffen hier ist doch gut. Schön normal und so, und besprechen kann man sich in diesen Ecken ja auch ganz hervorragend und diskret.

»Bin in 2 Minuten da. Kannst rauskommen«, poppt eine Nachricht whatsapp-grün aufs Display, und ich frage mich, wie es denn jetzt nun wieder weitergeht. Wie rauskommen? Ich dachte hier? Oh Mann. Na gut.

Ein schwarzer SUV fährt auf den Parkplatz und hält neben mir an. Der Mann am Steuer lächelt kurz. Gerade nur so lang, dass ich Bescheid weiß, dass er es ist und so, und so lächle ich zurück, auch gerade nur so lang, dass er weiß, dass ich weiß und so, und dann steigt er auch schon aus und gibt mir kurz die Hand und ich ihm, und er sagt: »Hi, du bist Mia?«, und ich sag: »Bin ich, ja, hi.«

»Okay, cool«, sagt der bullige Mann Anfang dreißig dann und: »Sollen wir uns reinsetzen?«

»Ins Diner? Klar!«, antworte ich und will schon losgehen, aber er sagt: »Nein, ins Auto, wird nicht lang dauern«, und öffnet die Autotür.

»Äh, nee, also ich würd mich schon lieber hier draußen unterhalten«, sage ich schnell und meine das auch sehr so, ich steig doch da jetzt nicht ein, und er sagt wieder: »Nur ganz kurz, echt, dauert nur'n paar Minuten.«

»Sorry, aber ich bin wirklich zu alt, um ins Auto von Fremden zu steigen, die ich aus dem Internet kenne«, erkläre ich mein vielleicht ungewöhnliches Verhalten, und Vitali lächelt leicht verlegen und sagt: »Na gut«, und ich glaub, er wird auch etwas rot, aber vielleicht ist es auch einfach nur die Kälte. Es ist wirklich arschkalt und fies schneestürmisch, und fast habe ich ein schlechtes Gewissen, dass der arme Mann nun wegen mir hier im Schnee rumstehen und frieren muss, aber hey.

»Also, warum sollten wir mit dir arbeiten?«, beginnt er sein kleines Interview, und ich sage: »Weil ich gut bin und weil ich diesen Job liebe.«

»Alright. Cool«, sagt er und dann: »Hast du amerikanische ID? Social Security Card?«

Und ich sag: »Nein.« Und: »Ist das ein Problem?«

»Nein«, sagt Vitali überraschenderweise, »es bedeutet einfach, dass deine Möglichkeiten begrenzt sind. Also Manhattan kannst du vergessen, aber in der Bronx könnte ich dich unterbringen.«

»Hm, okay«, sage ich und: »Also Manhattan geht gar nicht, nee?«

»Sweetie, hör mal«, sagt er, »das hier ist New York City. Es wimmelt nur so von hübschen, jungen Girls. Und du bist dreißig. Also ’ne Arbeitserlaubnis ist schon das Mindeste, was du brauchst.«

»Oh okay«, sage ich leicht geknickt.

»Tja«, sagt Vitali unbeeindruckt, und wir sind nun wohl fast fertig mit unserem ungewöhnlichen Bewerbungsgespräch. Gut. Denn es ist wirklich bitterkalt. Wann ich denn anfangen könnte, fragt er noch, und wie oft in der Woche ich arbeiten möchte, und ich sage: »Samstag« und drei Mal die Woche, und Vitali sagt: »Alright. Klingt gut.« Und ich denke: Für dich vielleicht, ich weiß nämlich noch nicht so recht, sage aber: »Na dann. Super.«

»Noch was«, sagt Vitali. »Ich kann nicht wirklich erkennen, wie du unter dem dicken Mantel aussiehst.« Da hat er recht. Ich trage meinen flauschig, kuscheligen Möchtegern-Moskau-Nicht-Pelz. Viel mehr als stilvoll-tussigen Geschmack kann man da nicht erkennen. »Kurz ins Auto?«, probiert Vitali es also noch mal, und ich lache und bin zur Abwechslung mal froh, keines dieser jungen Mädchen zu sein, und sage: »Äh, ne?! Hab ich doch eben schon gesagt?!«, und öffne den Mantel auf dem Parkplatz und ziehe mein eh schon kurzes, enges Kleid darunter noch enger an den Körper, damit man was erkennt und so und sage: »Hier, schlank und zierlich!« Er nickt und sagt: »Okay« und: »Na, dann sag einfach Bescheid, wann du anfangen willst und ob unser Fahrer dich in die Bronx bringen soll.«

»Yup, mach ich«, sag ich und *»thanks«* und *»bye«* und gehe zurück ins Diner. Ich hab da eben auf der Karte doch irgendwas von Cheese-Fries gelesen. Da hab ich jetzt Bock drauf. Schön *filthy*, schmierig, *bad for you*. Mmmmh.

No ID!

Arnaud ist Franzose. Okay, eigentlich ist Arnaud Belgier, aber das behält er gern für sich. Was wir wiederum für uns behalten, ist, dass Arnaud einiges an Redewendungen, Sätzen und Wörtern parat hat, die er in seinem französischen Akzent herrlich verkehrt ausspricht. Wir, das sind seine Freunde, und eigentlich, also als wahre Freunde, sollten wir ihn darauf hinweisen und ihm so die Möglichkeit der Korrektur geben. Aber das würde bedeuten, dass wir uns nicht mehr darüber amüsieren könnten, und das wäre so schade, denn wir lachen so gerne. Vor allem über andere. Gemeines Pack. Aber Arnaud ist ja nicht schwach, sondern stark und selbstbewusst *and good with the ladies* und so, und deshalb ist unsere kleine liebevolle Fiesheit ein bisschen erlaubt, behaupte ich jetzt mal.

Aber wie es ja leider oft mit Fiesheiten ist, kommen sie irgendwann wie ein *Boom-boom-boom-boom-boomerang* zu einem zurückgeschossen. *Doing!* Und schon hat man 'ne fette Beule am Kopf. Karma oder so.

Einer von Arnauds Sätzen ist zum Beispiel »*I have no idea!*«, woraus er als Wahlfranzose »*I have no* ID*!*« macht. Unbewusst versteht sich. Vielleicht nicht gerade supercrazywahnsinnskomisch (viel lustiger ist sein »*So many good remembers!*« statt »*So many good memories!*«), aber es bringt uns doch immer wieder zum Kichern, und das ist schön. An dieser Stelle merci, Arnaud! Was aber unschön ist, und jetzt kommt der Boomerang ins Spiel, ist, dass ich gerade diejenige bin, die diesen Satz wieder und wieder und wieder benutzt und damit leider nicht »*idea*« statt »ID« meine. Nein, wenn ich sage: »*I have no* ID«, meine ich leider genau das: »*I have no* ID.«

Ich bin in NYC und laufe nun schon seit drei Abenden von Stripclub zu Stripclub in der Hoffnung auf einen Gig, was allerdings meist schon am Eingang scheitert, und das geht dann so:

Ich: »Hi, err, ich würd gern vortanzen.«

Hübsches Latina-Empfangsgirl: »Okay, hast du schon mal getanzt?«

Ich: »Hab ich, ja.«

Hübsches Latina-Empfangsgirl: »Super, und hast du eine Sozialversicherungskarte? *State issued ID*?«

Ich: »Umm … nicht wirklich. Also, ich hab meinen deutschen Pass.«

Hübsches Latina-Empfangsgirl: »Sorry, Babe, aber du brauchst eine Sozialversicherungskarte, wenn du in den USA arbeiten willst.«

Ich sage: »Oh« und denke: Ach was!, und sie sagt: »Tja, tut mir echt leid« und denkt: Dummes schwedisches Mädchen! Und ich sage: »Schon okay. Danke.« Und denke: Blöder Spießerstripclub! Und wir sagen: »*Bye bye …*« Und ich gehe.

Ich beneide das hübsche Latina-Empfangsgirl mit den dichten, schwarzen, langen Haaren um ihre dichten, schwarzen, langen Haare und darum, dass sie hier arbeiten darf in diesem Amerika, wo es so viele tolle Stripclubs gibt. Ihre Familie, Eltern, vielleicht auch schon Großeltern kamen vermutlich von irgendwoher, um sich hier ein besseres Leben aufzubauen, weil es in der Heimat – wo auch immer die war – nichts mehr zu reißen gab. Also wirklich nichts. Vielleicht war es dort sogar gefährlich. Und nicht gefährlich wie am Hermannplatz. Nein, wirklich gefährlich. Nicht so ein wohlstandsgefährlich, das man stolz auf dem Jutebeutel trägt. Ihre Eltern oder eben Großeltern haben sicher Jahre großer großer Anstrengungen hinter sich gebracht. Was weiß ich, vielleicht kamen sie sogar unter Bedrohung ihres Lebens auf einem Floß angeschippert, damit sie, die mit dem Chuppa-Chups-Lolli im Mund und den Rehaugen und den schönen, langen, dichten, schwarzen Haaren, ein besseres Leben haben würde. Und da saß sie nun, legal, in den Vereinigten Staaten von Amerika, dem Land der Träume, am Empfang des hip-hotten Sapphire Club und musste mich doofe, illegale Deutsche wegschicken.

Ob ich dieselben Anstrengungen wie ihre Familie auf mich nehmen würde, um legal in Amerika zu sein? Hallo?! Natürlich nicht! Wozu auch? Mir geht es ja prima in meinem bequemen Deutschland. Ich bin weiß, gut erzogen, gesund, schön, jung und hab auch noch 'n Uni-Abschluss! Potzblitz! Ich will ja auch nur mal ein bisschen hier strippen. Ein bisschen Abenteuerurlaub machen. Statt Kambodscha-Trekkingtour quasi. Warum lässt mich nur keiner? Voll fies, ey.

Aber Amerika wäre nicht Amerika, wenn es nicht auch für dieses Problem eine Lösung gäbe, wenn es nicht auch hier einen Deal zu machen gäbe. Amerika, Land der unbegrenzten Möglichkeiten! Man muss nur mutig sein und etwas kriminelles Potenzial mitbringen.

Wenn ich auf meinen Striptrips bin, fühle ich mich oft wie im Urlaub. Und im Urlaub ist ja immer Spaßzeit, und die Regeln, die zu Hause gelten, gibt es nicht. Was ich im Urlaub esse, Dickes, Fettes, Zuvieles, setzt nicht an, denn es ist ja Urlaubsessen. Das Geld, das ich ausgebe, ist eigentlich auch nur Spaßgeld und geht von einem imaginären Spaßkonto ab, und die kleine Knuddelei mit der Ollen in der Strandbar … na ja, wat sollisch sagen, nä, *what happens in Urlaub stays in Urlaub*, wa? Höhöhö.

Ähnlich geht es mir auch auf meinen Striptrips, und so glaube ich irgendwie, naiv und dumm, dass die kleinen Straftaten, nein, Neu-Interpretationen von veralteten Regeln, auf meinen Striptrips nicht so wirklich schlimm sind und mir auch nicht bis in den Alltag folgen werden. Ist doch alles harmlos, oder? Ist ja Urlaub. Zu Hause ist das natürlich anders. Zu Hause halte ich mich an Gesetze. Okay, vielleicht geh ich mal bei Rot über die Ampel, wenn kein Kind in der Nähe ist, dessen Mutter mich mit Blicken töten könnte. Oder ich fahr mal ein, zwei Stationen schwarz, wenn ich mich außerordentlich risikobereit fühle, irgendwann nach 22 Uhr oder noch später, bloß nicht zur Hauptverkehrszeit, gottohgott, viel zu heikel! Aber das sind dann auch schon so ziemlich die einzigen Gesetzwidrigkeiten, die ich mir erlaube.

Auf meinen Striptrips ist das, wie gesagt, irgendwie anders, und so stehe ich nun in Queens, NYC, Roosevelt Avenue Ecke Seventy-irgendwas, mit meiner neuen Freundin Tanya und will gefälschte Dokumente kaufen. Tanya auch. Tanya wünscht sich einen Führerschein, auf dem sie Ende zwanzig oder Anfang dreißig ist, so wie sie auch aussieht, und nicht einundvierzig, so alt wie sie in Wirklichkeit ist. Viele Stripclubs stellen aus Prinzip keine Frauen über einem bestimmten Alter ein, egal wie sie aussehen, und Tanya möchte das Stripding aber noch so lange wie möglich weitermachen. Macht Sinn, immerhin ist das ihr Hauptverdienst. Ihr Dayjob als Psychotherapeutin zahlt nur einen Minibruchteil von dem, was sie am Wochenende in den Clubs an Cash machen kann. Also, neue Führerschein-ID für Tanya! Mein Wunsch ist da schon etwas heikler. Ich möchte mir heute eine gefälschte Social Security Card kaufen. Die soll mir dann zusammen mit einer passenden Führerschein-ID Arbeitserlaubnis in den Stripclubs geben. Ich brauche also ein Fake-Paket, eine ganze Fake-Identität sozusagen, damit ich bei diesem Schabernack gar nicht erst mit meinem echten Namen hantieren muss. Ist doch clever, oder? Ob das wirklich clever ist, weiß ich allerdings nicht, denn ehrlicherweise habe ich keinen blassen Schimmer. Ich habe so etwas noch nie gemacht. Tanya auch nicht, und unser Halbwissen, was die Strafen auf eine solche Schummelei betrifft, ist entsprechend dünn, eher ein Viertelwissen sozusagen, zusammengeklaubt aus Online-Foren und Private Dances mit betrunkenen Anwälten.

Wo man falsche Papiere bekommt, ist allerdings umso leichter zu erfahren, und ich bin gespannt, was nun passiert, und ob es wirklich so easypeasy ist, wie überall im Internet steht. Aber wie geht es jetzt eigentlich weiter? Wir sind auf der besagten Straße, und nun? Den Erstbesten ansprechen: »Entschuldigung, wo bekommen wir denn hier gefälschte Dokumente bitte?« Blöd. Soweit haben wir nicht gedacht, und deshalb gehen wir erst mal in einen Imbiss. Was essen. Einen Schlachtplan machen. Immerhin müssen wir uns auch noch die Eckdaten unseres neuen Ichs ausdenken. Name, Geburtstag, Adresse und so.

Laut Internet operieren zwischen der 73rd und 103rd Street etwa dreißig Banden, die den interessierten Käufer mit allem versorgen, was er für einen illegalen Neustart in den Vereinigten Staaten benötigt: IDs, Social Security Card, Greencard, Geburtstsurkunden, neue Leber, was weiß ich. Mit den neuen Papieren kann er dann loslegen und damit irgendwann sogar an richtige, legale Dokumente gelangen, eventuell, und die illegale Scheinidentität damit peu à peu zur echten werden lassen. Eiderdaus. Unbegrenzte Möglichkeiten in der Tat.

In dem pakistanischen Halal-Imbiss sind wir die einzigen »Weißen«, wobei ich hier weniger auffalle als die große blonde Tanya. Eigentlich falle ich nirgendwo so richtig auf, sondern passe mit meiner kleinen Größe, den braunen Haaren und meinem leicht »ethnischen« – aber dann wiederum auch nicht so wirklich – Aussehen irgendwie überall rein. Wie eine Tarnhose. Und das finde ich super. Ich bin froh, dass ich nicht groß und blond bin und damit auch dann auffalle, wenn ich gerade gar nicht auffallen will. Wenn ich Aufmerksamkeit haben möchte, *all eyes on me bitchez*, gelingt mir das easy. Aber wenn ich es eben nicht möchte und untertauchen will in einer Masse, wie unsichtbar, eine von vielen, dann kann ich das problemlos. Und das macht mich frei, denn wer nicht gesehen wird, kann machen, was er will.

Ich bestelle mir einen Kaffee und einen Samosa, der fantastisch schmeckt, und Tanya trinkt irgendeine blaue Zucker-mit-Chemie-Limonade, die auch fantastisch schmeckt. »Wir brauchen Namen! Hast du dir schon einen überlegt?«, sagt sie aufgeregt und hält Stift und Papier bereit. »Er sollte sowohl amerikanisch als auch deutsch klingen, dann kannst du dir die Geschichte dazu immer so zurechtlegen, wie's gerade passt!« Tanya ist klug. Eine tolle Komplizin.

Ich überlege. Wie möchte ich heißen? Wer möchte ich sein? Jetzt ist die Chance, mich neu zu erfinden und jemand ganz anderes zu werden, noch jemand zu werden. »Gretchen!«, schlägt Tanya vor, und ich muss lachen. Amis denken oft, dass deutsche Mädchen alle Gretchen oder Heidi heißen, wo doch die einzigen Gretchens und Heidis, die ich kenne, Amis sind. »Laura!«, fällt mir ein, »wie wär's mit Laura? Das ist deutsch, englisch und sogar italienisch!« Laura finden wir beide spitze, und nun brauche ich noch einen Nachnamen. Zuerst wollen wir etwas jüdisch Klingendes nehmen, Laura Stern (zu sehr Kindergeschichte), Laura Gold (zu sehr Pornstar), Laura Goldberger (zu sehr Fast Food), Laura Goldblum (gut!), aber denken dann doch, dass wir es mit der Flunkerei nicht ganz so weit treiben sollten. Nach New York emigrierte deutsche Jüdin wird Stripperin. Es muss ja nicht gleich ein Spielberg-Blockbuster werden. Und so entscheiden wir uns schließlich für Laura Kunz.

Wir beenden unser Schlachtplan-Meeting und treten hinaus aufs Feld. Und nun? Wie geht das denn jetzt? Oft stünden die Typen vor Foto- oder Elektroläden, hatte ich gelesen. Also mal die Straße hinaufgehen und nachsehen.

Wir sind in Queens, genauer gesagt Jackson Heights, einem Hub für Immigranten aus der ganzen Welt, vor allem Latein- und Südamerika, Pakistan und Indien. Und so wirkt irgendwie jeder

der vielen auf den Straßen umherlaufenden Menschen so, als kenne er jemanden, der jemanden kennt, der jemanden kennt, der uns weiterhelfen kann, weil er ihnen vielleicht selbst schon einmal weitergeholfen hat. Eine amerikanische Greencard ist immerhin wie ein Sechser im Lotto.

Tanya schaut sich leicht besorgt um. Mir gefällt es hier. Es erinnert mich an zu Hause, Neukölln, Karl-Marx-Allee. Mexikanische Schnellimbisse reihen sich an Elektroläden und Kleingeschäfte für CDs und DVDs, aus denen Merengue-Musik dröhnt. Auf den Bürgersteigen stehen Wagen, aus denen *Café con leche* und südamerikanisches Streetfood verkauft wird, und es riecht nach gebratenem Fleisch und Zwiebeln. Auf der gegenüberliegenden Straßenseite ist ein Stripclub. Oder Gentlemen's Club wie daneben steht, in abblätternder pinker Schreibschrift nebst Palmendesign.

Wir überqueren jetzt die 74th Street. Neben einem Street-Food-Wagen steht ein Mann, Hispanic, mit Cap, und flüstert etwas. Wir laufen langsamer. Vielleicht ist das ja was. Ich nehme Augenkontakt auf, macht man doch so? Er flüstert wieder etwas, aber meine spanischen Lippenlese-Fähigkeiten sind zu schlecht, um etwas zu verstehen. Er lächelt mich an. Ich lächle vorsichtig zurück. Er zwinkert mir zu.

»Vielleicht ist das unser Mann?«, flüstert Tanya aufgeregt.

»Ja vielleicht«, flüstere ich zurück und lächle starr weiter, »oder er baggert uns hier gerade voll an, während ich ihn wie 'ne Verrückte anstarre.«

Tanya lacht: »Oh Mann, ich vergess' immer total, dass wir hot sind! Vielleicht denkt er ja, wir sind Nutten?«

Wir entdecken einen Fotoladen. Auf einem großen Schild steht was von Sofort-IDs. Na also. Rein da. Oben angekommen sitzt eine Lady in beiger Bluse mit Namensschildchen – sie heißt Mrs. C. Alvarez – und lächelt höflich über ihren Schreibtisch. »Wie kann ich Ihnen helfen?« Wir fragen sie nach dem ID-Angebot auf dem

Schild, und ich versuche dabei, einen verschwörerischen Zwinkerzwinker-Blick aufzusetzen, ohne das mit dem Zwinkern tatsächlich machen zu müssen. Die Dame in Beige lächelt freundlich und beginnt, uns in einwandfreiem Englisch ihr Angebot zu unterbreiten: Für nur fünfunddreißig Dollar stelle sie IDs aus. Diese seien zwar nicht von der Regierung, sondern eben von ihnen, einem privaten Unternehmen, aber diese Dokumente würden genauso legal als Form der Identifikation akzeptiert. Wir bräuchten nur unsere Social Security Card und unsere Geburtsurkunde vorlegen, und schon könne sie uns innerhalb einer halben Stunde eine ID ausstellen. Das mit meinem Blick hat also nicht geklappt. Wir bedanken uns und gehen weiter, vorbei an allein herumstehenden, wartenden Typen in Kapuzenpullis, die vermutlich einfach nur allein rumstehen, in ihren Kapuzenpullis, und eben warten. Ich habe langsam keine Lust mehr auf ID-Abenteuer, sondern auf Kaffee im Warmen. Mir ist kalt. Wir wissen nicht, wer, wir wissen nicht, wie, und wir wissen nicht, wo, und vielleicht ist das ja auch gar nicht so schlimm. Dann fahren wir eben ohne Fake-ID wieder nach Hause, etwas enttäuscht zwar, aber auch erleichtert vermutlich. Dann war das Ganze eben nur eine Idee und ein lustiger Nervenkitzelnachmittag mit lecker Samosa und Happy-weil-legalem-Ending.

»*Social, Social*«, höre ich plötzlich neben mir und sehe einen kleinen Typen im grünen Kapuzenpulli, wie er mit den Händen in den Taschen in die vorbeilaufende Passantenflut flüstert. »*Social, Social.*« Ich bleibe vor ihm stehen, lächle und sage: »*Yes please!*«, so als würde ich auf eine »Noch ein Cookie zu ihrem Cappuccino?«-Frage bei Starbucks antworten. »*Yes please!*« Er schielt zu mir rüber, an mir vorbei, durch mich durch oder so und flüstert »*come*« und läuft los. Und wir mit ihm mit.

In der nächsten Seitenstraße bleibt er stehen. »Was braucht ihr? Ich hab Greencard, Sozialversicherung, Führerschein…«

»Also …«, beginne ich ihm unser heutiges Einkaufsvorhaben

mitzuteilen, »ich bräuchte eine Sozialversicherungskarte und dazu einen Führerschein, und meine Freundin Tanya hier würde gern nur einen Führerschein kaufen.« Ich grinse aufgeregt-enthusiastisch, und Tanya fragt nach dem Preis.

Das Paket Social Security Card und Drivers License kostet hundertzwanzig Dollar, und der Führerschein ist entsprechend für sechzig Dollar zu haben.

»Oh, das ist ja günstig!«, freut sich Tanya über das Schnäppchen, »dann nehm ich doch gleich zwei!«

Tiptop! Zweimal Führerschein mit verschiedenen Geburtsjahren für Tanya also, Social Security Card und Führerschein für mich. Wir sind zufrieden.

Der Typ nickt. »Habt ihr Passfotos?«

An Fotos haben wir nicht gedacht. Wir schütteln den Kopf.

»Kein Problem, kommt mit.« Wieder folgen wir dem Unbekannten und laufen zurück zur Roosevelt Avenue, während unser Mann die Zeit für etwas Werbung in eigener Sache nutzt. »Braucht ihr auch 'ne Greencard, Mädels? Ich hab die ganz Neue! Nur hundert Dollar!«

Ich bedanke mich für das freundliche Angebot. Vielleicht beim nächsten Mal.

Das Fotofachgeschäft seines Vertrauens ist hell und durchaus freundlich. Fröhliche Merengue Musik schallt aus den Lautsprechern, und ich habe Lust zu tanzen. Ist aber vielleicht nicht der richtige Zeitpunkt. Konzentration jetzt. Ich wippe etwas mit der Hüfte, und unser Mann erzählt derweil seinem Fotofreund, dass wir Passbilder brauchen, und der weiß sofort Bescheid. »Okay, also da drüben ist ein Spiegel und um die Ecke liegen auch Bürsten, und wenn ihr soweit seid, setzt ihr euch einfach auf den Stuhl hier.«

Wir machen uns frisch, wie man so sagt, setzen uns nacheinander in die Profi-Passbild-Ecke und *Knips-Knips,* zehn Minuten und zehn Dollar für den Fotofachmann später sind unsere Passbilder fertig, und der erste Teil der Identitätsfindung ist erledigt.

»So, und jetzt schreibt bitte noch euren Namen, Adresse, Geburtsdatum, Größe, Augen- und Haarfarbe hier auf.« Unser Mann hält uns Papier und Stift entgegen, und wir schreiben brav auf, was wir uns eben im Imbiss an Identität ausgedacht haben. »Gut. Jetzt brauche ich noch zwanzig Dollar Anzahlung und eure Telefonnummer, damit ich euch in ’ner Stunde oder so anrufen kann, wenn alles fertig ist.«

Ich halte ihm die zwanzig Dollar entgegen, und auch Tanya holt Geld aus dem Portemonnaie. Unser Mann lehnt ab. »Is’ schon gut, eine Anzahlung reicht.«

Tanya und ich sind positiv überrascht. Ein wirklich freundlicher junger Mann!

Nach einer guten Stunde klingelt mein Telefon. »Ist alles fertig. Kommt zur 77th Ecke Roosevelt.« Wir bezahlen unseren Kaffee, ziehen unsere Jacken wieder an und trippeln los. Spannend. Gleich haben wir nämlich neue Identitäten und eine erfolgreiche Zukunft als Amerikanerin beginnt. Also für mich. Tanya ist ja schon Amerikanerin. Als wir die 75te überqueren, krame ich, unauffällig, wie ich hoffe, die noch ausstehenden hundert Dollar aus dem Portemonnaie, um sie in meiner schwitzigen Faust für eine smoothe Übergabe bereitzuhalten. So macht man das doch?

An der Straßenecke angekommen, ist vom Typen weit und breit nichts zu sehen. Vielleicht doch voll verarscht worden? Für zwanzig Dollar? Die Sonne bricht durch die grauen Wolken, und mir wird endlich ein bisschen warm im Gesicht. Ich drehe mich ins Helle und versuche, so viel Wärme wie möglich aufzusaugen, denn bald kommt wieder eine Wolke, und es wird grau, und dann schneit es, und dann regnet es, und dann schneit es wieder, und in jedem Fall wird es wieder kalt. Immer wieder kalt, kalt, kalt. Aber jetzt gerade ist Sonne … Da! Unser Typ. Er steht an der Ampel auf der anderen

Straßenseite und hebt kurz die Hand zum Gruß: »Hallo!« Ja, äh, hallo. Jetzt bin ich aber mal gespannt. Er überquert die Straße und läuft auf uns zu und kommt bei uns an und läuft gleich weiter, aber das kennen wir ja jetzt schon, und so laufen wir hinterher und haken uns dabei ein, also Tanya und ich bei uns, nicht beim Typen, und plaudern ein bisschen bei schnellem Schritt.

»Okay, hier«, sagt er schließlich und bleibt an einer Ecke stehen. Er hält uns zwei kleine Briefchen entgegen. »Hier.« Ich nehme fix die kleinen Quadrate entgegen und drücke ihm dabei mein feuchtes Geldknäuel in die Hand, was er ganz entspannt glattstreicht und mit Sorgfalt und Ruhe nachzählt. Stimmt. Alles gut. Er bedankt sich freundlich und erinnert uns noch einmal an die Greencard, sein neuestes Angebot, und fügt hinzu: »Ihr habt meine Nummer. Meldet euch, wenn ihr irgendwas braucht!« Wir sagen na klar und ganz bestimmt und vielen Dank und bis bald. Das war's dann also. So einfach und schnell. Das kleine Quadrat aus Papier, Pappe, Plastik liegt schwer in meiner Hand, und ich kann es kaum erwarten, es auszupacken.

Alte Männer mit dunkel gegerbter Haut und hohen Turbanen trotten Tüten tragend vor uns her. Eine Mutter tröstet ihr weinendes Kind, und zwei Teenager-Girlies flitzen Händchen haltend über die Straße, schnell rüber zum Rest der Clique, und hauen, angekommen, ihrem Kumpel mit fester Faust auf den Rücken. Alle lachen. Ein Taxi hupt. Ein Kind schaut aus einem Autofenster, und ein Kerl schimpft laut am Telefon. Wir schauen uns an. »Hm. Okay. Lass uns lieber warten, bis wir in der Subway sind.«

L Train Richtung Brooklyn. Im hinteren Teil des Wagens ist es etwas dunkler, das Licht ist wohl kaputt. Perfekt. Wir setzen uns neben einen Schlafenden und freuen uns aufs Auspacken der Geschenke, als das Licht wieder angeht und weitere Menschen sich zu uns setzen. Es wird eng. Und voll. Belebt eben. New York eben.

Ich öffne meine Hand und falte den Briefumschlag ein bisschen auf. Nur mal kurz hineinspinksen. Es ist zumindest kein graues Stück Pappe, für das ich gerade hundertzwanzig Dollar bezahlt hab. Farbe ist drauf. Ach, was soll's. Ich bin zu neugierig. Das hier ist ja auch kein FBI-Büro, und der schlafende Homeboy neben mir wird mich schon nicht anzeigen, und so falte ich das Briefchen weiter auf und halte schließlich Laura Kunz in der Hand, geboren 07-03-88, wohnhaft 88 Rivington Street, Apt #5, New York NY 10002. ID Nummer: 091 283 475. Auf dem Foto: ich. Unterschrieben: »Laura Kunz«.

Lauras Handschrift erinnert stark an eine Mischung aus Comic Sans und Haettenschweiler. Ansonsten scheint mein Führerschein ziemlich echt, aber wirklich beurteilen kann ich das als US-Touri ja eigentlich auch nicht. Tanya nimmt den Führerschein in die Hand, biegt ihn, dreht ihn um, hält ihn ins Licht.

»Und?«, frage ich gespannt. »Was sagst du?«

»Hm«, sagt sie und biegt ihn noch mal. »Ist okay. Ein bisschen dünner als der echte, aber sonst … ziemlich nah dran …« Ziemlich nah dran also. Meine Social Security Card dagegen sei eine Top-Fälschung! Ich halte den Führerschein in beiden Händen. Laura Kunz. Sie sieht etwas ängstlich aus auf dem Foto, als wäre sie gerade dabei, etwas ziemlich Dummes zu machen.

Lapdanceparty?

Tom hat einen Pferdeschwanz und tut ein bisschen so, als sei er aufgeregt. Wir sind sechs Mädchen und sitzen dicht an dicht wie die Hühner auf der Stange in der Sitzecke einer Bar. »Rückt ein bisschen näher zusammen, girls. Lasst mich nicht so alleine hier vorne stehen! Da komme ich mir seltsam vor!«, sagt Tom und schiebt uns näher zusammen, also mit den Händen in der Luft, während wir seine Zeichensprache in Bewegung umsetzen und näher zusammenrücken. »Noch näher, noch näher! Macht mal 'n Kreis oder so! Ich will hier nicht auf 'ner Bühne stehen!«, lacht er und tut verlegen, so als sei es ihm unangenehm, im Mittelpunkt zu stehen. Ich glaub ihm kein Wort und nehm mir eine Erdbeere. Es gibt auch Kekse und Weißwein, aber an den Wein hat sich bisher niemand rangetraut. Ist ja hier eine Bewerbungssituation immerhin. Irgendwie. Auch wenn in der Craigslist-Anzeige stand, dass es eher andersrum sei, nicht wir würden befragt, sondern wir würden befragen. Nicht wir würden bewertet, sondern wir würden bewerten. Die Anzeige war unter Gastronomie-Tätigkeiten gelistet

Idealistic and Inspired INVITE ONLY
Private Membership Club and Entertainment Event
Seeks A SELECT Few Female Hostesses, Models, Actresses,
Dancers and Students (18yrs and Over).

Ein kurzer E-Mail-Austausch und zwei Sms mit last-minute-Adresse und Wegbeschreibungen später sitze ich nun hier vor Tom, dem Mastermind hinter dem Saint Velvet Cabaret. Dem Mann mit dem Pferdeschwanz.

Wir warten noch auf eine letzte Teilnehmerin. Zeit muss totgeschlagen werden, und da wir ja alle hier eine große Familie sind oder werden sollen – die Mädchen stehen dabei im Mittelpunkt, Konkurrenz gibt es angeblich nicht, alle sind immer supernett –, wird jetzt erst mal ein Witz erzählt. Das Eis brechen. Lockerflockiggutestimmung.

Tom legt los: »Wie nennt man einen schwulen Dinosaurier?« Blick in die Runde. Schweigen. Ratlose Blicke. Er wiederholt die Frage, diesmal mit etwas mehr Nachdruck. Macht man wohl so beim Witzeerzählen. »W i e nennt man einen schwulen Dinosaurier?!« Abermals betretenes Schweigen. Natürlich. Wir wussten es ja beim ersten Mal schon nicht, wieso soll das beim zweiten Mal anders sein. Ich zucke mit den Schultern. »Keine Ahnung …« Ich nehme mir noch eine Erdbeere. Die sind gar nicht so schlecht. Und was is' jetzt eigentlich mit dem Wein? »Man nennt einen schwulen Dinosaurier einen *Magasaurus*!« Tom grinst.

»*Mega – sore – ass!* Kapiert?« Ah. Haha. *Sore ass* – weher Popo. Ja, klar. Haha. Man versucht sich in Belustigung.

»Ich weiß einen!« Das Mädchen neben mir, NYU-Studentin, schwarze Locken zum Dutt gebunden, roter Lippenstift, sonst ungeschminkt, setzt zum Konter-Witz an: »Wie nennt man einen Schwarzen, der ein Flugzeug fliegt?« Oh-oh, na, was wird denn das jetzt? Unangenehme Stille. »Na einen Piloten, ihr Trottel!«, ruft sie, und alle lachen erleichtert. Puh! Ha! Der war nicht schlecht.

Die letzte Teilnehmerin kommt hereingehetzt. »Sorry, tut mir eeecht leid …«, sagt sie sweet lächelnd und stellt ihre Louis-Vuitton-Tasche auf dem Sofa ab. Profi, garantiert. Zu gut im aufgesetzten Lächeln, zu weiße Zähne, und zu teure Tasche für zu junges Aussehen. Normalerweise gutes Indiz für Stripper und/ oder Artverwandtes, aber dann wiederum ist das hier Manhattan, wo die Grenzen verschwimmen. Brave Studentinnen gehen zum Designerbag-Shopping mit ihrem Sugardaddy und Sexworker-Akademikerinnen mit Jutebeutel zum Biomarkt.

Und eigentlich sind Profis hier ja auch nicht erwünscht. Also Mädchen mit professioneller Stripclub-Erfahrung. »Denn, girls, das hier ist kein Stripclub! Wir wollen hier etwas *ECHTES* bieten«, wie Tom gerade erklärt. »Wir sind eine Private Lapdance-Lounge mit sehr sehr wohlhabenden Gästen«, sagt er, »aber ich möchte, dass ihr eines versteht, hier wird niemand wie ein VIP behandelt! Hier geht's nicht um die Gäste. Es ist eure Party! Ihr seid der Boss! Ihr bestimmt alles, und ihr kontrolliert, was passiert!« Er lächelt und wartet auf Reaktionen. Die Mädchen rutschen nervös hin und her. Fragezeichen stehen im Raum, zumindest für die, die wirklich unerfahren sind, so wie Andrea, eine brasilianische Austauschstudentin.

»Was wird denn genau von uns erwartet? Also während der Private Dances?«, fragt sie verunsichert. »Ich möchte nämlich eigentlich nicht von irgendwelchen Typen angefasst werden.«

Tom nickt verständnisvoll. »Das musst du auch nicht! Niemand erwartet irgendetwas von dir! Weißt du noch? Du bestimmst, was passiert!« Tom hält kurz inne und lächelt. Zaghaft, nachdenklich. Das Lächeln eines erfahrenen Redners, der die Strategie Redepause plus Lächeln schon zig mal ausprobiert hat. »Denn wie genau sieht denn so ein *Andrea-dance* aus, hm? Na, das kann ich dir nicht beantworten, das kannst nur du Andrea, nur *du*!« Tom geht inzwischen dramatisch auf und ab, von wegen, er hasst die Bühne. »Und wenn du dein Top nicht ausziehen magst, dann ziehst du dein Top eben nicht aus! Wenn du einfach nur vor dem Gast tanzen möchtest, dann ist das okay! Denn *du* bist der Boss, Andrea, du hast die Kontrolle!«

Tom ist es wichtig, dass die Mädchen, wie er sagt, *real* sind und keine oder kaum Strip-Erfahrung haben. Das ist sein ganzes

Marketingkonzept. Hier lassen keine abgebrühten Strip-Profis aus Plastik die Hüllen fallen, sondern Mädchen von nebenan. Studentinnen, Galerie-Girls, Models, Schauspielerinnen. Mädchen, die kultivierter und echter als die gewöhnlichen Stripper sind, was auch immer das bedeuten soll. Die *Girlfriend-experience* unter den Lapdances vermutlich. Um den Schein zu wahren, dass ich auch ganz neu in dem Metier bin, aufgeregt und unwissend, sollte ich vielleicht auch mal etwas fragen, denke ich mir, und so frage ich, mit welchem Namen wir uns den Gästen denn vorstellen. Ob wir unseren echten Namen benutzen oder uns vielleicht lieber einen Künstlernamen ausdenken sollten. Tom hat da ganz genaue Vorstellungen, und die Idee eines gefakten Namens gefällt ihm nicht. Es soll ja alles echt sein, und daher sollten wir bitte auch unsere echten Namen benutzen, »oder irgendwas, was mit euch als realer Person zu tun hat, benutzt euren Spitznamen oder den Namen eures Hamsters, was weiß ich«. Er beruhigt uns noch, dass uns ja niemand auf Grund des Vornamens stalken kann, und ich denke nur: So ein Quatsch! Aber whatever. Ich beschließe also, dass mein zweiter, *echter* Name von nun an Stella ist, dass das gelogen ist, weiß ja keiner, und finde Tom mit seinem langen Pferdeschwanz immer bescheuerter. Da steht er, Sonnenbrille ins Haar geschoben, so eine schmale, silberne Plastiksonnenbrille mit gespiegelten Gläsern, wie sie seit den Neunzigern außer Bikern und DMAX-Moderatoren niemand mehr trägt, und denkt, er weiß, wie der Hase läuft. Der Pro-Frauen-Neo-Strip-Visionär – »Ihr seid der Boss! Ihr bestimmt, wie es läuft! Es ist eure Party!« – und hat keine Ahnung von den grundlegenden psychologischen Sicherheitsvorkehrungen.

Denn sonst wüsste Tom, dass man sich den falschen Namen nicht zulegt, um sich vor Stalkern zu schützen. Natürlich wird mir niemand nachts im Hausflur auflauern, nur weil er meinen Vornamen kennt. Ist ja klar. Der Künstlername ist vielmehr dazu da, eine zu vermarktende Identität zu erschaffen. Das hat auch nichts mit Schizophrenie oder ungesunder Abspaltung zu tun. Aber Sarah aus South Carolina vermarktet eben nicht sich, Sarah aus South Carolina, siebenundzwanzigjährige Politikstudentin, langschlafende Faulenzerin mit Haustier und Heuschnupfen und Verlobte von Pete. Sondern sie vermarktet Lexxy, zweiundzwanzig, sexy Studentin, immer gut drauf, immer topfit und nur an dir interessiert, du toller Typ!

Und wenn sie abgelehnt wird und ein »Nein danke, kein Interesse« hört, so richtet sich das Desinteresse gegen Lexxy und nicht gegen Sarah. Und das ist nicht so schlimm, denn Lexxy bleibt meist im Stripclub. Mit Sarah geht sie nach Hause.

Aber Tom ist das scheinbar egal, denn das hier ist ja auch kein Stripclub. Wenn hier also ein Typ »Nein danke!« sagt, *»Nein danke, aber ich will nicht, dass du hübsches junges Mädchen halbnackt vor mir oder auf mir tanzt, obwohl ich sonst eher schwierig Kontakt zu Frauen finde und es mich auch nur zwanzig Dollar kostet, und ich bin steinreich«*, dann ist das natürlich etwas ganz anderes, als wenn das im Stripclub passiert. Tom und sein Pferdeschwanz. Was für ein Vollidiot.

Aber noch will ich nicht urteilen, denn noch ist ja alles Theorie, und vielleicht stimmt es ja, wenn Tom sagt, dass das Geld in Strömen fließt auf seinen exklusiven Events. Die Mädels zahlen einmalig achtzig Dollar *housefee* an Tom & Team, und das restliche durch Dances und Tips verdiente Geld gehört dann zu hundert Prozent ihnen. Wenn seine hochkalibrigen Gäste tatsächlich so bereitwillig ins Portemonnaie greifen, niemand darum bitten muss und es daher auch keine wirkliche Konkurrenz unter den Girls gibt, dann wäre das natürlich stark.

Vielleicht präsentiert Tom das Ganze ja deshalb als so ein großes Mysterium, das man nur verstehen kann, wenn man es mal selbst erlebt hat. »Kommt einfach und habt Spaß. Es ist schwer zu erklären. Ihr müsst es euch einfach mal selbst anschauen!«

Ein Mädchen fragt nach dem Dresscode, und Tom sagt, es gibt keinen, was uns alle sehr erfreut. »Nur ein paar Regeln: keine langen Kleider! Keine Stiefel! Keine flachen Schuhe!« Ah ja.

Und dann wird er kurz ernst. »Das erste Mal kann etwas gruselig sein. Ihr fühlt euch vielleicht unsicher, seid nervös und seht Dinge, die euch vielleicht erschrecken. Aber lasst euch davon nicht einschüchtern. Denn was ist das oberste Gebot?« Tom zeigt auf das Mädchen links neben mir. Da hab ich wohl noch mal Glück gehabt. Ich muss nicht an die Tafel. Aber auch das Mädchen ist aus'm Schneider, denn es hat brav aufgepasst: »Wir sind der Boss?«, antwortet sie kleinlaut, und Tom nickt zufrieden. »Ganz genau! Und?«, blickt er diesmal in die Runde, und wir antworten im Chor: »Wir haben die Kontrolle! Wir bestimmen die Regeln! Es ist unsere Party!«

Spitze.

Tom klatscht in die Hände und ist happy. Jetzt gibt's auch endlich Wein.

Lapdanceparty!

Als ich den viel zu kalten Raum betrete, in dem schon mehrere andere Mädchen, allein und in Grüppchen, schüchtern rumstehen und warten, hab ich mir das mit dem super exklusiven *Manhattan Private Lounge Event* irgendwie anders vorgestellt.

Gestern Mittag kam die Sms von Tom: »Du bist eingeladen, am morgigen Event teilzunehmen. Dresscode: Bikini. Das ist ein sehr seltener Dresscode. Für die nächsten Events gilt wieder: Cocktailkleid.« Ah ja. Andrea, meine neue brasilianische Freundin, hat erst mal abgesagt. Aber Andrea ist ja auch tatsächlich neu und unerfahren in diesem Stripding, was in diesem Fall ja aber angeblich keins ist. Ich wiederum tu ja nur so, und ein Bikini-Dresscode kann mich daher nicht wirklich abschrecken, auch wenn ich es nun ziemlich unangenehm finde, wie wir hier auf dem nackten Fliesenboden dieses besseren Partykellers rumstehen, in H&M-Swimwear und Polka-dot-Bikini, als hätten wir uns alle verlaufen – wo war die Poolparty noch gleich? Aber immerhin steht da in der Ecke ein Büfett. Italienisches Catering oder so. Chicken parmigiana statt Mett-Igel.

Als Zoe, eine der – ach so lieben, verständnisvollen, wir sind hier alle eine große Familie – Mitarbeitermädchen, uns Neuen noch mal den Abend erklärt, ist Claudia – Dänin, Model und Grafikdesignerin – erschrocken. »Ich hab jetzt echt nicht erwartet, dass ich hier richtige Lapdances machen muss!«, flüstert sie mir entsetzt zu. »Ey, auf *gar keinen* Fall rutsch' ich auf 'nem Fremden rum!«

»Du, dann mach's nicht«, sage ich ihr, »im Ernst, wenn das für dich nicht okay ist, mach's nicht!«

Eine halbe Stunde später kommen die ersten Gäste und tapsen vorsichtig schüchtern ins Innere dieser unspektakulären Eventlocation und gehen, sehr vernünftig, erst mal an die Bar. Es sind ausschließlich *Private members,* Teil einer elitären, von Tom geführten E-Mail-Liste, die regelmäßig über die geheimen locations dieses nackten Wanderzirkus, mit vierzig Dollar Eintrittspreis, informiert wird. Mitglied werden kann jeder Mann ab fünfundzwanzig. Vorausgesetzt, seine aussagekräftige Bewerbung wurde von Tom akzeptiert. »Wir wählen unsere Mitglieder sehr sorgfältig aus«, hat Tom beim Interview gesagt, »jeder, der es hier reinschafft, hat sehr sehr viel Geld und ist bereit, es auszugeben.«

Ich friere ziemlich. Warum ist nur immer alles so kalt in New York? Und warum dann auch noch Klimaanlage? Der DJ, es gibt keinen, spielt Backstreet Boys und Britney Spears, und die Nightclub-Beleuchtung, es gibt keine, zeigt Gänsehaut, fahle Haut und Cellulite. Etwa vierzig Mädchen stehen allein und in Zweckgemeinschafts-Grüppchen im kahlen Raum rum und halten sich aneinander oder an ihren kleinen Handtaschen fest, in denen am Ende der Nacht am besten sehr viel Geld sein soll. Im Moment scheint das noch sehr fern. Die Männer, junge Finance-Typen, sehen ähnlich ängstlich aus und halten sich an der Bar fest, Mut antrinken oder so. Promnight 2014 im Tribeca-Partykeller. Mathestreber treffen auf Cheerleader Babes, und keiner traut sich, den anderen zum Tanz aufzufordern.

Ein paar schlechte Songs und Tequila Shots später herrscht in der Lapdance-Lounge, dem Neben-Dark-Room mit Sofabänken, schon reger Betrieb. Für zwanzig Dollar pro Song tanzen hier *echte Girls,* mit denen die Männer eine *echte connection* und somit eine *echte Erfahrung* erleben können. So ist zumindest das Konzept, mit dem Tom wirbt und seine Party von den kommerziellen Stripclubs trennen möchte. Nicht schlecht, clever, aber in Wahrheit eigentlich kein Unterschied zum regulären Stripjob. Denn geschauspielert und damit unecht sind die *connections* hier ebenso oft, wie sie im Stripclub echt sind. Und wenn Bargeld winkt, lächeln alle überall lieb und sind dein Freund.

Dafür sind die Mädels hier fast alle unerfahren beim Stripper-Getue und wähnen sich ja auch nicht als solche, also als Stripper, sondern als normale Mädchen, wie ihnen Tom eingebläut hat, und deshalb kann man hier für weniger Geld auch manchmal mehr bekommen. Wenn denn die *connection real* ist. Außerdem scheinen die Regeln hier nicht ganz so ernst genommen zu werden, es ist ja ein Underground-Pop-up-Event, der Fight Club unter den Stripjoints quasi, und Regeln wie »Immer ein Bein am Boden lassen« gibt es da nicht. Und wenn eine Hand mal etwas länger hinten am String rummacht und die Köpfe beim Dry humping verdächtig eng beisammen stehen, ist das auch okay. Tom & Team patroullieren im Lapdance Room zwar wie Oberschwestern bei der Nachtruhe, aber das tun sie vielleicht auch eher, um die Neuen beim Lockerwerden zu beurteilen.

Zwei ältere Geschäftsmänner, Chinesen, glaube ich, mögen mich. Ich sei neu, nicht wahr? Das sei ja toll, sie wünschten mir ganz viel Spaß und Erfolg. Danke. Wie weit ich denn gehen würde? Ach so. Hmhm. Ah ja. Schade, denn sie gingen grundsätzlich nur mit Mädchen mit, die auch Zungenküsse machten, das würde dann wohl nichts werden.

Mein neuer Gast und ich müssen etwas anstehen und warten am Eingang des Spielzimmers, denn im Moment sind alle Sofaplätze belegt. Hautfarben auf Anzugschwarz neben Hautfarben auf Anzugschwarz neben Hautfarben auf Anzugschwarz in *steady motion.* Dazu übelst laut Justin Bieber über knattrige Lautsprecher (wtf?!), dazwischen Tom mit seinem Pferdeschwanz und die immerlieben, immer gut gelaunten Orga-Mädchen mit ihren iPads.

»Du hast schöne Füße«, sagt mein Typ, während ich auf seinem Knie sitze, und hält mir einen Zettel mit seiner Telefonnummer hin. »Ich kenne da so ein paar *foot-appreciation-partys*. Die sind wie diese hier, aber der weibliche Fuß ist dabei im Fokus.«

»Aha. Verstehe«, sage ich, Fest der Fußfreunde, und lasse den Zettel unauffällig in der Sofaritze verschwinden.

Am Ausgang steht wieder Zoe, penetrant freundliches Bienchen, und stellt mir ein paar Fragen, deren Antworten sie in ihr iPad tippt.

»Und? Wie fühlst du dich bisher?«

»Ganz gut. Ich war am Anfang ein bisschen aufgeregt, aber dann war's super.«

»Und wieviele Lapdances hast du bis jetzt gemacht?«

»Hm, fünf, glaube ich.«

»Fantastisch. Und hast du dein Oberteil ausgezogen?«

»Ähm, nicht bei den ersten beiden Dances, aber dann schon, ja.«

»Großartig! Danke«, lächelt Zoe über-enthusiastisch, und ich weiß nicht, ob das jetzt wirklich *großartig* war, diese Lüge mit dem Top ausziehen erst beim dritten Mal, aber von nervös zu *naughty* kommt doch sicher ganz gut hier.

Als ich an den zur Lapdance-Lounge anstehenden Kurzzeit-Pärchen vorbeiklacker, entdecke ich Claudia, das dänische Grafikdesign-Model. Sie schaut mich etwas gequält an und versucht sich in einem lockeren Lächeln. Scheiß New York. Teuer, voll, hart. Und alle Model, alle Designer.

»Und? Wie war der Typ eben?«, fragt eine eine Andere beim Abschminken.

»Ach, ganz okay eigentlich. Hat mich zwar nicht reich gemacht, aber horny.«

Im Miniatur-Backstage, einem zu Garderobe und Schminkraum umfunktionierten Damenklo, ziehen wir uns alle wieder um. Es ist fast vier Uhr. Gäste weg. Taschen voll mit Cash, aber trotzdem nachhallende Eintönigkeit. Lapdance-Maschine mit Pferdeschwanz statt Stageglam und glitzernder Tiefgang.

Die Mädchen am Spiegel unterhalten sich aufgeregt, euphorisiert vom schnellen Geld. »*Ohmygawd*, ich weiß noch, wie ich hier angefangen hab, ich hab irgendwie mein iPhone verloren und dann dachte ich so, scheiße, und dann dachte ich aber gleich so, fuck it, voll egal, ich hol mir einfach 'n neues!«

Das Mädchen vom Interview, schwarze Locken, Pilotenwitz, schminkt sich ab und packt ihre Tasche. Tom kommt dazu. Lehnt sich neben sie an die Wand. Er findet, sie war einsame Spitze. »Ich hab dich beobachtet«, sagt er mit diesem schwer bedeutsamen Blick. »Du hast was, du bist echt talentiert!«

Das Mädchen fühlt sich geschmeichelt. »Oh thanks«, freut sich.

»Ja, weißt du, ich glaub, du wirst schnell aufsteigen können … um ehrlich zu sein, mal unter uns, ich kann mir dich sogar schon sehr sehr bald bei unseren noch exklusiveren Wednesday-Events vorstellen!«

Würgreiz. Drang, schnell zu verschwinden. Kleiner, manipulativer Pferdeschwanz-Tom.

Heimweg

New York ist kalt. Kalt, kalt, kalt, und ich meine richtig kalt. Minus dreizehn Grad kalt, während es zu Hause Frühling wird. Auf facebook sehe ich Fotos meiner Freunde: meine Freunde beim ersten BBQ, meine Freunde auf der Spritztour in unserer alten Feuerwehr. Meine Freunde beim *Street Food Market* in Kreuzberg zusammen mit vielen anderen fröhlichen jungen Menschen mit und ohne Vollbart. Bei Pie und japanischen Dumplings und bestimmt vielen schön schnell betrunken machenden Old Fashioneds. Denn die lieben wir. Die trinken wir immer. Ich vermisse meine Freunde. Ich bin in New York, der tollsten Stadt der Welt, wie alle sagen, und es ist kalt. Und hart.

Es ist kurz nach neun Uhr abends, und ich komme gerade vom *Playmates. Dayshift*, halb zwölf mittags bis acht Uhr abends. Ich habe ordentlich Geld verdient heute, weit über tausend Dollar, aber gelangweilt hab ich mich trotzdem. Die Mädchen liefern Lapdances wie am Fließband oder sitzen mit gelangweiltem Blick in der Ecke. Kein Drama im Backstage. Keine leidenschaftlichen Performances an der Stange. Hier wird Geld verdient. *You wanna Bugatti? You wanna Maserati? You better work bitch!* Die Männer tragen Anzug und sind Banker oder Broker oder Hedgefondsmanager. Und wohnen in Manhattan oder auf Long Island und machen Urlaub in den Hamptons oder Colorado. Je nach Saison. Gern auch mal Europa. Französische Riviera und so.

Tausendsechshundert Dollar in meiner pink schimmernden

Victoria Secret-Clutch. Von wem eigentlich? So viele Unterhaltungen. So viele Lapdances. So viel Zuhören. So viel Lächeln. Puh.

Das bunte Blingbling des Times Squares liegt lange hinter mir, und ich bin fast zu Hause, East Village, Parka statt Prada, obwohl der nächste Chanel Store auch hier nur ein paar Blocks entfernt ist. In Manhattan ist alles *moneymoney.* Und wenn die lässige Parka-plus-Beanie-Kombi auch nicht so verdächtig schimmert wie der Pelz, teuer war's trotzdem.

Ich biege in die Bowery ein. Menschen laufen lachend von Bar zu Bar oder von Restaurant zu Restaurant und dann wieder zurück zur Bar, wo sie weitere Freunde treffen. Auch Paare. *Boy and girl on a date*, denn in NYC datet man ja viel. »Weißt du, hier in Manhattan steht man nicht so auf feste Beziehungen«, hat Tanya gesagt. »Zu viel Auswahl. Zu viele schöne Mädchen. Zu viel Geld.« Tanya erklärt das so: Die Typen mit Geld

- haben die Putzfrau zum Putzen.
- gehen zum Essen ins Restaurant oder kochen selbst hervorragend, denn das gehört ja inzwischen zum modernen Toptyp dazu.
- und haben Freunde, Bekannte, Kollegen für Freizeitaktivitäten und Soziales.

Und für alles weitere haben sie eine oder mehrere handverlesene *girlfriends.* Die Girlfriends sind natürlich nicht irgendwelche devoten Kätzchen, sondern entsprechend anspruchsvoll, was die Zuwendung angeht, sie bringen ja auch einiges mit: Jugend, Schönheit, vielleicht sogar Modelstatus und Klugheit. Mit Essenseinladungen, nach Hause bringen und Tür aufhalten ist es da nicht getan. Und da die Auswahl auf beiden Seiten recht groß ist in New York, ist das mit dem Dating keine unbedingt beständige Sache. Willkommen in einer der schnellsten und teuersten Städte – nahezu alles hier ist ein Geschäft.

Ich bin nach dem Manhattan-Dating-Index zwar nicht mehr

ganz so jung (in Börsensprech hieße es wohl bald »verkaufen! verkaufen!«), aber das macht nichts, denn ich sehe ja trotzdem aus wie Anfang zwanzig. Jedenfalls im Dunkeln. Jedenfalls für Raj, einen von mehreren Hedgefondsmanagern heute. »Also, es wär ja schon irgendwie ganz schön verdorben, wenn ich jetzt raten würde, dass du erst einundzwanzig bist«, hat er gesagt, »aber ich glaub eigentlich echt, dass du's bist. Vielleicht sogar noch jünger!« Ich habe nicht widersprochen, nur gekichert, und wir haben weiter getanzt. Beziehungsweise ich auf ihm. Ein Bein immer auf dem Boden, Clubregel, is klar.

Nun laufe ich nach Hause, und es ist so bitterkalt, und ich bin allein und denke, was machst du hier eigentlich? Autos hupen. Menschen mit hoch ins Gesicht gezogenen Wollschals laufen schnell und haben die Hoffnung auf ein Ende dieses harten Winters wohl schon lange aufgegeben. Einfach weitermachen. Eine Feuerwehr zischt vorbei. Lauter Sirenenalarm. In New-York-Filmen klingt das immer nach Abenteuer und Freiheit, aber jetzt tut's einfach nur weh im Ohr und nervt. Ein Typ an der Ampel spricht mich an. Ob ich gute Clubs kenne. Er kommt aus Marokko und reist alleine und kennt sich nicht aus. Er ist niedlich und nett, und ich bin ja auch zu Besuch in dieser Stadt. Und auch allein. Eigentlich perfekt, um zu zweit weiterzuziehen, aber ich bin müde. Müde von Unterhaltung und von Typen, denen ich erzähle, dass ich aus Deutschland komme, Berlin, um genau zu sein. Der Hauptstadt Deutschlands, genau.

»Oh, es ist supercool in Berlin, du würdest es lieben! Wahnsinns Nightlife, spannende Kunst und unglaublich tolle Restaurants!«, habe ich Raj noch vor ein paar Stunden vorgeschwärmt und dabei strahlendst gelächelt und an meinem Weißwein genippt, den er mir ausgegeben hat, und währenddessen überlegt, wie ich von Berlin jetzt zum Sexytalk komme, als Vorbereitung für den Champagne Room-Pitch.

Berlin, Berlin, supercool, ja ja. In Wirklichkeit ist Berlin natürlich toll, aber das wahnsinns N*ightlife* kenne ich eigentlich kaum mehr so richtig, und die spannende Kunstszene, na ja, klar. Aber so richtig, wer, was, wo, weiß ich doch eigentlich auch nicht. Und all die *incredible Restaurants*, in denen ich esse, sind eigentlich eher auf dem Kottbusser Damm als auf der Friedrichstraße und heißen Gelgör oder Schawarmabude 1-3. Aber das erzähl ich natürlich nicht. Stattdessen schwärme ich von der aufregenden Berliner Szene und lächle lieb, und Raj sagt: »Wow, du hast so ein tolles Lächeln!« Und ich antworte: »Tja, ich bin eben ein sehr glücklicher Mensch!« Und das stimmt zwar oft, aber auch nicht immer, aber gelächelt wird trotzdem.

Jetzt habe ich jedenfalls keine Lust mehr auf *sunny smalltalk,* und so nenne ich dem Marokkaner die paar Clubs, die ich kenne, denke mir eine Ausrede aus, warum ich nun leider weitermuss, und gehe weiter, in die andere Richtung, die falsche, denn eigentlich muss ich in dieselbe wie er. Ich könnte natürlich auch weiterplaudern und dann »Klar, warum nicht« antworten, wenn er vorschlägt, etwas trinken zu gehen. In der Bar würden wir dann einfach abhängen, quatschen, chillen, was weiß ich, und ich würde erzählen, worauf ich halt gerade Lust hab, oder auch nicht, und wir würden eine echte Unterhaltung führen, und vielleicht wäre es ja sogar ganz lustig. Aber ich habe keine Lust mehr heute. Ich bin müde und leergesaugt, und das Letzte, wonach mir jetzt ist, ist eine weitere erste Unterhaltung mit einem mir unbekannten Menschen. Lieber allein in die falsche Richtung laufen.

Montag

Es ist Anfang März, und es schneit schon wieder. Schneesturm. Kalt. Arschkalt. Montag. Arschkalterschneesturmmontag. Zu Hause ist es warm. Zumindest wärmer. Ich habe heute Morgen mit Mama telefoniert. Es wird Frühling, sagt sie. Sie muss den Garten herrichten, Wintermist wegharken, damit die Krokusse durchkommen können und so. Sie hat eigentlich keinen Bock, sagt sie, aber es ist so schön draußen, da will sie mal loslegen. Ich sehe sie vor mir, wie sie im T-Shirt harkt und zupft und tut und Nachbarn auf dem Fahrrad vorbeifahren und grüßen und vielleicht kurz stehenbleiben, um etwas zu klönen und sich gemeinsam darüber zu freuen, wie schön warm es heute ist. Und das so früh im Jahr!

Ich ziehe meine Strumpfhose aus Fleece an, die mich hier überleben lässt. Gut, dass ich sie doch noch eingepackt habe. Passt unter alles, Rock, Leggings, Jeans. Die Thermosocken, viel zu groß, habe ich im Baumarkt auf der 1st Avenue gekauft und noch im Laden angezogen. Darüber dann die neuen Hunter-Gummistiefel, die haben hier irgendwie alle und ich jetzt halt auch, in glänzendem Schwarz. Die Gummistiefel braucht man an den Tagen zwischendurch. Die Tage, an denen es etwas wärmer ist, also über null Grad, und der Schnee auf den Bürgersteigen zu nassem Schneescheiß schmilzt, durch den der sonst so stolze New Yorker devot watet, ohne sich zu beschweren, in der Hoffnung, dass das vielleicht der Preis für nun endlich endende Kälte sein könnte.

Ich schmeiße mir meine dicke warme Felljacke über, die ich endlich in die Reinigung geben würde, wenn ich denn eine zweite dabeihätte, oder wenn ich sie eben einfach nicht mehr bräuchte, von wegen Frühling und normale Temperaturen und so, aber es ist ja Schneesturm in New York, arschkalt, arschkalter Schneesturmmontag, hab ich das schon erwähnt? Und so zieh ich die ehemals hellbeige Jacke eben wieder an. Sie hat flauschige Fellärmel und eine große flauschige Fellkapuze. Ich sehe damit aus wie das reizende Aschenbrödel. Oder wie eine vornehme Oligarchin, russische Neureich-Prinzessin. Inzwischen ist der Pseudopelz aber stadtgrau vergilbt, und der Ausschnitt mit dickroter Salsa von vorgestrigem Taco-Happy Meal verklebt. *Glamour no more.*

Es ist Montag, Viertel vor zehn am Morgen, und ich trete vor die Tür, um zur Dayshift ins *Diamond Dolls* zu fahren, zum Tanzen und Ausziehen und Sexy- und Fröhlichsein. Im Radio, WCBS, läuft »*Sultans of Swing*«, eines meiner Lieblingsradiolieder. Macht mir immer gute Laune, vor allem morgens. Nicht unterkriegen lassen! Mach das Beste draus! Das Leben ist schön! Du bist in New York! Der tollsten Stadt der Welt! Oder?

Als ich im Dolls die Treppe runtergehe, kommt mir Zigarettenmief und Kälte entgegen. Im Umkleidekeller steht ein Heizlüfter, immerhin. Ein Mädchen steht vorm Spiegel und dreht sich die Haare auf. Verquollene Augen hat sie. Vielleicht auch bekifft. Vielleicht auch einfach noch verpennt, ist immerhin morgens. Nach und nach trudeln weitere wenige Girls ein, stellen still ihre Taschen ab, seufzen beim Blick in den Spiegel, zu Recht, und verwandeln sich innerhalb einer halben Stunde in etwas, was sexy und schön und classy aussieht, oder in das, was sie darunter verstehen. Nachts sind alle Katzen grau, und im Halbdunkel sind alle müden Mädchen schön. Auch ich seufze beim Blick in den Spiegel und denke, o je. Vermutlich ist das Licht hier unten aber auch einfach ziemlich grottig.

Als ich mich das nächste Mal im Spiegel entdecke, etwas später, auf der Bühne, sehe ich dank ausgetüftelter Lichttechnik *fabulous* aus und finde es irrsinnig schade, Perlen vor die Säue quasi, dass nun niemand da ist, um mich, diese *Beauty-in-Bewegung*, zu bestaunen und ihr dafür Geld hinzuschmeißen. Bis auf die anderen Mädchen, die gelangweilt auf dem Sofa sitzen und mir beim Fantastischsein zuschauen oder auch einfach nur ins Weite starren, was dasselbe zu sein scheint, ist es nämlich leer. Es ist 13 Uhr, *lunchtime on Wallstreet*, und noch kein einziger Gast hat den Weg zu uns gefunden.

Ich tanze am mittleren Pole, der Stange, über der ein verstecktes Gebläse für sexy Wind im Haar sorgt, und finde mein Spiegelbild gerade ziemlich umwerfend. Wie ein Babe auf einem Bikini-Cover! Sports Illustrated oder FHM oder so, wow! Die Posen, Biegungen, Drehungen sitzen perfekt, und ich bin ganz aus dem Häuschen beim Anblick meiner endlos wirkenden, teuer gebräunten Beine, die mit einem tipptopp Arsch in leuchtendem Neonsilber enden. Love you, Stripperheels! Love you, Kunstsonne! Love you, schön machendes Stripclublicht! Ich habe immer über die Mädchen gelacht, die für sich selbst im Spiegel tanzen und posen, selbstverliebt und eitel bis zum Gehtnichtmehr, und nun bin ich diejenige, die ihr Spiegelbild anhimmelt, *»How you doin' baby? Can I buy you a drink?«*, und den Blick nicht von sich lassen kann. Geld macht gierig. Eitelkeit aber auch.

Ein Mädchen pennt. Oder ruht mal kurz die Augen aus oder so. Eine andere textet. Telefone sind auf dem Clubfloor eigentlich nicht erlaubt. Aber ist ja eh niemand da. In einer Review über einen New Yorker Stripclub stand mal: *»Awful place! I saw a girl texting on her phone while on stage!«* Auch darüber hab ich mal gelacht. Nun frag ich mich, ob das wohl hier war und ob es unverschämt von mir wäre, jemanden zu bitten, mir mal kurz mein iPhone an den Bühnenrand zu bringen.

Ich bin müde. Boa, ist das langweilig. Die beiden Mädels auf dem Sofa stehen auf und gehen. Pipi machen vielleicht. Oder auf der Backstagetreppe sitzen und texten und twittern oder was weiß ich. Youtube-Videos von Katzenbabys anschauen. Nun bin ich allein und tanze nur für mich und die leere Plüschsofagarnitur in Violett. Es läuft Rihanna, »*We found love in a hopeless place. We found love in a hopeless place*«. Zu genau diesem Lieblingslied bin ich vor ein paar Wochen noch auf dem Snowboard die Piste runtergedonnert. Nun tanze ich dazu nackidei zur Mittagszeit auf einer Bühne vor einem leeren Raum mit vielen dunklen Stühlen und weich gepolsterten Sitzecken. Und auch das ist schön. Macht natürlich mehr Spaß, wenn jemand zuschaut, aber es ist Montag, Schneesturmmontag in New York City, und irgendwie will keiner heute nackte Mädchen sehen.

13.27 Uhr. Noch 6 Stunden und 33 Minuten.

Suzi ist die Einzige, die mein Lächeln erwidert. Sie ist auch neu hier heute und auch aus dem *Playmates* wie ich. Jedes Play-Girl muss einmal die Woche im Partner-Club Diamond Dolls arbeiten. Das »muss« in diesem Arrangement ist bezeichnend dafür, dass dies kein Vorteil, sondern eher ein Nachteil ist. Das Diamond Dolls in Wallstreet-Nähe war wohl mal was, irgendwann vor 9/11. Sogar Wyclef Jean represented den Club ja in seinem »I'm in love with a stripper«-Song (jeder Rapper braucht einen Song über Stripper!). Aber nach 9/11 wurde es still im Dolls, und nun will keiner mehr so wirklich hier arbeiten. Und so werden die neuen Girls, wie Suzi und ich, einmal die Woche zwangsverlegt. Abgeordnet heißt das wohl in Bürokratensprech.

Suzi ist Brasilianerin, und ihr kiwigrüner String sitzt weit oben in der Taille wie bei den Sambagirls in Rio. Ich setze mich neben sie und sage: »Hi!«

»Hi!«, antwortet Suzi. »*You dance nice!*«

»*Thank you!*«, sage ich und: »*So do you! How long have you been working here?*«

Suzi lächelt und berührt entschuldigend meinen Arm: »*Sorry, but my English no good.*«

Ich lächle zurück und sage: »*Oh, don't worry! It's fine!*« Aber sie versteht nicht. »*Your English is okay!*«, sage ich noch mal überdeutlich und mache das Daumen-hoch-«alles-supi!«-Zeichen. Dies wird ein langer langer langer Tag.

Suzi findet meine Panty toll. Sie zeigt drauf und macht auch den Daumen hoch, und ich verstehe erst nicht und denke, sie meint meinen Po, bis ich kapiere, dass sie meinen Bikini meint. Ich schreibe ihr die Website des Onlineshops auf. Sie nimmt das Zettelchen entgegen und sagt »Oh« und nickt. Ich weiß nicht, ob sie verstanden hat, und ich frage mich, wie Mädchen wie sie hier in New York wohl Geld verdienen werden.

Wir seufzen darüber, wie lahm es hier ist. »*Party Party! Where are man?*«, lacht Suzi, und wir sind uns einig und kichern über das langsame Vergehen der Zeit.

»Ticktockticktock«, sage ich, während ich mit dem Zeigefinger einen sich langsam bewegenden Uhrzeiger nachahme, »ticktockticktock«, und wir lachen wieder. Eigentlich ist das gar nicht lustig.

13.48 Uhr. Noch 6 Stunden und 12 Minuten.

Mal Pipi machen gehen. Ich muss eigentlich gar nicht, aber egal. *Something to do.* Auf der Treppe sitzen zwei Mädchen und reden über ein drittes:

Mädchen: »*Ohmygawd! Really?! But I thought they were best friends?!*«
Anderes Mädchen: »*I know right? But they fight like aaaall the time!*«
Mädchen: »*Ohmygawd, are you serious?!*«
Anderes Mädchen: »*Oh totally, like, yeah!*«
Anderes Mädchen: »*About what?*«
Mädchen: »*I don't know, like, everything!*«
Anderes Mädchen: »*Ohmygawd, I mean, like, ohmygawd!*«

Auf der Toilette steht Mundwasser im Zerstäuber, und eine Duftkerze brennt, und ich denke an Weihnachten. An Kekse und Tee und Kuscheln auf Mamas Sofa und ungeschminktes Gesicht für Tage und Tage und Fernsehen, viel Fernsehen. Glotze leergucken, wie Papa sagt, und an zu Hause generell und sowieso und an Ostern und Gänseblümchen und auf dem Gras liegen im Garten und in die Sonne blinzeln, während irgendwo ein Rasenmäher brummt und es leicht nach Gülle riecht. Nach Gülle und Frühling und zu Hause.

14.01 Uhr. Noch 5 Stunden und 59 Minuten.

Die Zeit vergeht wie in Zeitlupe. Zähflüssig wie alte, stinkende Suppe, träge. Grausam-gemein langsam. Es passiert nichts. Nichts passiert. Sitzend stille Mädchen. Ein DJ, der durchs Mikro Champagne Rooms promoted: »Leute, geht mit eurem Lieblingsgirl für 'ne extra Party in den Champagne Room!« Aber niemand ist da, dessen Lieblingsgirl wir sein könnten. Nix Leute. Leere. Mein Kopf und ich auf uns allein gestellt. Na prima.

In der Umkleide gibt es für alle Make-up und Oversize-Flaschen an Haarspray und Deo und verschiedenste Haarbürsten mit verschiedensten Haarresten darin. Auch Snacks. Eine Großfamilienpackung Brezeln, Gemüse, Obst und Dips. Mit einem Selleriestick streiche ich einmal tief durchs Hummus-inner-Box und beiße ab und schaue mir im Spiegel beim Essen zu. Sellerie und Hummus also. Ich hab eigentlich gar keinen Hunger. Es ist so furchtbar langweilig. Ich bin nicht gut mit Langeweile. Ich bin nicht geduldig. Housemom Carolina, Mexikanerin, muntert mich auf: »Süße, lass den Kopf nicht hängen. Manchmal kommt nach fünf Uhr nachmittags auf einmal ein Haufen Leute, und dann machst du dein Geld.«

Na mal sehen.

Carolina ist lieb. Das ist nicht selbstverständlich. Die Housemom im Playmates zum Beispiel ist alt und unfreundlich und hat die Ausstrahlung einer schlecht gelaunten Klofrau, der man kein Geld gegeben hat und die »Mhh-hm ...« grummelt, aber »Geizige

Schlampe …« meint. Je mehr Tip-out man der Housemom gibt, desto netter ist sie zu einem, dann sagt sie Dinge wie: »*That looks cute on you!*«, ganz egal, was man anhat, oder: »*Go make alotta money honey*«, bevor man wieder rausgeht. Wie ein Aufmerksamkeits-Automat. Alles ist käuflich, und nichts ist umsonst. Hallo Amerika.

14.17 Uhr. Noch 5 Stunden und 43 Minuten.

Ich entdecke zwei Gäste. Die ersten, wow. Na also.

»Hi, ich bin Stella. Darf ich mich zu dir setzen?«

Kamil ist aus Pakistan und studierter Arzt, jetzt in der Pharmaindustrie mit Spezialisierung auf Impfstoffe oder so. Er ist viel auf Reisen, sagt er. Nicht so oft hier im Club, nein. Immer wieder mal, aber eher selten. Er ist eigentlich schüchtern. Was ich denn so mache? Also sonst so? Ahh! Kunststudium, wie interessant! Was denn meine Lieblingskünstler und Epochen sind? Ah. So zeitgenössische Sachen? Video und Foto und so im Allgemeinen und so? Aha. Hmhm. Ob man meine Arbeiten denn irgendwo mal sehen könne? Noch nicht, soso. Und würde ich denn verkaufen? Also er kenne da nämlich viele Kunstsammler und wohlhabende Kunstliebhaber in Dubai. Er könne mir da vielleicht helfen. »Das wäre toll, danke«, antworte ich kleinlaut und wünschte, ich hätte das mit dem Kunststudium nicht erfunden, sondern hätte wirklich was zum Zeigen und Verkaufen.

Aber Lapdances hab ich, die verkauf ich, und Kamil findet's gut. Na siehste. Dann also hier rüber aufs Sofa. Der nächste Song beginnt, und ich leg los. Nach dem zweiten Song ist dann aber auch schon wieder Schluss. »Ich würd dich lieber draußen mal treffen. Dich vielleicht mal zum Abendessen einladen. Mir deine Kunst ansehen«, sagt Kamil, und ich sage: »Vielleicht«, und dass ich ihn aber erst etwas besser kennenlernen müsste, bevor ich ihn außerhalb des Clubs treffe. Er soll doch diesen Freitag ins Playmates kommen, da arbeite ich wieder. Er kommt bestimmt, sagt Kamil. Wir werden sehen, denke ich, und wir sagen tschüs und danke und bis bald.

Ein Mädchen rutscht derweil auf einem anderen Gast rum. Es ist so leer im Raum, dass man sein brummendes Wohlgefallen hören kann.

Es ist kurz nach halb drei am Montag. Schneesturm. Die ganze Stadt liegt in Resignation vor einem nimmer enden wollenden Winter. Aufgezwungene Lethargie, Kälte, Schnee. Zu müde und gelähmt, um es mit dem Spaßhaben überhaupt noch versuchen zu wollen.

14.37 Uhr. Noch 5 Stunden und 23 Minuten.

Ein paar neue Mädchen mischen sich unter das gelangweilte Strippervolk. Lola, eine - so nennt man es wohl - Rubensfrau mit roter Robe und tollen roten Haaren, hat ihren ersten Auftritt auf der Mainstage. Sie lehnt am Pole, neben ihren Stripperschuhen, die sie wohl aus Bequemlichkeit ausgezogen hat, und schaut in den Raum und gähnt mit großer Geste. Dies alles hier ist wirklich so öde, man könnte jemanden foltern damit.

Lolas Kleid liegt jetzt neben ihren Schuhen auf dem Boden, zweiter Song halt, und sie lässt das mit den sexy Bewegungen aber heute mal und drückt sich stattdessen einen Pickel auf ihrem großen, weichen, weißen Busen aus. Oder was auch immer. Vielleicht tastet sie ihn auch auf Knoten ab. So genau ist das nicht zu erkennen.

15.12 Uhr. Noch 4 Stunden und 48 Minuten.

Ich gehe wieder nach unten in den Backstage. Auf dem Weg kurz Handy checken, zwischen Clubfloor, wo man nicht darf, und Keller-Backstage, wo es nicht geht, weil kein Empfang. Ich sitze mit Handy in der Hand auf der Treppe, der kalten, betonigen, noch zweiunddreißig Prozent Batterie. Muss ich mir gut einteilen, noch knapp fünf Stunden zu killen.

Eine der Brasilianerinnen kommt durch die Tür und setzt sich seufzend neben mich. »*Is'e so boring. Where man?*«

Ja. *Where* nur? Nicht hier. »*I like your hair*«, sage ich, »*looks very dramatic.*«

Sie lächelt: »*Is-eh ... how do you say? Not real. Is-e ...*«

»*A wig?*«, schlage ich vor, »*Fake hair? A wig?*«, und mache Handbewegungen wie beim Mütze-oder-eben-Perücken-aufziehen.

»*Yes! Yes! Wiiig!*«, strahlt sie und zupft sie zurecht. Ihr Gesicht ist klein und süß, irgendwie lieb. Unschuldig. »*Whats your real hair color?*«, frage ich sie.

»*Brown. But I like blonde for work. Is-e more bitch!*«, sagt sie und macht mit der Hand eine Katzen-fauch-kratz-Bewegung und lacht. Nichts an ihr ist bitchy. Die Perücke ist blond, platinblond, und die langen Stahllocken fallen wie ein gewaltiger Wasserfall aus Plastik über ihren zierlichen Rücken. Sie sieht aus wie eine kleine Puppe. Nicht wie Playboybunny oder Barbie-Bitch. Sondern wie ein liebes Mädchen mit klugen braunen Augen und blonder Perücke auf dem Kopf.

15.38 Uhr. Noch 4 Stunden und 22 Minuten.

Oben entdecke ich ein paar (neue) Gäste. Sieh mal einer an. Ich nehme mir eine Pepsi aus dem Pepsi-Soda-Wasser-und-Fanta-Spender und setze mich zwei Hocker weiter zu ihnen an die Bar. Erst mal rantasten. Die Bartrulla lehnt gelangweilt am Getränkekühlschrank und textet auf dem iPhone. Ich möchte auch endlich so ein pimpiges iPhone-Cover haben. Ihres ist weiß-glitzernd und mit Perlen und Schmuckschnickschnack beklebt. Sie trägt ein bauchfreies Spitzentop mit Spitzenbauch und schwarze Hotpants. Oder Panty oder so. Irgendwas dazwischen. An den Füßen trägt sie UGG Boots. Warm und weich und flauschig und bequem. Die Glückliche.

»Hi, wie geht's?«, spreche ich den Mann neben mir an. »Gut, danke«, antwortet der kurz und starrt sofort wieder auf den Fernseher über der Bar. Der DJ ruft meinen Namen. Na meinetwegen, warum nicht. Ich trinke schlürfend den letzten Rest Pepsi-Eiswasser und rutsche vom Barhocker schwuppdiwupp auf die Bühne an der Bar. Es läuft »Summertime Sadness« von Lana Del Rey, der eine

Gast starrt auf den Fernseher, der andere traurig in sein Bier, und ich tanze mal wieder nur für mich allein. Summertimesadness im Winter.

Mein Körper tut weh, und ich lasse das mit dem Tanzen deshalb jetzt einfach mal und dehn mich lieber ein bisschen. Sieht ja eh niemand. Schaut ja keiner zu. Ich ziehe das Bein nach hinten, zur Seite, so weit es geht, und das tut nicht nur gut, sondern sieht auch irgendwie ganz geil aus. So ballettmäßig. Jetzt ist der Oberkörper dran. Ich mache abwechselnd Buckel und Hohlkreuz, Buckel und Hohlkreuz. Das ist gut für den Rücken, hat irgendjemand mal gesagt. Sieht zwar nicht mehr sexy aus, aber knackt schön. Knickknackknack.

Es ist irgendwas nach vier am Nachmittag. Dehnübungen zu Selbstmordmusik in High Heels und Microstring. Keiner schaut zu. Ich schließe meine Augen. Ich könnte jetzt einschlafen. Nein wirklich. Ich könnte jetzt einschlafen. Es würde niemand merken.

16.27 Uhr. Noch 3 Stunden und 33 Minuten.

»Sexting, huh? Sorry, dabei würde ich dich nie stören wollen…«, spreche ich den Gast im Anzug an. Das ist mein neuester Spruch. Klappt immer. Finden sie super, die Männer. »Haha, nein, ich arbeite«, antwortet er dann, und ich sage: »Na, das ist hier aber kein guter Ort fürs Arbeiten!« Und er stimmt mir zu, ja, vielleicht wirklich nicht, aber er würde nun mal immer arbeiten, Finanzbranche, Wallstreet, Investmentbanker oder so, und ich lege dann meine Hand leicht auf sein Knie oder rücke etwas näher und sage etwas wie »Für Vergnügen sollte man sich aber immer ein bisschen Zeit nehmen« und meine das auch so. »Yup, du hast recht«, sagt er dann, legt das Handy zur Seite, auf die Bar, neben das andere, denn er hat ja zwei, mindestens, und beginnt höflich mit dem Smalltalk.

»Du heißt also Stella? Wie das spanische Bier, ja?« Wir reden ein bisschen, über Berlin und New York und den kalten Winter und was wir am heißen Sommer so lieben, und diesmal kommt die Frage von ihm: »Also, Lust auf 'nen Private Dance?«

Nice. So soll es sein. Als er dann vor mir steht, bemerke ich erst, wie groß er ist. Bestimmt an die zwei Meter. »Wow«, staune ich und streiche anerkennend über seine breiten Schultern. »Ich liebe es, wenn ein Mann groß ist!«

»Was magst du daran?«, fragt er, und ich muss kurz überlegen. Gute Frage.

»Ich weiß nicht«, sage ich, »ich glaub, ich mag es einfach, zu einem Mann aufzuschauen« und schiebe ihn sanft-freundlich in Richtung *Hinsetzen jetzt, Lapdance beginnt.*

Ich gebe mir Mühe mit ihm. Also mit dem Lapdance für ihn. Keine faule Trockenpenetration mit dem Oberschenkel, sondern ein ganzheitlich gedachter, sinnlicher Striptease. Die Bio-Version unter der Fast-Food-Massenabfertigung quasi. Das mach ich nicht immer so. Man lässt sich nämlich schnell verleiten, dasselbe wie alle anderen zu tun, in dieser Lapdance-Fabrik New York: alle Klamotten abwerfen, sobald der Typ bequem sitzt, und gleich mit dem Bein-gegen-Schoß-Geschrubber in die Vollen gehen, anstatt geschickt zu teasen und ihn nur ganz leicht zu berühren, ab und zu mal, damit er dann immer mehr will, noch einen Tanz und noch einen und noch einen. Das geschieht teils aus banaler Nachmacherei und dem dumm-menschlichen Drang, sich seiner Umgebung anpassen zu wollen. Teils aus purer Faulheit und Bequemlichkeit, denn sich mit der geistig-körperlichen Dienstleistung Private Dance etwas mehr Mühe zu geben, heißt ja, sich anzustrengen.

Mit meinem Gast hier gebe ich mir aber etwas mehr Mühe. Zu schade, wenn das hier nach zwei, drei Songs schon vorbei wäre. Ich mag ihn. Er ist nett und irgendwie witzig, und sein Anzug fühlt sich schön kühl und glatt an unter meiner warmen Haut. Er riecht auch gut. Also er, aber sein Anzug vermutlich auch. Und natürlich ist da auch die Tatsache, dass er einer von fast keinen Gästen im Club ist. Wenn nicht er also, wer dann?

Vierter Song. Ich tanze zwischen seinen Knien, sein Atem auf meinem Rücken, das Kleid liegt auf dem Boden, und die Hüften bewegen sich langsam links, rechts, links dicht über seinem Schoß, während ich leise mitsinge und das Club-Nicht-Geschehen betrachte. Es läuft »Manic Monday« von den Bangles. Mercedes tippt heimlich auf dem Handy rum, und die mit den pechschwarzen langen Haaren sitzt daneben und schaut mich an. Ihre Beine sind adrett übereinandergeschlagen, und die Hände ruhen auf dem Weiß des Nylonstretchkleidchens im Schoß. Vielleicht schaut sie auch durch mich durch. Ich lache sie an, verdrehe überzogen die Augen. Ein verschwesternder Ausdruck von Stripper-Langeweile oder so. Sie verzieht keine Miene, schaut mich noch eine Weile weiter an, schaut dann aber auch bald weg. Whatever. Zicke. *»Just another manic Monday ... I wish it was Sunday ...«* Die Bangles jammern über Montags-Tristesse, und ich bin freudig erstaunt über das Ausmaß an Humor, Boshaftigkeit oder schierer Dummheit des DJs, hier und heute diesen Song zu spielen.

17.18 Uhr. Noch 2 Stunden und 42 Minuten.

Es ist bald sechs, und ich habe nun zumindest so viel auf Laps rumdancen können, dass ich meine Ausgaben wieder drin hab: Achtzig Dollar *housefee*, fünfzehn Dollar Tip-out Housemom, zehn Dollar Tip-out DJ. Immerhin. Vielleicht reicht's ja sogar noch für die Taxifahrt nachher. Kein Bock auf Bahn, und Bargeld im Portemonnaie macht spendabel.

Neben mir sitzt Paul. Paul ist gutaussehend und jung und Berlin-Fan. Er findet mich clever und lustig, sagt er, und er mag clevere, lustige Mädchen. Sowieso steht er mehr auf Euopäerinnen als auf Ami-Chicks. Seine Freundin ist auch Europäerin, also Osteuropäerin. Aus Ungarn. Soso. Als ich auf Paul tanze, muss ich meinen Spaß daran nicht vortäuschen. »Du riechst gut«, hauche ich ihm ins

Ohr, und das ist nicht gelogen, und Paul schaut mich ziemlich süß an. Also nicht *das* süß, sondern das andere süß, das, was eigentlich gar nicht süß bedeutet.

»Ich glaube, wir sollten unsere kleine Party dahin verlegen, wo wir ein bisschen mehr unter uns sind«, flüstere ich ihm ins Ohr, während ich mit meinem Schoß sanft gegen seinen tanze. Nur gerade so viel, dass er mehr von diesem *Tanzen* will. Nach etwas Überredungsarbeit sieht Paul ein, dass ich recht habe: Exzess ist guuut! Es befreit, die Kontrolle zu verlieren und über die Stränge zu schlagen! Genüssen soll man sich hingeben und Versuchungen sowieso! Morgen, morgen, wer weiß schon, wann und was dann ist! Wir könnten alle sterben in diesem Schneesturm heute! Komm! *Let's play, let's have fun!* Paul ist jetzt ganz aufgeregt und mir scheint, als ob er fast erleichtert ist, dass er mal wieder zum guten, so viel besseren Bösen überredet wurde. »Okay, okay, Champagne Room, Deal! Ich muss nur etwas Bargeld holen« »Kein Problem, wir haben vorne einen Geldautomaten«, antworte ich gleich, denn nun heißt es konzentrieren. Spannung halten, alles Rationale, was zum Platzen des Deals führen könnte, abwenden. Ich begleite ihn zum Automaten. Dort klebt ein großer weißer »Defekt!«-Zettel, und ich möchte schreiend auf die Knie fallen und »Ihr Idioten! Ihr verdammten Idioten!« schreien. Mach ich natürlich nicht. Stattdessen atme ich tief durch. Es ist ja noch nicht vorbei. »Macht nichts, ich geh einfach schnell zu meiner Bank um die Ecke«, sagt Paul, und ich sag »klar!« und »Beeil dich, ich freu mich schon auf unsere kleine Party ...« Ich sehe ihm zu, wie er Mantel und Mütze an der Garderobe abholt und durch die Tür in den schneehellen Tag verschwindet. Natürlich kommt er nicht wieder. Einmal zurück im Licht der Realität, kommt doch niemand zurück ins Duster. Jedenfalls nicht montags.

Es ist 18.55 Uhr. Noch eine Stunde und fünf Minuten.

Das Mädchen mit der coolen Frisur, eine Seite abrasiert, so

Instagram-Hipster-Chick-mäßig, bekommt langsam Panik und verliert ihr Hustle-Game. Sie hängt an irgendeiner Anzugjacke und jammert: »Komm schon! Nur ein Dance! Ich brauch dein Geld, Mann!« Typ weicht aus und versucht, sich in sein Getränk zu flüchten. Manchmal, also angeblich, funktioniert diese Strategie des nervigen Bettelns, und die Typen geben schließlich nach, einfach damit die Heulsuse da am Ärmel Ruhe gibt. Dann, während des Lapdances, merken sie (vielleicht, wenn die Heulsuse ihr Ding gut macht), dass das ja gaaaaar nicht mal so übel ist, diese Private-Dance-Geschichte hier. Sie werden etwas lockerer, setzen sich etwas bequemer hin, denn wenn sie schon mal da sind, können sie das Ganze ja auch genießen, vielleicht sogar Anzugjacke aus, ja, so, gut so, besser, und beginnen sich langsam, *Hmm … deine Haut ist so weich …*, mit jeder kleinen Berührung fallenzulassen und sind dann *Woooow … deine Brüste sind ja unglaublich …* schon ziemlich bald ganz drin im Lapdanceding, schwuppdiwupp, obwohl sie doch eigentlich nur einen Drink nehmen wollten. Ja, angeblich klappt das manchmal, das Betteln, aber Betteln ist nicht so meins, und beim Typen nebenan scheint es auch nicht zu funktionieren. Das Mädchen lässt ihr Lächeln fallen, dampft beleidigt ab und stellt sich nur ein paar Meter weiter an die Wand, neben den Security-Typen, und meckert und schimpft und schmollt. *»Just another manic Monday … ohhhh … I wish it was Sunday …«*

If God is a DJ

Ich wäre gerne Stripclub-DJ. Ich könnte »Stellaaaaa!« ins Mikrofon schreien, dreckige Witze reißen und Musik machen, die *superhot* und *stripperbadass* ist. Andere Male, je nach Lust und Laune, würde ich die Mädels zu so ausgesprochen unpassenden Songs tanzen lassen, dass sie mir von der Bühne aus den Mittelfinger zeigen. Ich würde dann das Mikro zuhalten und mir ins Fäustchen lachen, wie Dr. Evil, amüsiert über meinen Fiesen-Stripmusic-Genius, muahahahaha!

Außerdem hätte ich natürlich meine Lieblingsmädchen. Die, die mir mehr Tip-money geben als das Zehn-Dollar-Minimum und die mich in meiner DJ-*booth* besuchen kommen, um dort abzuhängen, wenn ihnen langweilig ist, und an meiner Seite an ihrer Rum-Cola zu nippen und auf die anderen Mädchen herabzublicken aus der coolen DJ-Kanzel. Diese meine Lieblingsmädchen würde ich dann immer noch etwas lässiger und leidenschaftlicher ansagen, vielleicht auch mal mit einem schlechten Rap: *Boys, put it up for lil' Tiff-a-neeee! This shorty is a firecracker in the V-I-Peee !*

Und *Tiff-a-neeee* würde mir zuzwinkern und vielleicht etwas mit mir flirten, wenn sie das nächste Mal zu mir hochkommt mit ihrem Rum-Cola-Strohhalm-Getränk.

Die folgenden Lieder sind eine kleine Auswahl aus einer Reihe von unpassenden Liedern, die jedoch trotzdem, immer und immer und immer wieder, von Stripclub-DJs gespielt werden, ob in Asien, Amerika, Europa. *If God is a DJ, fuckin' kill him!*

»Manic Monday« von den Bangles

Ich bin stocknüchtern, habe Mittagshunger, wär also jetzt gern *zu Tisch*, werfe aber stattdessen mein Kunsthaar in den Nacken und streichele auf meinem müden Körper rum. *»It's just another manic Monday ... ohhhohhhohhh ... wish it was sundaaaay ... cause that's my fun day ... ohhhohhhh«*. Fun-Fakt: Es ist tatsächlich Montag. Mit der Betonung auf Tag. Komisch? Nö. Nicht wirklich.

»Little Lies« von Fleetwood Mac

Unglaublich aber wahr, dieses Lied wird immer wieder gern von den witzigen Rabauken am Mischpult gespielt. Und ich soll ihnen dafür auch noch extra Tip geben, dass sie Songs auswählen, die meine psychologischen aka manipulativen aka schauspielerischen Fähigkeiten noch mehr herausfordern und meinen Job damit unnötig schwerer machen, als er ohnehin schon ist.

Ich zu Gast: »Haha, du hast echt guten Humor! Und dein Lächeln ist *suuuupersexy*!«

Lautsprecher: *Tell me lies, tell me sweet little lies!!!*

Ich zu Gast: »Oh Mann, ich hätte echt Lust auf etwas Champagne Room Playtime mit dir, ich bin heute irgendwie so horny ...«

Lautsprecher: *Tell me liiiiies, tell me, tell me lies!!!*

»Gold Digger« von Jamie Foxx & Kanye West

Das ist genauso ein Anti-Stripclub-Fantasy-Song wie der obige! Natürlich sind wir Girls hier, um Geld zu verdienen. In erster Linie. Wissen die, wissen wir, wissen alle, aber die, wir, alle tun halt so, als ginge es nicht (nur) darum. Über das Soundsystem gerappte Zeilen wie: *»It take too much to touch her (...) I don't say she is a gold digger but she ain't messin with no broke nigga!«* ist ein nicht gerade hilfreicher Soundtrack, wenn man versucht, das Money$Making in den Hintergrund zu stellen, während es doch eigentlich im Vordergrund ist.

»Just an Illusion« von Imagination
Only in my dreams I turn you on. Here for just one moment then you're gone. It's just an illusion, illusion, illusion!

Dazu muss man glaub ich nichts erklären. Dieser Song in Stripclubs: gar nicht cool. Und trotzdem wird er immer wieder, immer wieder gespielt.

Titelsong aus der 90er Sitcom »Der Prinz von Bel-Air«
Mehr als einmal gehört. Und das eine Mal war schon ein Mal zu viel.

»Like a Virgin« von Madonna
Zu diesem Song auf einem älteren Herrn zu tanzen, hat einen unangenehmen Beigeschmack. Etwas gruselig. Was noch gruseliger ist? Dabei zuzusehen, wie gleichzeitig bei dem Gentleman gegenüber ein Mädchen rumrutscht, das so blutjung ist, dass das mit dem »*... touched for the very first time*« vielleicht sogar stimmen könnte. Oooops. *»Like a vir-hir-hir-hir-gin, when your heart beats, next to mine ... lalalala.«*

To Bronx or not to Bronx

Ich sitze auf den Stufen im Treppenhaus zu meiner Wohnung, Lower Eastside, Rivington Street, zwar kurz vor den *Projects,* aber laut meiner Airbnb-Gastgeberin Coco trotzdem schon total durchgentrifiziert mit den dazugehörigen irrsinnigen Mieten.

Jemand hat ihr vor Kurzem zehntausend Dollar geboten, wenn sie aus der schönen kleinen Wohnung auszieht, in der sie seit über neun Jahren lebt, mit ihren zwei Katzen und immer anderen temporären Mitbewohnern. Die Wände in der Wohnung hat Coco crazy bunt gestrichen. Eine Wand ist orange, eine andere mintgrün, wieder eine andere ist lila. Der Kühlschrank ist auch lila, und gestern Abend hat sie den Küchentisch lila gestrichen. Vieles in dieser Wohnung ist lila. Coco ist auch ein bisschen lila. *But in a good way.*

Nun sitze ich da also im Treppenhaus. Draußen ist es zu kalt, und in der Wohnung bin ich zu nervös, denn ich bin natürlich schon viel früher als nötig fertig, weil zu nervös eben. Jetzt sitze ich also auf der kalten Treppenstufe, meine rosa Victoria-Secret-Tasche mit Vorhängeschloss neben mir und warte.

»Bin etwas zu spät. Noch zehn Minuten oder so. Meld mich wenn da«, piept Whatsapp in Grün und sagt mir damit, dass ich nun also noch länger warten muss als ohnehin schon und die unangenehme Aufregung somit noch länger aushalten muss, sowie auch das Bestehen der Möglichkeit, doch noch einen Rückzieher machen zu können oder eben bei der Entscheidung, das hier jetzt durchzuziehen, zu bleiben, 1-2-oder-3 letzte Chance … immer noch nicht vorbei, was das Ganze zu einem insgesamt irre nervenaufreibenden Treppensitzen macht. Noch zwanzig Minuten insgesamt. Zwanzig lange Minuten.

Ich wollte ja eigentlich selbst zum Club fahren und habe das Angebot, mich für dreißig Dollar, »*much cheaper than a cab*«, von einem fremden Fahrer hinfahren zu lassen, dankend abgelehnt. Bin ja trotz allem vernünftig. Aber es ist weit von der Lower Eastside in die Bronx, und der Club ist tief in der Bronx. Fast zwei Stunden mit der Subway und ein ordentlicher Batzen Dollar mit dem Taxi.

»Fahren noch andere Girls mit oder bin ich die Einzige?«, hatte ich Vitali gefragt.

»Es fahren noch andere mit«, hatte er geantwortet. Und: »Nächster Pick-up ist an der 204th Street. Du kannst dich auch da abholen lassen, wenn dir das lieber ist.«

Das war die Antwort, die ich brauchte, um »Okay, na gut, dann mach ich das mit dem Fahrer« zu sagen, und so sagte ich, »Okay, na gut, dann mach ich das mit dem Fahrer« und hatte den Gig damit eingetütet, wie man so schön hässlich sagt. Abholung Rivington Street, 8pm. So schlimm würde es ja wohl nicht werden, vielleicht sogar ganz lustig. Und eigentlich hatte ich auch nur vor der Fahrt Schiss, steige nie zu einem Fremden ins Auto und so, aber so lange ich nicht allein drinsaß, war auch das doch sicher okay?

Noch zwölf Minuten. Mein Bauch grummelt. Ich gebe die Adresse, wo das andere Mädchen abgeholt wird, bei Google Maps ein und scrolle auf der Karte nach oben, am East Village vorbei, Times Square und bin nun schon am Central Park angelangt, noch lange nichts, also weiter hoch, Harlem, langsam ist die Adresse, in der die andere dazusteigt, ganz schön weit weg von meiner, noch weiter hoch, immer noch nix, inzwischen bin ich auf der Karte schon in der Bronx angelangt, und da ist sie dann auch endlich: 204th Street. Die nächste Abholung ist also erst in der Bronx! Na prima. *Fucking asshole.* Clever müsste man sein, von wegen mal vorher nachschauen und so.

Ich bekomme Herzklopfen. Normalerweise bin ich Expertin in Sachen Instinkt. Ich habe einen siebten Sinn, der teilweise ans Hellseherische grenzt, und mein Bauch sagt mir immer, was geht, ob gut oder schlecht. Ich komme selten in Schwierigkeiten, eigentlich nie. Aber mein Bauch ist heute still und sagt einfach mal nichts. Weder yay noch nay. Mein Bauch sagt: »Weiß auch nisch. Musst du selbst wissen.«

Ich schnappe meine Tasche und flitze die Treppen hoch zurück in den vierten Stock. Mal Coco um Rat fragen. Noch sieben Minuten. So langsam muss ich mich wirklich entscheiden, also, hab ich ja schon. Aber wenn absagen, dann doch vielleicht jetzt bald, damit der Mann sich wenigstens die ätzende Ampel Houston, Ecke Pitt Street sparen kann. Ich will gerade den Schlüssel ins Schloss stecken, als mein Handy piept: »Bin da. Kannst rauskommen.« Shit. Na dann. Mein Bauch zuckt immer noch mit den Schultern. Dann eben allein.

Erst noch von einem Müllcontainer verdeckt, entdecke ich auf der Straße jetzt den bekannten schwarzen SUV und hinter dem Steuer: Vitali. Hm. Er ist also der *Driver*. Agenturchef und auch Fahrer, ja? So so. Vitali lächelt nicht, als ich Richtung Auto laufe und ihm zuwinke. Nix freundlich, nix hallo. Ich öffne die Tür und steige hinten ein.

Die Lehne des Rücksitzes ist ziemlich weit zurückgekippt, so was hab ich ja noch nie gesehen, und macht ihrem Namen damit alle Ehre. Hier könnte man gut ein Nickerchen machen. Oder so. Wenn die Boxen nicht so hämmern würden. Gangsterrap. Hallo Klischee. Schön, dich wiederzusehen.

Vitali dreht sich zu mir nach hinten: »Yo! Du kannst nach vorne kommen!« Yo. Immer noch nix hallo. Dann eben nicht.

»Och, nee, danke, aber ich find's gut hier«, sage ich, und so langsam fängt mein Bauch an aufzuwachen und sich mal etwas umzuschauen.

»Sweetie, ich bin kein verdammtes Taxi! Komm nach vorn!«, wiederholt Vitali erschreckend schroff.

Und ich wiederhole erschreckend kleinlaut: »Nee, wirklich, ich sitze lieber hinten!« Und meine das auch wirklich mehr als jemals zuvor. Was geht hier gerade ab? Mein Bauch fragt sich das auch und beginnt ziemlich zu ziehen. Na, von wegen Schulterzucken, *Weiß isch nisch*, was Bauch? Wo warste denn vor 'ner Viertelstunde?

Vitali wird langsam ungeduldig. »Hör zu«, schreit er mich fast an, »du kannst hinten sitzen, sobald die andere eingestiegen ist, aber *jetzt* sitzt du vorn!!!«

»Okay«, sage ich, öffne die Tür und steige aus, wissend, dass ich nie wieder einsteigen werde.

Als ich draußen bin, klingelt mein Telefon. Natürlich nicht wirklich, aber immer, wenn ich Schiss bekomme oder einen schnellen Exit brauche, fällt mir nichts Besseres ein als so zu tun, als würde ich telefonieren. Was weiß ich warum. IPhone statt Pfefferspray. Also, mein Telefon klingelt, und ich gebe Vitali entschuldigende Handzeichen und zum Lippenlesen übertriebene Mundbewegungen: »*S o r r y, j u s t o n e s e c o n d.*«

Vitali schmeißt die Hände in die Luft, genervt, *what a bitch*, und ich verschwinde *telefonierend* hinter dem Container, flitze zur Haustür, stecke mit Herzklopfen den Schlüssel ins Schloss, und husche fix durch die Tür und ganz ganz schnell wieder zurück nach Hause.

Ach der gute alte Telefontrick.

Barhopping

Nun sitze ich top geschminkt, Extensions top gelockt in Cocos bunt bemalter Wohnung, und der Abend ist – nix Bronx – wieder frei. Mein letzter New-York-City-Abend. Im Wohnzimmer liegt Coco auf der Thai-Meditationsmatte, Schrägstrich Sofa, Schrägstrich Bett, und pennt. Die Katzen liegen ihr zu Füßen und pennen auch. Auf dem Fernseher läuft der Vorspann zu »*Two Broke Girls*« in Dauerschleife. Und nun? Das wäre ein zu trauriges Ende eines zugegeben mäßigen, aber trotz allem ja immer noch guten, weil *meinem* Trip. Letzter Abend. New York, da geht doch noch was. Letzte Chance. Du kannst es noch rausreißen.

Nun stehe ich schon zum zweiten Mal Orchard Ecke Stanton Street, dort, wo dieser Burlesque Club sein soll, den ich laut Coco gesehen haben muss, wenn ich schon mal hier bin, und kann ihn aber einfach nicht finden. Hinter mir und vor mir und neben mir sind Pubs und Bars, Menschen sitzen an Tresen und Tischen oder lehnen an der beschlagenen Fensterfront, trinken Bier, Longdrinks, Shots, jung und schön, oder auch nicht, und gut gelaunt. Typen mit Typen, Mädels mit Mädels, auch Typen mit Mädels und mehrere Mädels mit Typ. Aber Mädels ganz allein, so wie ich gerade, irgendwie nirgends.

Das war auch schon mal einfacher, dieses Allein-in-Bars-Gehen. Früher bin ich reinmarschiert, was kostet die Welt, und hab mein eigenes Ding gemacht, getrunken, gefeiert, mich angraben lassen, Menschen kennengelernt, im besten Fall, oder mich abschleppen lassen, na ja. Inzwischen bin ich irgendwie nüchterner. Unmotivierter. Oder wissender. *Been there, done that.* Und auch desillusionierter. Aus all den One Night Stands die Nadel im Heuhaufen herauszusuchen, den Typen, der auch mit 'nem unterhaltsamen Abend vorliebnimmt, ohne mich ins Bett kriegen zu wollen, zu anstrengend.

In solchen Momenten denke ich manchmal, dass mir das Strippen vielleicht etwas genommen hat. Oder mir etwas gegeben hat, wonach ich nicht gefragt habe. Unliebsames Wissen beziehungsweise die nüchterne Feststellung, dass es fast unmöglich ist, in der Nacht jemanden kennenzulernen, der sich auch für mich und nicht nur für meinen Körper und das, was er damit anstellen könnte, interessiert. Aber Moment mal gerade. Stimmt das überhaupt? Seit wann sehe ich das denn getrennt, *Körper* und *ich*? Ich drehe mich schon wieder im Kreis, auf der Straße wie auch im Kopf. Boa, chill mal, Mädchen, lass das Dramadenken, du nervst.

»Es gibt 'ne Regel in NYC: Ein hübsches Girl sollte niemals allein auf der Straße rumstehen«, reißt mich endlich jemand aus meinen viel zu angestrengten Gedanken. Gott sei Dank, gerade noch rechtzeitig. *Körper und ich*, blablabla. Bäh.

Ein Typ, so Anfang dreißig, lächelt mich super nett an und lacht, und ich lache zurück: »Oh, ist das so?« Und er sagt: »Yep. Deshalb lade ich dich jetzt auf 'nen Drink ein, okay?« Und ich sag: »Okay!«, und bin froh über endlich etwas Gesellschaft. Man wird seltsam, wenn man nur sich als Gesprächspartner hat. Zu viel mit sich Alleinsein ist ungesund und eigentlich auch nur was für Feiglinge. Er hakt mich unter, und ich hake zurück und denke, na siehste New York, geht doch, und wir marschieren in die nächste Bar.

Rasheed ist Financetyp (natürlich), aber sieht aus wie aus einer Werbekampagne für The Kooples oder Scotch & Soda oder irgendein anderes Fashion-Label, das sich an intellektuell-kreative, trendbewusste junge Großstädter richtet. Er trägt einen top geshapten schwarzen Vollbart, der garantiert mit speziellen Bart-

Pflege-Produkten von Kiehl's gegroomed wurde und einen blauen Turban, so wie sie die Inder eben tragen.

Rasheed hat indische Wurzeln, ist aber in San Francisco aufgewachsen, und ich bin neugierig, weil diese Kopfbedeckung ja auch bei nicht-indischen Boho-Hippie-Hipstern gerade total im Trend ist. Yoga, Vegan, Mind, Body & Soul und so. Spiritualität als Lifestyle. So ganz habe ich die Sache mit dem Turban-als-Fashion-It-Piece aber noch nicht verstanden, und ich werde Rasheed nachher mal fragen. Gut, dass ich ihn kennengelernt habe.

Rasheed findet es auch gut, dass er mich kennengelernt hat, glaube ich, denn er scheint von allem, was ich sage, begeistert und fasziniert zu sein, und dabei habe ich mein Ass im Ärmel, die Sache mit dem Strippersein, gar nicht rausgeholt. Wenn man nicht möchte, dass das Gespräch wie ein Vorspiel zum Sex abläuft, erzählt man das einem Fremden lieber nicht. Klingt zu sehr nach Einladung.

»Wow, du bist so cool, irgendwas *kann* mit dir doch nicht stimmen«, versucht Rasheed etwas ungeschickt auszudrücken, wie toll er mich findet. »Du bist nicht irgendwie total crazy und fackelst mein Bett ab, oder?«

»Keine Sorge, werd ich nicht«, sage ich sofort, »allein schon deshalb, weil ich dein Bett nie zu Gesicht bekommen werde.« Ich hoffe, das war deutlich genug. Denn wenn das gerade Rasheeds Wink mit dem Zaunpfahl war, ist der Zaunpfahl jetzt schön in mehrere Teile zersägt und die message hoffentlich angekommen.

»Lass uns in meine Lieblingsbar gehen!«, schlägt Rasheed vor, und ich sag wieder: »Okay!«, und los geht's, trip-trap-trip-trap-bergauf-bergab durch die Lower Eastside rüber ins East Village. Rasheed mag die Sache mit dem Körperkontakt und hakt mich wieder unter oder legt den Arm um meine Schultern oder so, und mich nervt das etwas, denn ich kann ganz gut allein gehen, und ich kenn den Typen ja auch gar nicht. Wenn ich betrunken bin, können wir noch mal reden, aber im Moment geht's noch ganz gut, und so winde ich mich galant aus seinen lockeren Fußweg-Umarmungen und versuche, mit dem Lenken auf ein unsexy Thema die Richtung des Abends vorzugeben.

»Ich würd dich gern was fragen«, fange ich an, »sorry, wenn das zu persönlich ist, aber die Sache mit dem Turban, ist das was Religiöses oder hat das kulturelle Gründe?«

»Ach, is langweilig«, meint Rasheed nur, »erzähl ich dir in der Bar.«

Na gut.

»Ich würd dich auch gern was fragen«, jetzt ist Rasheed dran: »Was ist der verrückteste Ort, an dem du jemals Sex hattest?«

Oh nee, Mann ey, Typ! Im Ernst jetzt? Ich sehe, was er hier versucht, sexy Stimmung und so, Vorbereitung zum Angriff, oder zum *close,* wie selbsternannte Pick-up-Artists wie er das Flachlegen von Eroberungen ja nennen, und selbst wenn jemals eine Chance für mich in seinem Bett existiert hätte, spätestens mit diesem Billo-Baggern hier tut sie das nicht mehr.

Mein Gang wird sofort unelegant, burschikoser, beiläufiger. Vielleicht auch mal auf die Straße spucken oder bisschen pupsen. Na, im nächsten Schritt, wenn's sein muss. »Och, weiß auch nicht«, sag ich, muss ja irgendwas antworten, und versuche mich in einem betont unerotischen Tonfall. Hat also doch noch was Gutes, die Erkältung und das viele Rauchen in letzter Zeit. »Naja, ich hab ja schon 'ne ganze Weile Sex, bin ja keine zwanzig mehr«, röchel ich mit breitbeinigem Stampfschritt, «kann mich also echt nicht erinnern« und denke Flugzeug/Autorücksitz/Baustelle und ärger mich inzwischen, dass wir so weit laufen müssen zu dieser doofen Lieblingsbar. Das muss ich alles wieder zurücklatschen gleich.

Als wir in die nächste Straße einbiegen, sind wir wohl da, denn Rasheed bleibt stehen. »Willst du mal was richtig Cooles sehen?«, fragt er, und ich nicke, war ja wohl eh 'ne rhetorische Frage. »Von diesem Dach da hat man einen abartig schönen Blick über die ganze Stadt.« Er zeigt zu einem flashy Wolkenkratzer-Wohnhaus-Ding auf der anderen Straßenseite. New-York-Ausblick ist natürlich toll, aber mir ist ehrlich gesagt langsam kalt, und außerdem ist so ein New-York-Ausblick nicht nur toll, sondern auch romantisch, und ich habe ja keinen Bock auf Romantik und den Arm-über-Schulter-huch-verrutscht-move. Ich will einfach nur ein Bier mit 'nem halbwegs normalen Menschen trinken und mich dabei halbwegs gut unterhalten. Aber das ist wohl Quatsch.

»Was ist das für ein Gebäude?«, frage ich ihn und nehm den letzten Zug von meiner Zigarette, neben uns ist 'ne Bar, das wird sie wohl sein, und ich freu mich aufs Warme gleich und auf 'nen Drink und vielleicht hat er's ja inzwischen kapiert, und vielleicht wird es ja doch noch ganz lustig.

»Da wohne ich …«, sagt Rasheed und grinst, und ich grinse auch, aber anders, und denke: *Och bitte* und sage, »Vielleicht nachher. Mir ist ganz schön kalt. Lass uns erstmal was trinken.«

Rasheeds Telefon klingelt. Er entschuldigt sich, »Sorry, nur ganz kurz«, und geht ran. »Hallo? Was? Oh, echt? Jetzt?« Rasheed gibt mir entschuldigende Handzeichen und macht überdeutliche Mundbewegungen zu: »*Sorry. Work. Gottago.*«

Dann ist er verschwunden. *Telefonierend.* Über die Kreuzung in die nächste Seitenstraße, wo vielleicht schon das nächste Mädchen allein rumsteht. »«Es gibt 'ne Regel in NYC: Ein hübsches Girl sollte niemals allein auf der Straße rumstehen.«

Ach der gute alte Telefontrick.

Fuck You, New York.

BERLIN

Über Macht

»Wenn ich dich so anhöre, dann glaube ich, dass es die Kontrolle und die Macht ist, die dir an dem Job so gefällt.« Das war Robert. Robert ist Ende vierzig, gutaussehend, erfolgreich. Bei der Frage trägt Robert Jeans mit teurem Sakko und nippt an einem guten Whisky. Wir sitzen in irgendeiner besseren Hotel-Bar. So eine mit teurer angezogenen, besser verdienenden, erwachseneren Menschen als die Bars, in denen ich sonst so bin. Und besseren Drinks eben.

Robert fragt viel über mein Stripleben, und ich antworte nur allzu gerne. Über nichts rede ich lieber. So ist das wohl mit Leidenschaften. Robert ist auch gar nicht mal so skeptisch, was meine Beweggründe betrifft, auch wenn er natürlich mehr zu finden versucht als das bloße »Es macht mir einfach so viel Spaß«. Das versuchen sie alle, und lange habe ich mitgemacht und verunsichert nach dem Splitter im Finger gesucht, der Opferrolle, dem psychischen Knacks, der Leere nach dem Hoch oder so. Aber nicht viel gefunden. Was mich dann noch mehr verunsichert hat. Inzwischen lasse ich mir schon lange nix mehr einreden und bin einfach froh, so zu sein wie ich bin. Sollen sich andere doch den Kopf darüber zerbrechen.

Roberts Ansatz ist also die Macht. Dass es die Macht ist, nach der ich strebe und die mir den Kick gibt. Und Robert hat ja auch nicht ganz unrecht damit. Ob ich es gut finde, wenn ich auf der Bühne stehe und mit bloßer *attitude*, Ausstrahlung und Selbstverliebtheit einen Raum einnehme und manipulieren kann, sodass der gutaussehende Mann da drüben sein Gespräch unterbricht, um zu mir hinüberzusehen? Na klar! Und wie! Ob es mir einen Kick gibt, wenn ich es schaffe, in kürzester Zeit zu ergründen, wie ein Gast tickt und wie ich ihm begegnen muss, damit er sich wohlfühlt und deshalb gerne viel Geld zahlt für noch mehr Zeit mit mir, Private Dances, beides? Na sicher! Es ist super!

Ob mir Manipulation Spaß macht? Logo! Ich bin topfit, was Menschenkenntnis, Gespür und psychologisches Geschick angeht, und hier wird es endlich mal gefordert! Hier darf ich, hier soll ich, hier bezahlen mich die Gäste dafür, dass ich ihnen wortwörtlich den Kopf verdrehe. Das ist ja der Sinn der Sache. Deshalb kommen sie hierher. *That's the whole point baby!* Was das damit zu tun haben soll, dass ich Männer nicht mag oder sogar verachte und deshalb die Macht genieße, verstehe ich nicht, und ich finde es anmaßend und unverschämt, das anzunehmen, denn ich liebe Männer. Ich liebe Menschen. Männer, Frauen, alles dazwischen, jung, alt, dick, dünn, arm, reich. Und ich liebe ihre Schwächen und Unsicherheiten, genauso wie ihre Stärken und Leidenschaften, von denen sie mir erzählen und sich vielleicht ein bisschen freuen, dass ich nicht darüber lache, wie vielleicht die Ehefrau zu Hause sonst. Natürlich gibt mir dieses Gespür für Menschen irgendwie Macht, und ich nutze sie zu meinem finanziellen Vorteil. Das ist aber der bekannte Deal. Das ist mein Job. So funktioniert Stripclub. Und alle haben etwas davon. Ich und auch der Gast. Verachtet ein Autoverkäufer Autofahrer, weil er es schafft, sie um den Finger zu wickeln und ihnen ein Auto zu verkaufen (weshalb sie ja ins Autohaus gekommen sind)? Verachten Werber Männer, Frauen, Kinder, weil sie sich die Kunst der Manipulation zum Beruf gemacht haben und sehr viel Geld damit verdienen, ihnen Dinge zu verkaufen, die sie vielleicht gar nicht brauchen? Da fragt niemand nach.

Ein Tag im Büro

»Die Darsteller sind alle zu werblich, zu glatt. Wir möchten *echte* Menschen, Authentizität!«

Ich lege auf und hole tief Luft. Dieser Satz fällt in der Welt der Werbefilmproduktion deutschlandweit bestimmt zwanzig Mal am Tag. Was rauskommt, sind dann eh immer die gleichen Werbespots, während denen Timmi und Tommy mit Papi Pipi gehen und Markus Bier für sich und Schoki für Schatzi holt und noch schnell heimlich im Flur pupst. Alles der gleiche Bockmist mit den gleichen langweiligen Gesichtern schöner, gesunder, glücklicher Menschen, die den Querschnitt unserer Gesellschaft repräsentieren sollen. Hässlich, krank, unglücklich verkauft sich eben schlecht.

Heute bereite ich die Dreharbeiten für ein Schokoei vor. Der Regisseur kommt aus irgendeiner angesagten Metropole und lebt aber auch noch in irgendeiner anderen angesagten Metropole. Also beides. Und noch irgendwas drittes. Irgendwas mit Meer oder Natur. Er wurde extra für dieses Projekt eingeflogen von irgendwoher (man sagt, er wurde *eingekauft*). Mitgebracht hat er seine Frau und seine persönliche Producerin und seine kleine Tochter und seine kleine Nanny. Alle wohnen schicki im Soho. Eh klar. Macht man so. Das Budget für diese vier Werbespots zum Schokoei liegt bei einer Million Euro. Ob man diese Summe später sieht in den fünfundvierzig-sekündigen Nichthandlungen, in denen ein biologisch ernährtes Privatschulkind auf einem Sisalteppich hin und her robbt und mit der Taschenenergiesparlampe Monster jagt, während Mutti im Türrahmen glücklich gluckst, ist fraglich.

Ich bin aber dankbar für diesen Job. Nein, anders, ich gebe mir Mühe, dankbar zu sein für diesen Job. Ich bekomme ja Geld. Immerhin. Zwar zu wenig für das, was ich mache, und dafür, wie lange ich es jeden Tag mache, wenn ich es mache, aber es ist trotzdem gutes Geld, und andere wären froh über diesen Tageslohn. Wieder andere wären froh, überhaupt einen Job zu haben, und wieder andere wären superfroh, auch noch so einen *coolen* Job zu haben. Denn das ist er ja immerhin, *supercool* oder? Weil was mit Medien und weil das ins Fernsehen kommt, und alles, was ins Fernsehen kommt, ist ja cool. Ich will mich also nicht beschweren. Ich lerne *coole* Menschen kennen, werde ab und zu auf *coole* Partys eingeladen, arbeite mit *coolen* Leuten zusammen und kann *coole* Klamotten tragen. Bürokostümchen muss nämlich nicht hier. Sven aus dem Post-Produktionsdepartment trägt sogar Hausschuhe. Auch das – völlig okay. Die Bürogemeinschaft als Erwachsenen-WG, komplett mit Club-Mate-Kühlschrank und Espressomaschine. Und man duzt sich natürlich.

»Du, schreibst ihm mal ’ne E-Mail, dass wir das so machen wie eben besprochen, aber bevor du sie abschickst, möchte ich da noch mal drübergucken, okay.« Das war mein Executive Producer.

Also schreibe ich:

Lieber XY, *wie besprochen habe ich euch Flüge von Bla nach Bla gebucht. Einchecken kann ich euch zu diesem Zeitpunkt leider nicht mehr. Das müsstet ihr bitte selbst vor Ort machen. Auf Grund der Kurzfristigkeit kann ich euch leider auch keine* XXL-*Seats buchen. Auch das müsstet ihr bitte vor Ort am Schalter erfragen. Katy wird sich am Flughafen darum kümmern. Katy wird auch wie gewünscht eine Auswahl an mehrfarbigen Sweatshirts dabei haben, sodass ihr Optionen anbieten könnt. Guten Flug!*

Ich schicke sie an meinen Executive Producer, zum Drübergucken, wie gewünscht, und ein paar Minuten später klingelt das Telefon. Er ist dran. »Hey, äh, ja. So. Moment, ich muss hier eben noch mal 'ne E-Mail … warte … bist du am Rechner? So … Moment … ah, fuck … äh, ich ruf dich noch mal an.« Klack. Klack. Aufgelegt.

Ich lege den Hörer zurück, nehme das Handtelefon und steck es mir hinten in die Hose und gehe erst mal in die Küche. Noch 'n Latte macchiato. Vielleicht auch Brötchen mit Biokäse. Wie immer, aber was soll's. Vielleicht auch lieber Bionade statt dritten Kaffee. Ach, egal. Mittagessen wird auch nix heute. Wir stehen kurz vor dem PPM – dem Pre-Production-Meeting –, da gibt es Wichtigeres. Auch viel *Politisches*. Was das in diesem Zusammenhang eigentlich bedeutet, also *politisch*, habe ich nach sechs Jahren Werbe-Firlefanz immer noch nicht verstanden. Das Wort taucht meist dann auf, wenn es um Befindlichkeiten und Hierarchien geht. Um: Wer hat das Arschkriecher-Vorrecht, und wer macht den Knecht. Um: Da lässt sich einer vom kleinen Mann nichts sagen, weshalb mal eben der große Mann ranmuss. Der große Mann macht das dann, ist ja was *Politisches*, und nimmt den anderen großen Mann souverän zur Seite, ganz ruhig, Arm über der Schulter, weit ab vom Fußvolk, und macht das Ding klar: »Hey, großer Mann, mal von einem großen Mann zum anderen großen Mann, also so unter uns großen Männern quasi, hehe, also du, das Sweatshirt, das mit den gelben Punkten, genau, ja, das sollten wir schon so machen. Da hat die Katy schon recht.«

Dann wird der Pulli mit den gelben Punkten fotografiert und in Präsentationen eingebaut und auf Papier gedruckt, ganz oft, und an alle Wände geklebt, ganz oft, und alle wissen jetzt, der Pulli mit den gelben Punkten, der isses! Aber bis eine so wichtige Entscheidung wie diese steht, wird viel gewuselt, getippt, telefoniert, gestritten, Papierberge angehäuft, anprobiert und ausprobiert und über den Haufen geworfen. Und manchmal wird es dann eben auch mal *politisch,* und der große Mann muss seinen Arm um die Schultern des anderen großen Mannes legen.

Ich nehme den ersten Schluck von meinem perfekt braun-beige-weiß geschichteten Latte macchiato (wenn ich groß bin, will ich auch so eine Espressomaschine!) und bekomme schon jetzt einen aufgeblähten Milchbauch. Als ich noch fest angestellt war, dachte ich mal, ich hätte jetzt auch so eine Laktoseunverträglichkeit und habe nur noch nussige Sojamilch in meinen Fairtradekaffee geschüttet, was meinen Bauchschmerzen aber nur mäßig geholfen hat. Dann hab ich gekündigt, und auf einmal war sie wieder weg, die Laktoseunverträglichkeit, und die leckere Vollmilch war wieder da. Jetzt arbeite ich nur noch projektweise, von Milchbauch zu Milchbauch quasi.

Mein Hintern klingelt. Ich nehme das Telefon in die Hand. Es ist wieder mein Exec: »Äh, ja, so. Eben schnell, also Mail hab ich gelesen. Warte mal, Telefon klingelt, Moment … So. Ja. Ähhhh … (hektisches Tippen) … so, ja, also E-Mail. Ja, is nich so gut, ne! Das hast du 'n büschn ungeschickt formuliert. Du, du musst da echt aufpassen, is 'ne politische Sache, da müssen wir uns echt konzentrieren. Also, ich korrigier das ma eben schnell, und dann schickst du's raus. Alles klar? Juti. Ciaociao.«

Juti. Na dann. E-Mail schreiben hab ich also verkackt. Nasowas. Ich bin aber nicht beleidigt. Ich denke nur: meinetwegen. Wenn es dir ein besseres Gefühl gibt, großer Mann, dann machen wir das so. Denn darum geht es ja irgendwie ganz viel. Den Wichtigen ein gutes Gefühl geben. Das Gefühl, dass alle wie irre arbeiten, obwohl das Ergebnis mit nur halb so viel Stress und Nervenzusammenbrüchen in Wirklichkeit genauso gut oder besser wäre. Das Gefühl, dass Entscheidungen und Mechanismen schwieriger, komplizierter, wichtiger sind, als sie es in Wirklichkeit sind, damit der Zirkus Berechtigung findet. Das Gefühl, dass man ehrfürchtig und ergeben ist vor Menschen und Ideen, auf Grund ihrer *amazingness.*

Das Gefühl, dass wir alle hier an etwas ganz ganz Großem, ganz ganz Wichtigem arbeiten. Großes Kino. *Big stuff man. Biiiig stuff!* Sich gegenseitig dieses Gefühl vermitteln, damit das Kartenhaus nicht zusammenbricht und alle merken, wie überschaubar und irrelevant die Sache doch in Wirklichkeit ist, und wie überschaubar und irrelevant wir daher vielleicht selber doch eigentlich sind. Nämlich auch nicht mehr wert als Manfred und Margot in Kleinkleckersdorf. Nur lässiger dabei, mit cooleren Frisuren.

Apropos coole Frisuren. Ich mag meine Kollegen. Die sind toll. Also die meisten. Klar, es gibt hin und wieder einen, der sich vermutlich heimlich darauf einen runterholt, dass er so'n geilo Typ ist mit so 'nem geilo Job. Dabei auch noch so iiiiiirre *handsome* und auf zack, auf seinem geilo Fixifahrrad, *ohmygosh, yeay me*! Coole Hunde, diese Jungs. Saucool! Wuff! Aber ob sie echt so happy sind beim Cooler-Typ-Sein ist fraglich. Denn dann wären sie vielleicht netter.

Aber was soll'n sie denn auch machen? Man braucht ja 'nen Job. Und man braucht Geld, am besten viel. Nicht jeder steht nämlich *nicht* auf repräsentative Dachgeschosswohnung und Barbour-Parka und Apple-Komplettausstattung unterm lässig tätowierten Unterarm. Und auch nicht jeder hat die Möglichkeit, sich einfach Scheine in den Schlüpper stecken zu lassen. Und auch nicht jeder hat da vielleicht Bock drauf. *Surprise! Surprise!* vom Lotterleben verwöhntes Mädchen.

Außerdem ist es ja auch gar kein so schlechter Kompromiss, das mit den Medien, das mit der Werbung. Klar, also eigentlich wollte man mal was anderes. Film, Spielfilm. Doku zumindest. Und irgendwie, wie ist das denn noch gleich passiert, ist man dann da hängengeblieben, bei diesem Dings mit der Werbung, was zu Anfang ja auch irgendwie ähnlich wirkte. Und als man es dann gemerkt hat, dass das ja ein Wolf im Schafspelz ist, war es dann auch irgendwie schon zu spät oder auch egal. Denn das lief ja ganz gut, und irgendwie war es ja auch ganz cool, und die *Soho-House-Membership*, die es dazugab, war ja auch irgendwie ganz lässig. Klar, viel Freizeit blieb da nicht mehr. Von all den großen Dingen, die man mal vorhatte, ganz abgesehen. Aber immerhin war es doch recht kuschelig auf dem Ligne-Roset-Sofa nach Feierabend, und das, also *das*, hätte man sich mit 'nem Dokujob ja wohl nicht leisten können!

Und ganz ehrlich, es sind ja sicher auch nicht alle unzufrieden. So ein bisschen zufrieden, also so genug zufrieden sind doch sicher die meisten. Und das reicht doch.

»Na, und immerhin kurbeln wir mit unserem Werbeplemplem die Wirtschaft an!«

Das hab ich mal jemanden sagen hören, und das hab ich mir gemerkt für die Momente, in denen ich mit Ohrensausen und krummem Rücken bunte Bilder in eine Powerpoint-Präsentation einfüge im unbedingt einheitlichen Abstand zueinander und das alles, aber »bitte ganz ganz schnell, fixfix, die warten drauf, ja?«. Ich mache dann, ganz ganz schnell, fix fix, ja, ja, ignoriere Ohrensausen, Hunger und Pipidrang und tippe, schreibe, schiebe und copy-paste mit angehaltenem Atem, als ginge es um Menschenleben. »Wie lange brauchst du noch? Wie lange?! Schaffst du's?«, fiebert man mit mir mit. Natürlich schaffe ich es. Man schafft es ja immer, muss ja. Und so läuft die Präsentation pünktlich an der Leinwand des Konferenzraums, und es kann bei Bio-Bagel und Getränk-nach-Wahl debattiert werden, ob nun gelbe, blaue oder rote Punkte die Message des Produktes besser transportieren.

Ich bin am Ende eines solchen Tages erschöpft, ausgepowert und fühle mich stumpf, leblos und leer. Und für was? Nackt für einen fremden Mann zu tanzen, um ihn für eine Weile vergessen und genießen zu lassen und ihm ein gutes Gefühl über sich selbst zu geben, erscheint mir dann wieder mal so vernünftig und so gut.

MIAMI

Hochkommen

Das Hochkommen ist immer schwer. Immer. Ich habe den Abschied hinter mir, und eigentlich sollte sich jetzt längst ein Gefühl elektrisierender Vorfreude einstellen. Drei Spielfilme, mehrere Serien und ein ungelesenes Buch später stehe ich an der Passkontrolle, und von Vorfreude ist nichts zu spüren.

»Business or holiday, Ma'am?«

»Err, just holiday!«

Das habe ich während der ewig langen Warterei eben geübt. *Just holiday. Yeah, holiday. Holiday, yes, Sir.* Die Vorstellung, dass mir so kurz vor dem Abenteuer der Eintritt ins Land verweigert werden könnte, aufgrund der Annahme, dass ich hier illegal arbeiten möchte, erzeugt bei mir gemischte Gefühle. Das Gefühl von Versagen und tatenlosem Zurückkehren einerseits und ein großes, goldenes Gefühl wärmender Erleichterung andererseits. Nun muss ich also wieder zurück in meinen Alltag, zurück zu dem, was gewohnt und sicher und gut und nett ist. *Phew. Thank you, officer!* Doch der klappt nur meinen Reisepass zu, reicht ihn zurück und lächelt mich recht freundlich an. *»Enjoy your trip, Ma'am!«* Das nervöse Bauchziehen bleibt also, und ich trotte weiter auf diesem anderen Pfad. Der, von dem mir Lebensweisheits-Kalender in lila Schreibschrift sagen, dass es der Richtige ist, weil unbetreten. Fußspuren hinterlassen. Barfuß eigene Wege gehen und so. Blabla. Was ist denn eigentlich so verkehrt an Birkenstock und Bürgersteig? Mann!

Das Hochkommen ist immer schwer und nicht wirklich angenehm. Veränderung ist super, klar, aber das Ungewisse macht auch Angst, deshalb ist es ja so reizvoll, und je älter ich werde, desto härter muss ich mich schubsen, von diesem Klippenrand. Muss mich quasi mit aller Kraft schieben gegen den Widerstand des Festhaltens am Boden. Manchmal versuche ich mich auch nach dem Sprung noch festzuklammern, an der Klippenkante, verzweifelt, ängstlich. Oder an dünnen Ästen oder so. Aber das ist anstrengend und klappt eh nicht für lange Zeit. Deshalb lieber gleich aufgeben und loslassen! Loslassen, sich fallenlassen und ihn einfach genießen, mit geschlossenen, wachen Augen, den Sprung ins Unbekannte. Ins verheißungsvolle Dunkel. Einatmen, die Arme weit ausbreiten und zu schwimmen beginnen, frei wie eine Meerjungfrau in der glitzernden Tiefe.

Draußen vor dem Flughafen schmeißt sich die Sonne in mein Gesicht, und der Himmel schreit blau. Ich hole tief Luft, setze meine Sonnenbrille auf und beginne, mich zaghaft zu freuen. Der Bauch zieht noch immer, aber so langsam fühlt sich das gut an.

Loslassen

Ich weiss nicht, was es ist am Strippen, das mich jedes Mal vorher ängstlich und feige werden lässt.

Es ist Dienstag, und ich bin nun seit drei Tagen in Miami. Der Jetlag ist weg, die sexy Sommerbräune da, und mit meinen neuen amerikanischen Beautytools kann ich meine Haare in zehn Minuten so glamourös und zauberhaft stylen, als wäre ich seit eh und je ein Partygirl. Die Hiphop-Daddys fahren ihre fetten Hummer-Limousinen im Schritttempo neben mir her und pfeifen »Heeey, Babyyy« über ihre auf dem heißen Blech ruhenden Gold-Bling-Arme, und hübsche Lunch-Break-Jogger begrüßen mich mit einem Zahnpasta-gelächelten *»Haven't we met on a yacht?«*. Ich bestelle meinen Café con leche beim Kubaner an der Ecke und trage mit souveränem Was-kostet-die-Welt-Hüftschwung Minikleidchen zum Bäcker, die ich woanders nur beim Private Dance tragen würde. Ich bin angekommen. Könnte man sagen. Die Zeit der Orientierung ist mehr als vorüber. Doch statt auf den Bühnen der Stripclubs zu stehen, wegen derer ich gekommen bin, hocke ich in meiner Wohnung. Haare geglättet und *Eyes sexy smokey* sitze ich auf dem Sofa und trinke kalten Kaffee. Ich habe den Bus verpasst. Einen von vielen und der letzte, der mich rechtzeitig zur Audition gebracht hätte. Leider, ja. Schade, wirklich. Aber ich hab es probiert. Natürlich, klar, es war ein bisschen last minute alles. Sicher. Es wär schon gegangen. Und die Frau am Telefon vorher war auch wirklich freundlich, zugegeben:

»Auditions sind jeden Nachmittag von drei bis sechs. Du kannst einfach vorbeikommen. Bring Minikleid und Heels mit, und wenn du genommen wirst, kannst du noch am selben Abend arbeiten.«

Easy. So easy. Und ich hab es trotzdem geschafft, es nicht zu schaffen. Und so sitze ich hier bei Kaffee und Keks, und ein warmes Gefühl der Erleichterung, das sich unvermeidlich einstellt, wenn man zur sicheren Bequemlichkeit gezwungen wird, verdrängt langsam und sanft den Kobold auf der rechten Schulter, der mit Stripperheel in der Hand wirbelt und wütend schimpft: Du blöde feige Kuh!!! Erleichterung. Warm und wohlig. Wie Valium gegen Herzrasen. Dabei liebe ich das Herzrasen doch so. Warum dann die Angst? Vielleicht, weil es so echt ist. Und dabei so nah am Bösen. Und dabei so gut. Vielleicht auch, weil ich beim Strippen in eine Rolle schlüpfe, die keine ist, eine Art Transformation unter die eigene Haut oder so. Wie ein Werwolf, der sich, bevor er wildverliebt durch den schwarzen Wald tanzt, erst windet und sträubt und gegen sich selbst zu wehren versucht, mit glühenden Augen und heißem Atem. Vielleicht ist es das. Denn das, was man vielleicht vermuten würde, dass es das eigentlich Nackte, Dreckige, Dunkle ist, was mir Angst macht, ist es glaub ich nicht. Denn das ist einfach. Das Nackte, Dreckige, Dunkle. Gruselig einfach.

Tootsies

»*Anything helps. God bless.*« Die Frau ist circa vierzig oder fünfzig, vielleicht sogar jünger, so genau weiß man das bei Junkies ja nicht, und torkelt verloren und traurig durch den fünfspurigen Verkehr, der sich zu ihrem Glück und meinem Verderben zähflüssig und träge im Schritttempo fortbewegt. Das Schild ist feuchte Pappe plus Gekritzel mit altem Edding und mit Paketschnur an ihren schmutzigen Hals gebunden.

Ich bin nun schon geschlagene drei Stunden auf dem Weg zu dem Club, für den im Internet eine Fahrtzeit von anderthalb Stunden Bus, dann Fußweg, wieder Bus, noch mal umsteigen, dann noch mal Bus angegeben ist. Das war mir ja eigentlich auch schon zu lang, aber hey, *anything helps. God bless.* Ich hatte mir heute Morgen mein Verpflichtungen-sind-super-Verpflichtungen-befreien-Verpflichtungen-machen-stark-Mantra so oft aufgesagt, dass ich nun eisernen Willens bin, das Ding durchzuziehen und die Reise zu Ende zu bringen. So lange sie auch gehen möge, wie viele Busse ich noch besteigen müsste – schmerzende Füße, blutendes Herz, durch Florida-Regen und tropische Stürme, ich geh durch den Monsuuuuuuun, bis ans Ende der Weeeeeelt!

»Macht neunzehn Dollar, Ma'am«, sagt der Mann mit Mütze mit Blick in den Rückspiegel. Auf den letzten Metern hab ich dann doch aufgegeben, scheiß aufs Geld, und mich erschöpft aber erleichtert in die lenkenden Hände eines Taxifahrers gegeben. Wieder zwanzig Dollar weg, aber whatever. Wenigstens bin ich jetzt da. Tootsies Cabaret! Megamall der Nackttanzbars und von der weltweiten

Tittielover-Community zur Nummer eins der American Stripclubs gewählt. 100+ Mädchen von 12 Uhr mittags bis 5 Uhr morgens! Und Breakfast! Steak! Chickenwings! Plasmascreens und billiges Bier! *Full Nudity & Full Friction!* Siebentausend Quadratmeter materialisierter Männertraum! Mein Herz hüpft ungeduldig und fiept schüchtern »*Yeeeeayyy!*«. Ich gebe dem Taxifahrer seine Dollar, lehne sein Angebot, auf mich zu warten, dankend ab und flitze über den Parkplatz, der so groß wie der eines Ikea-Kaufhauses ist, auf den überdimensionalen Eingang zu.

Irgendwie erinnert mich das hier an eine dieser großen familienfreundlichen Unterhaltungsspielhallen, die es in der deutschen Provinz manchmal gibt. *Rutschparadies, Kletterlandschaft, Bällebad – lassen Sie die Kinder toben, während Sie sich in unserem Gastro-Bereich entspannen*. Irgendwie ist das hier nämlich auch eine große Unterhaltungsspielhalle, nur eben für Erwachsene. Und nicht minder gigantisch. In der Luft blinkt es rot-gelb-neon, und an den Wänden hängen riesige Leinwände, auf denen kolossige Footballplayer miteinander raufen, während auf der Hauptbühne, die so groß wie die eines Stadttheaters ist, Bikinimädchen um Stangen trippeln, die so hoch unter die Decke ragen, dass man dort oben vorbeiziehende Wolken vermutet. Es ist fantastisch! Ein lautbunter Zirkus der Dreckigkeiten!

Gemütlicher Duft von Brathähnchen und Bier liegt in der Luft. Am Bühnenrand, der Tiprail, streckt gerade eine ihren Oberkörper mit gespreizten Beinen so weit nach vorne, dass ihr blitzeblanker Latina-Popo ins Scheinwerferlicht poppt. Ein Gast, vielleicht eine Bierflaschenlänge vom Ass-Spektakel entfernt, tätschelt sie anerkennend und legt ein paar Dollar neben sie auf die Bühne. Er trottet zurück zu Kumpels und Steak. Sie twerkt sich die Tiprail weiter zum nächsten Zuschauer.

»Hi, ich bin Jeffrey, du willst vortanzen?« Ein freundlicher Herr in Tootsies-Uniform, blaues Polohemd mit rotem Sticklogo, schüttelt mir die Hand und führt mich zu einem gläsernen Raum mit Computerterminal und Stehtischchen. »Das hier ist unser Auditionoffice«, sagt er und: »Hast du deinen Ausweis mitgebracht?«

»Ja, aber der ist deutsch«, antworte ich und reiche ihm meinen Reisepass in der Hoffnung auf genau *das* Fehlen von Rechtschaffenheit, für das Miami ja so bekannt ist.

»Hm, okay, hast du auch noch was Amerikanisches? Irgend 'ne Art Arbeitserlaubnis? Studenten-Visum vielleicht? Irgendwas?«, fragt er, und ich schüttele den Kopf, nein leider nicht, und fühle mich leicht dumm, dass ich mal wieder angenommen hab, es würde schon klappen irgendwie. Warum? Darum. »Tut mir leid, Honey, aber so können wir dich hier nicht arbeiten lassen.« Er gibt mir meinen Pass zurück und schaut mich mitleidvoll an. »Aber du wirst sicher andere Clubs finden, die da ein Auge zudrücken. Wir sind einfach zu groß dafür. Wir sind ein börsennotiertes Unternehmen, weißt du.« Ein Stripclub an der Börse. Na so was.

Draußen stehen relaxte Cops in der Sonne und drücken für ein paar Mädchen und Angus-Steak beide Augen zu, während in den Champagne Rooms wasauchimmer geht. Zwielichtigkeit sickert aus jeder verschwitzten Pore dieser glühendheißen Stadt. Und ich deutsches Mädchen aus gutem Hause darf nicht mal ein paar Tage hier Popowackeln.

»Kann ich mich trotzdem mal ein bisschen umsehen?« Ich hatte heute schon zu viel Zeit in eisgekühlten Bussen und Taxen verbracht. Einfach nur etwas Stripclub-Lovin' zum Wiederwarmwerden bitte, und wenn nicht schon von der Bühne aus, dann wenigstens vom Bühnenrand.

Mit einem Drei-Dollar-Bier und einer Portion Sweet & Sour Chickenwings setze ich mich neben eine Gruppe von halbstarken Jungs und bin gespannt, wie es sich anfühlen wird, dieses

Stripclubding mal aus der Perspektive eines angezogenen Gastes zu erleben. Auf der Bühne wirbelt eine Girl-next-door-Blondine zum lauten »I love Rock'n'Roll«, und in meinem Mund mischt sich süßes Fleisch mit kaltem Bier und schmeckt nach Friday-Night-Freedom. Männerabend. Ich fühle mich wie ein Dan oder John, etwas über vierzig, mit weichem Bauch und Bartstoppeln und Frau und Kindern im Eigenheim. Wüsste ich, wie man rülpst, würde ich das jetzt vielleicht mal machen. Vielleicht aber auch nicht, denn die Blicke der um mich herumstehenden Gäste erinnern mich daran, dass ich kein Dan oder John bin, sondern eine, die sich gerade fürs Ausziehen beworben hat, entsprechend Stripperslut-Schicki mit Jeans-Shorts und Tralalala-Locken.

Das Mädchen auf der Bühne ist mit ihrem Set durch und beginnt nun eine Etage tiefer an der Tiprail ihre Dollarscheine von den Männern einzusammeln, die sich extra an den dafür vorgesehenen Bühnenrand gesetzt haben. Dem Ort, der dafür gemacht ist, Pussy von ganz nah zu sehen und dafür ein paar Scheine abzugeben. Peepshow quasi.

Mich erinnert das Prozedere an den Greifarmautomaten auf der Kirmes. Man steckt Geld rein, also schon wieder, und drückt die Knöpfe in der Hoffnung, dass es diesmal klappt. Und der Arm bewegt sich dann auch in die richtige Richtung und fährt nach unten und greift den Preis und holt ihn hoch und man denkt, man hat es jetzt fast geschafft! Fast, fast, noch ein paar Zentimeter! Gleich!! Ja!!!

Und dann plötzlich die große Enttäuschung: *Oh! Ach nööö!! Ochmennooo!!!*, wenn der Greifer den Preis im letzten Augenblick wieder fallen lässt und zurück auf Ausgangsposition fährt. Bis der nächste Depp kommt und Geld reinsteckt und sich ganz sicher ist: *Diesmal, diesmal ist der Preis mein!* Nach Hause gehen aber letztendlich alle mit leeren Händen und leerem Portemonnaie.

Die Blondine hat die Tiprail nun bereits bis zur Hälfte abgegrast und einen schönen Haufen Dollarscheine angesammelt, den sie nun Zentimeter um Zentimeter auf ihrer Bühnenrand-Tour mit sich schiebt, den Plexiglasboden entlang von Gast zu Gast: *Du, ich zeig dir hier mal meine Pussy und meinen nackten Arsch von hinten, und du gibst mir dafür ein paar Dollarscheine, ja? Und wenn du aufhörst, mir Dollarscheine zu geben, zieh ich weiter, zu deinem Sitznachbarn. Hey, hallo Sitznachbar! Du, ich zeig dir hier mal meine Pussy und meinen nackten Arsch von hinten, und du gibst mir dafür ein paar Dollarscheine, ja? Und wenn du aufhörst, mir Dollarscheine zu geben …* Undsoweiterundsofort, bis die Tiprail bis ans Ende abgeklappert ist. Es wirkt leicht absurd. Absurd und in seiner Banalität der Choreografie »nackte Pussy gegen Dollarschein, Dollarschein gegen nackte Pussy« gleichzeitig unschuldig und harmlos. Die Mädchen wissen, wie sie sich bewegen müssen. Sie wissen, wie sie ihre Körper am besten präsentieren. Wie sie die Dollar einsammeln, mal mit zusammengequetschten Brüsten, ein irgendwie bescheuerter Move, mal mit den Fingern oder mal, indem sie ihr Hohlkreuz zur Geld auffangenden Kuhle biegen. Selten schauen die Girls ihre Gäste dabei an. Manche lächeln beim Dollarding. Die meisten aber kauen gelangweilt Kaugummi und denken vermutlich an Einkaufslisten und anderes, während sie ihr nacktes Pink in Perfektion nah vor den Augen der Bühnenrandsitzer kreisen lassen und der Popo in Highfrequency bounced und wippt. Ist eine auf der Bühne mit ihrem Set durch, stellt sie sich eine Etage tiefer zur Dollarsammel-Tiprail-Runde an, sodass die Mädels da unten oft zu sechst oder siebt von einem Gast zum nächsten rutschen. Wie ein Sushitrain bewegt sich die Pussyparade Dollarscheinhaufen schiebend von Mann zu Mann, und ich bin wieder mal fasziniert von der Power eines nackten Mädchenkörpers, der Männer dazu bringt, ihr letztes Geld auszugeben, um einfach nur mal draufschauen zu dürfen.

Machen die Männer die Frauen dadurch zum Objekt? Ja klar,

irgendwie schon. Machen die Frauen die Männer zum Objekt? Sicherlich. Männer reduzieren die Frauen in dem Moment auf ihren Körper, Frauen reduzieren die Männer in dem Moment auf ihr Geld. Ist das schlimm? Nö. Ist es neu? Auch nicht. Alle Tiere machen es doch so. Das Männchen ist der Versorger, das Weibchen ist zur Fortpflanzung da. So sind alle Tiere und wir Menschen, auch wenn wir längst gut und gerne mehr als diese Aufführung draufhaben und denken, dass wir deshalb nicht mehr zu den Tieren gehören, sind aber eben eigentlich dann doch auch mal ganz gern nur einfaches Tier, irgendwie, irgendwo, irgendwann. Wenn wir mal dürfen. Und im Stripclub dürfen wir eben mal, ganz banal und primitiv. »Versorg mich, dann zeig ich dir, wie toll man sich mit mir fortpflanzen kann. Zeig mir, wie toll man sich mit dir fortpflanzen kann, dann versorg ich dich.« Und weiter zieht der Pussytrain.

Der Fahrer

»Siehst du den älteren Typ da im blauen Shirt? Mit der roten Truckercap? Das ist Brad. Er fährt viele der Mädchen und kennt alle Clubs in Miami. Er kann dir bestimmt helfen, einen zu finden.« Ich hatte im Tootsies genug gesehen. Mein Appetit auf Fleisch vor dem Auge und auf dem Teller war gesättigt und ich wollte nun weiterziehen, um einen Club zu finden, der mich tanzen lassen würde, trotz meines nicht-amerikanischen Passes. Brad stand neben dem *valet guy*, dem Typen, der die Autos der Gäste und Mitarbeiter parkt, für fünf Dollar oder auch mehr, in der Nachmittagssonne und rauchte. Er sah nett aus. Wie ein gut gelaunter Rentner.

»Hey, der Manager hier sagte, du kannst mir vielleicht helfen?«, sprach ich ihn an. »Ich suche einen Job, ich tanze, aber ich hab keine amerikanische ID.«

Brad zog die buschigen Augenbrauen hoch. »Hmm … well, ist nicht ganz einfach, das kann ich dir sagen.« Er schaute mich an. »Aber du bist hübsch, hast'n süßes Lächeln, und du bist jung.« Er überlegte kurz und nickte: »Wir könnten's im Scarlett's versuchen!« Er schnappte seine Schlüssel, und wir liefen zu seinem grauen Van. »Du bist so dreiundzwanzig, vierundzwanzig, ne?«

Ich nickte. »Vierundzwanzig, äh, ja, genau.« Ich war ja klein und zierlich, und die Menschen sahen eh immer nur das, was sie sehen wollten. Das ist manchmal gut und manchmal schlecht. In diesem Job ist es der Trick hinter all dem Schein, hinter all der Zauberei. Tanzen und Nacktheit sind nur die glitzernde Verkleidung, hinter der sich das eigentliche Spektakel verbirgt:

»Wie alt bist du eigentlich?«, fragt mich der Gast, neben dem ich gerade sitze. »Rate doch mal«, sag ich dann. Er schaut mich an, mit konzentriertem Gesichtsausdruck, verkleinert die Augen zu Schlitzen und lächelt charmant. Ich lächle zurück, niedlich. »Hmm … *dunno* … ich würd' ja sagen siebzehn, aber das wär illegal, haha, also, weiß nicht, einundzwanzig vielleicht?« Kurzer Moment für seine siegessicher-süße Erwartung. Und dann: »*Ouu, thanks!* Aber ich bin dreiundzwanzig!« Und alle sind happy. Er war natürlich etwas höflich gerade, klar. Nichts ist verkehrter als eine Frau älter zu schätzen als sie ist. Das weiß er ja, das hat er gelernt. Und er ist schließlich Gentleman. Aber dreiundzwanzig, ja, doch, das hatte er insgeheim auch geschätzt. Aber er liegt ja auch immer richtig. Ha! Das hat er einfach drauf, das mit den Girls!

So ist es jeden Abend. Nie werde ich in der Gesamtheit unserer Höflichkeiten und kleinen Lügen älter als sechsundzwanzig. Obwohl ja alles da ist: kleine Falten um die Augen und Erzählungen, die erahnen lassen, dass ich nicht erst seit gestern volljährig bin. Aber ein Stripclub ist eine Fantasiejukebox. Meine Aufgabe ist es, herauszufinden, für was sie hergekommen sind, die Gäste, welche Erfahrung sie sich wünschen und wen sie heute Abend kennenlernen möchten und diese Person dann für sie zu sein. Dafür bezahlen sie. Ich bin Schauspielerin, die in Windeseile unausgesprochene Regieanweisungen entschlüsseln und umsetzen muss. Traurig oder schlimm oder fake oder furchtbar? Finde ich überhaupt nicht. Ich habe die Charaktere ja alle in mir, irgendwo. Ich muss es nur schaffen, die Rolle in kürzester Zeit mit genau der richtigen Person zu besetzen.

Mein Brad hier war nicht so ein Regisseur. Brad war Fahrer, mit dem Hauptarbeitsfeld »Stripclubs«. Er fuhr Junggesellenabschiede, Geburtstagspartys und Geschäftsgruppen von einer Tittiebar zur nächsten und wartete draußen in seinem Van, bis die Party weiterziehen wollte. Oder er fuhr die Mädchen. Von einem Club zum nächsten. Oder von einem *Auftrag* zum nächsten, wie er mir später noch erklären würde. Je nachdem eben, was der Abend so brachte.

Mein Abend sollte mir heute bloß die Möglichkeit geben, erst mal anfangen zu dürfen. Doch der große Scarlett's-Schriftzug blieb schwarz statt in Neonpink hell zu leuchten. Die schweren grauen Stahltüren blieben geschlossen, und dort, wo sonst parkende Männerautos durch nach außen dringende Bässe vibrierten, übte ein Teenager in der Abendsonne Kick-Flips auf dem Skateboard.

»Oh, na ja, is' halt früh«, versuchte Brad zu entschuldigen, was ja gar nicht seine Schuld war, und donnerte über den leeren Parkplatz gleich wieder Richtung Ausgang. Hinter dem Beifahrerfenster knallte Holz auf Asphalt und Skaterboy fluchte über einen schon wieder nicht gestandenen Scheißtrick an diesem Scheißnachmittag auf diesem Scheißparkplatz! Ach, Skateboardjungs. Ihnen wird für immer mein Mädchenherz gehören …

»*Alrighty*, na dann versuchen wir's doch mal im Pure Platinum«, schlug Brad vor. »Ist gleich um die Ecke, auch 'n top Club. Ich kenn den Boss, guter Typ. Die müssten jetzt eigentlich schon aufhaben.« Brad drückte aufs Gas, und ich lehnte mich zurück in den weichgesessenen Autositz aus gemustertem Beige und lauschte seinem Miami-Stripclub-Bericht.

»Also, ich verrate dir mal was«, sagte er, »hier in Miami ist das große Geld nicht *on the floor*, sondern in den VIP-Rooms. Und in den VIP-Rooms geht hier so ziemlich alles! Ist super, da kannst du dann mit den Kunden auch gleich Dates für später ausmachen.« Ich schluckte und war plötzlich gar nicht mehr so gemütlich drauf. Hatte er gerade gesagt, in den VIPs geht so ziemlich alles? Und was war das von wegen Dates ausmachen? Dann war Miami also wirklich so *high-mileage* wie befürchtet. Nichts da *clean club – »there's no Sex in the champagne rooom«*. Ohjee.

»Weißt du, ich fahr viele der Girls zu ihren Aufträgen«, erzählte er weiter, »bei mir zahlst du das Gleiche wie für'n Taxi, aber ich warte draußen vor dem Hotel auf dich, bis du fertig bist, oder hol dich anschließend wieder ab. Is besser so, viel sicherer.« Ich überlegte, wie lange so ein Auftrag wohl ging, wenn es tatsächlich Sinn machen sollte, dass er solange auf dem Parkplatz wartete. »Kannst natürlich auch selbst fahren. Ich kenn da so'n Typen mit 'ner Autovermietung. Macht dir 'n guten Deal. Sag nur Bescheid. Sicherer ist es natürlich, wenn du jemanden wie mich als Fahrer hast. Damit auch jemand mitkriegt, wenn du nicht wieder aus dem Hotel kommst oder so.« Er drückte mir seine Visitenkarte in die Hand.

»Miami kann ganz schön gefährlich sein, sag ich dir, all die scheiß Nigga und Hispanics!« Er hupte. Einmal, zweimal und fluchte über den langsamen Autofahrer vor ihm. »Und alle kümmern sich 'n Scheißdreck drum! Ich mein, die Cops, die kommen einfach nicht hinterher. Können nicht mithalten. Sind einfach zu viele von denen!« Er blickte verschwörerisch zu mir rüber: »Ich sag dir mal was: Nachts hab *ich* immer 'ne Knarre! Ach, bullshit, jeder! Jeder hat hier doch 'ne Knarre!« Ich hielt seine Karte fest zwischen meinen Fingern, und er fischte noch eine aus seiner Hosentasche. »Hier, nimm noch eine! Irgendwie verlier'n die Leute meine Karten immer.« Ich nahm die zweite Karte, sicher ist sicher, da hatte er recht, und steckte sie in mein Portemonnaie hinter ein BVG-Ticket aus wohlig-warm-gewohnten Zeiten. Die Nummer tippte ich gleich in mein Handy.

»*Alrighty*, Missy, da wär'n wir. Soll ich hier auf dich warten?« Der Van rumpelte auf die Einfahrt des Parkplatzes und hielt direkt vor dem großen und beleuchteten Eingang des Clubs. »Nee, nee, danke, schon gut«, lehnte ich ab. Ich mag es nicht, wenn Leute auf mich warten. Man weiß ja gar nicht, was als Nächstes passiert, und da stören Wartende manchmal. »Okidoki, aber meld dich, wenn du was brauchst«, sagte er und reichte mir meine Tasche. »Du hast ja meine Nummer. Wenn irgendwas ist, sag Bescheid! Wir haben ’n großes Haus! Bist immer willkommen! Und besorg dir ’ne amerikanische Sim-Card. Ich kenn da so’n Typen, der verkauft diese pre-paid-Dinger. Mit Telefon. Macht dir ’n guten Deal. Sag nur Bescheid.« Ich versprach ihm, ich würde mich melden, nahm meine Tasche vom Rücksitz und winkte: »*Bye bye.*«

Audition Pure Platinum

Eine Stripclub-Audition erinnert immer ein bisschen an Blutabnehmen beim Doktor. Man macht sich vorher stundenlang verrückt, ist aufgeregt und nervös, und dann ist alles nach nur wenigen Minuten mit einem Wie-was-das-war's-schon?-Gefühl vorbei, und man kann sich wieder anziehen und aufs Ergebnis warten.

Freunde und Fremde fragen mich oft, wie ich an meine Stripjobs komme. Ob es schwer ist. Ob ich ein Video von mir schicken muss oder zumindest sicher eine große Show vorführe. Ob man sich vorher offiziell bewirbt und dann ausgewählt und eingeladen wird zum persönlichen Vorstellungsgespräch mit der künstlerischen Leitung und dem Choreografen.

Aber ein Stripclub ist kein Revuetheater. Wenn ich das Glück habe, dass bei meinem Anruf, mit dem ich mich nach dem Audition-Prozedere, was ja ohnehin überall gleich ist, erkundigen möchte, auch tatsächlich jemand ans Telefon geht und meine Fragen beantwortet, so legt diese Person dann aber nicht selten ohne ein »Tschüs« gleich nach den Antworten wieder auf und kann sich ein paar Stunden später dann, wenn ich mich im Club auf das Gespräch beziehe, wahrscheinlich auch gar nicht mehr an das Telefonat erinnern. Wenn es denn überhaupt dieselbe Person war – die am Telefon vorhin und die, die da jetzt vor mir steht –, sich als Manager vorstellt und mich rauchend mit mäßiger Freundlichkeit mustert. Hier im Pure Platinum ist diese Person Barbara, mit stillem zweiten »a« und spanischem Akzent, sodass ihr Name wie ein Verschlucker klingt.

»Kleid und Heels hast du dabei?«

»Ja.«

»Und ID?«

»Hab ich, aber die ist deutsch.«

Ich reiche ihr meinen Reisepass. Auf dem Foto sehe ich aus wie ein kolumbianischer Teenageboxer nach Niederlage, es ist sicher das hässlichste Bild, das von mir existiert, aber Bar-Bra raunt: »Hm. Okay.« Und: »Dann zieh dich mal um.« Erste Hürde genommen.

Audition-how-to Nummer eins: Es gibt keinen »Bewerbungstermin«. Man braucht auch keine Qualifikationen oder Zeugnisse. Je nach Club braucht man ein sehr gutes Aussehen, also superschlank mit hübschem Gesicht, oder eben sehr gute Make-up-skills, bis hin zu nur akzeptablem Aussehen, also beide Beine und Arme dran, kein Hakenkreuz-Tattoo auf dem Rücken und so. Dann erkundigt man sich, wann die Audition-Zeiten sind, meist ist das immer, also immer, wenn der Club halt aufhat, und dann easypeasy Stripperklamotte, Heels & ID eingepackt, Hair & Make-up auf glamoursexy gestylt und ab dafür und angeklopft, *you dirty, little moneyslut.*

In meinem weißen, engen, klitzekleinen Stretchkleid und meinen pinken Stripperheels trippel ich nun also zurück in den Empfangsbereich, wo Bar-Bra Kopien sortiert, und bin total ready für die Bühne und meine Superdupasexytimetanzshow!

Bar-Bra mustert mich wieder von Kopf bis Fuß. »Du bist also Deutsch, hm? Du hast 'ne gute Figur. Aber bist echt ganz schön weiß!«

»Na ja, es ist halt Winter in Deutschland«, antworte ich, weil es das Einzige ist, was mir dazu einfällt, bin nämlich eigentlich voll schön fakesommerbraun, finde ich. Blöde Kuh.

Sie schiebt mich vor eine Wand und hält ein iPad in die Luft. »So, stell dich einfach mal da hin. Ja, ein bisschen mehr ins Licht. Genau.« Knips. »Jetzt einmal umdrehen.« Knips. »Okay. Hast du'n Bikini oder so?«

Ich trippel zurück in die Umkleide, um mich wie angewiesen um- also noch mehr auszuziehen, und bin irritiert. Kein Tanzen? Noch nicht mal das An-der-Stange-festhalten-mit-dem-Popo-wackeln-und-so-tun-als-ob-Tanzen? Ich weiß ja, dass selten fancy Poletricks erwartet werden, aber noch nicht mal auf der Bühne hin und her laufen, dabei hübsch aussehen, Kleid ausziehen, immer noch hübsch aussehen, weiter ausziehen, wieder hin und her laufen, an der Stange festhalten, sexy rumstehen und weiter hübsch aussehen? Noch nicht mal *das* Tanzen ist Mindestvoraussetzung?! Das war die spärlichste Audition, die ich bisher erlebt hatte. Ich hätte die tänzerischen Fähigkeiten eines Schafes haben können, und es wäre okay gewesen, denn ich sah im Bikini gut aus. Das reichte, um einen Job in Miamis high-end-igstem Stripclub zu bekommen. Knips.

Audition-how-to Nummer zwei: Du kannst nicht tanzen? Och, macht doch nichts! Im Bikini top aussehen, und Glamourslutlocken und smokey eyes draufhaben, reicht nämlich erst mal. Knipsknips.

»Okay, du kannst heute Abend anfangen. Wie ist dein *stagename*?«

»Err, Myla.«

»Nein. Wir haben schon eine Myla«

»Hm, okay. Dann nehme ich Georgia.«

»Eine Georgia gibt's auch schon.«

»Ähm. Shit. Err … okay, dann nehm ich Stella.«

Audition-how-to Nummer drei: Versteif dich nicht auf einen Lieblingsnamen und habe mindestens drei weitere gute Alternativen in petto, wenn du nicht schon wieder wie spanisches Bier heißen willst.

Three Types Of Bad

Amit ist jung. Dreißig oder so, sieht aber aus wie ein Student Mitte zwanzig. Er trägt labberige Bermuda-Shorts, T-Shirt und Flip-Flops. Die Sorte Flip-Flops, die uncool ist. Keine lässigen *Hawaiianas*, wie Skater, Surfer oder andere Stylo-Jungs sie tragen, sondern diese Art Sommersandale, in der die Teilzeit-Beachboys mit ihren Bierbuden-Stinkefüßen rumschlurfen. Die Touris – Engländer, Schweden, Deutsche –, die mit Kühltasche in der Hand, Fußball unterm Arm und Sonnenbrand auf dem Rücken in ihren Schlappen aus ausgefransten Stoffriemen über den Strand latschen und dabei supernervig Sand aufwirbeln, ohne es zu merken.

Normalerweise wäre Amit in diesem Look vermutlich nicht in den Club gelassen worden. Pure Platinum war – zumindest auf den ersten Blick – ein *very classy establishment*. Die Herren, die sich hier in den gerade teuer aufgepolsterten Samtsesseln niederließen (»Und wenn ich eine mit ihren Heels auf den Polstern erwische, fliegt sie!«), waren erfolgreiche Geschäftsmänner oder anders zu großem Geld Gekommene. Typ Ralph-Lauren-Hemd und Handschlag mit dem Clubchef, Yacht in der Marina, Bentley *in the Driveway*. Aber Amit war trotzdem gern gesehener Gast im Platinum, denn Amit hatte Kohle, und davon viel. Amit war nämlich Start-up-Millionär. Ein junges Geek-Genie.

»Er hier ist der *badboy*«, versucht Amits Begleiter seine Zurückhaltung zu entschuldigen. »Ich bin verheiratet und hab Kinder. Ich bin brav.« Wenige Minuten später sitzt er unter einer Kubanerin, und seine Augenlider flattern, während sie im klitzekleinen String auf seinem Schoß tanzt und ihn um den eben noch vorhandenen Verstand bringt. Wieder etwas später verschwinden sie dann im VIP, und noch etwas später kommt er dann wieder raus und taumelt zu Amit, der den ganzen Spaß ja bezahlt hat: »Dude, she let me finger her asshole!« - und scheint zwar leicht durch den Wind, aber insgesamt doch ganz happy. So ist es oft. Zuerst sind sie Familienväter, brav, vernünftig, verantwortungsvoll, und zeigen dir Fotos ihrer fünfjährigen Tochter, spielend mit rosa Eimerchen in den Dünen der Hamptons, und nur ein paar Drinks später sind sie dem Bösen verfallen und vergessen sich und ihre Prinzipien, die sie doch mal hatten, irgendwann, so vor ein paar Stunden oder so.

Ich finde das aber nicht schlimm. Überhaupt nicht. Ich bin ja nicht anders und verfalle einer Versuchung mit Haut und Haaren nur allzu gerne. Das Nachgeben ist meiner Ansicht nach auch weniger eine Frage des *ob* oder *ob nicht*, sondern vielmehr des wo & wie & wie oft. Es gibt für jeden Menschen die passende Gelegenheit, die passende Verführung, der er sich hinzugeben bereit ist. Menschen sind eben nicht nur gut, sondern auch schlecht. Wenn man das Sich-Hineinstürzen in hedonistische Abgründe denn als schlecht bezeichnen möchte. Letztendlich ist es menschlich, und solange man die vermeintlichen Fehltritte in die etwas dunkleren Ecken seiner Menschlichkeit in einem wohldosierten Verhältnis zu den lichten Momenten hält, ist es vielleicht sogar ganz gesund, sich ab und zu mal ein bisschen danebenzubenehmen.

Amit lebt und liebt diese dunkle Seite des Lichts scheinbar genauso sehr wie ich. »Ich bin süchtig nach Frauen«, sagt er, »und nach Stripclubs! Ich war schon überall und hab alles gesehen. Hab alle möglichen Girls in allen möglichen *backrooms* flachgelegt, aber inzwischen langweilt mich das alles immer mehr.«

Amit ist verheiratet mit der schönsten und heißesten Frau auf der Welt, wie er sagt, auch persischer Background, also die Frau. Wie er selbst nämlich auch. Die Verbindung wurde arrangiert, mehr oder weniger, aber er liebt seine Frau über alles, sagt er. »Sie ist die Schönste von allen!« Denn da gibt es ja noch weitere.

Da ist zum Beispiel seine Geliebte, die er seit zwei Jahren hat. Eine Stripclub-Eroberung, der er nun aber raushilft aus dem ganzen Stripding. Sie hat nämlich eine Business-Idee, Online-Schmuck-Shop oder so was, und er hilft ihr halt mit der Kohle dafür. Sie ist aber nicht die Einzige, sagt er nicht ganz ohne Stolz. Da gibt es noch andere Affären und Teilzeitbabes, »aber, hey, ich hab gerade mit einer Schluss gemacht, also vielleicht, falls du Interesse hast…«, bietet er mir die freie Stelle der Geliebten an und zwinkert mir zu, und ich zwinker zurück, »ich denk drüber nach«, und finde Zwinkern doch eigentlich doof.

Amit gibt viel Geld für Lapdances aus, aber auf seinem Lap wird nie getanzt. Kylie bekommt Scheine, um auf Mercedes zu tanzen. Ich bekomme Scheine, um auf Kylie zu tanzen. Lucy bekommt ein paar Scheine, um zuzuschauen, und wir alle bekommen noch mal extra Scheine fürs Jägermeistertrinken mit Lucy und Kylie und Mercedes und wer auch immer gerade da noch rumhängt in seiner VIP-Ecke, in der er immer hängt. Amit ist während all dem immer mal wieder da, so halb, oder aber auch nicht, weil er immer mal wieder nach wohin auch immer verschwindet. Zuschauen tut er jedenfalls nie. *Boring.* Wahrscheinlich recht lange schon.

Amit glaubt mir nicht, dass ich diesen Job selbstbestimmt und mit Freude mache, und ich kann es ihm nicht verübeln. Ich bin bestimmt eine der wenigen in diesem Raum, die sich nicht nur wegen der Dollarbills mit nichts außer Plastikhighhighhighheels bekleidet auf den Knien ins Hohlkreuz drückt. Für all die anderen hat Amit eine Theorie:

»Es gibt drei Sorten Stripper«, beginnt er sein Wissen mit mir zu teilen. Typ eins ist die (illegale) Immigrantin. Das ist die, die ohne Arbeitserlaubnis in Amerika ist. Aus Kuba, von den Bahamas, Trinidad oder einer der anderen Inseln. Die kann woanders keine Arbeit finden, weil ja kein Arbeitsvisum in der Tasche, und dann geht's halt in die Stripclubs, denn die drücken ja gern mal beide Augen zu. Ich denke an den Vertrag, den ich an meinem ersten Abend hier unterschrieben hab und der jetzt auf meinem Küchentisch liegt, mit Kaffeeflecken und Telefonier-Kugelschreiber-Gekritzel drauf. Die sechs Seiten Schwarz-auf-Weiß klären mich über die Regeln des Clubs auf und weisen ausdrücklich darauf hin, dass hier keinerlei illegale Aktivitäten welcher Art auch immer geduldet werden. Wie als Beweis für die Doppelmoral und faktische Nichtgültigkeit des eben Gesagten endet das Dokument schließlich mit einer Kopie meines deutschen Reisepasses, ohne Arbeitsvisum, sorgfältig ans letzte Blatt getackert, klickklackklack. Regeln? Whatever.

»Dann ist da Typ zwei«, sagt Amit, mit Funkeln in den Augen, »*this is fun*«, und rückt etwas näher, und ich höre gespannt zu und rutsche auch etwas näher, denn *this is fun,* und vielleicht finde ich mich ja in einer der nächsten beiden Kategorien wieder. »Typ zwei sind die Exsugarbabes«, sagt er und erklärt, dass das die Girls sind, die gerade aus Beziehungen kommen, in denen die Typen sie ausgehalten, verwöhnt und beschenkt haben. Sie haben Gucci, Chanel und Louis Vuitton bekommen, und jetzt ist der Typ passé, aber von Gucci, Chanel und Louis wollen sie sich nicht trennen. Deswegen machen sie eben so die Kohle, die sie für ihren Blingbling-Lifestyle brauchen, is ja eh fast das Gleiche.

Ich schaue Georgia zu, die auf der Mainstage gerade ihren zweiten Song beendet. Auf der rechten Hüfte ist groß und fettschwarz das Chanel-Logo eintätowiert. Strippen für Chanel und Louis also? Hm. Ganz schön Klischee. Andererseits sind Klischees ja nicht selten aus Wahrheit gestrickt, genau deshalb liebe ich sie so sehr. Und ich schau ja inzwischen selbst immer immer immer öfter neidisch auf genau *die* Louis-Vuitton-Bags, die ich noch vor ein paar Jahren so an den Bitches belächelt hab.

»Und Typ drei?«, frage ich nach dem zweiten Jäger-Shot, den

unsere Lieblingskellnerin Lucy eingeschenkt hat. Lucy ist Kolumbianerin und hat ein unglaublich süßes, lebendiges Lachen, und Amit ist in sie verliebt.

»Oh Mann, ich hätt' ja so gern mal Sex mit Lucy! Aber Lucy fickt nur Frauen. Stimmt doch, oder Lucy?«

Lucy setzt sich zu uns, und wir stoßen an. »Wir hatten mal Sex! Schon vergessen?«, sagt sie, und wir kippen den Kram runter, »einmal reicht!« Lucy lacht ihr schönes Lachen, und Amit stirbt ein bisschen. Oh, Lucy.

Lucy geht zurück zur Bar und wir zurück zu Stripper-Science. Dritter Typ. Und das ist laut Amit der *Typ Junkie*, oder allgemein all die Mädchen, die verzweifelt und pleite schnell an Geld kommen müssen, ganz egal wie, also fast, und eigentlich auch irgendwie egal, wie viel. Hauptsache Cash und Hauptsache schnell.

Ich bin unzufrieden mit Amits unvollständigem Referat. Das war höchstens ein »ungenügend«. Illegal, oberflächlich oder verzweifelt musste man also sein. Das waren die einzigen Gründe, warum Mädchen das machten, was sie machten. Und was war mit den anderen? Die Mädchen, die das machen, weil es Unabhängigkeit von *nine-to-five jobs* bedeutet? Weil man damit an die spannendsten Orte der Welt kommt? Abenteuerlustig und frei von Verpflichtungen? Weil man dabei innerhalb kürzester Zeit intensive Begegnungen mit ganz unterschiedlichen Menschen erleben kann? Und das mehrmals am Abend? Und weil es auch einfach Spaß macht, *slut* zu sein und damit mitunter auch noch sehr viel Geld zu verdienen?

»Glaub ich nicht dran«, sagt Amit. »Klar, vielleicht mögen sie's am Anfang und finden's 'ne aufregende und befreiende Erfahrung, aber nach 'ner Weile stumpfen sie alle ab, was Sex und Männer angeht, glaub mir.«

Ich fühlte mich zurück auf den Schulhof versetzt, zehnte Klasse Gymnasium im Februar. Ich trage Minirock und Stiefel, dazu eine dünne Strumpfhose. »Ist dir nicht kaaaaaalt?«, zickt die dickedoofe immer schlecht gelaunte Alina. »Es sind unter null Grad, Mann! Klar is mir kalt! Und?«, zicke ich zurück, und Alina lacht abfällig mitleidig und lässt mich stehen mit dem Gefühl, dümmer als die angezogenen anderen zu sein. Schwächer. Ein bisschen so komme ich mir gerade wieder vor. Aber nur ein bisschen. Vielleicht haben Alina und Amit ja auch recht? Whatever. Denn wenn das alles hier furchtbar falsch ist, macht es aber furchtbar viel Freude, falsch zu sein.

Girls

Als ich sie da am Bühnenrand sitzen sehe, denke ich, sie ist eine von uns und der Typ neben ihr ein Gast, den ich ihr nicht abspenstig machen möchte. Gehört sich nicht. Stripper-Knigge quasi, auch wenn sich nicht alle daran halten und man oft mit offenem Mund danebensteht oder eben sitzt, während sich eine Kollegin aggressiv wie eine Hyäne ungefragt über den gerade akquirierten Gast wirft und ihm ihre XXL-Brüste ins Gesicht drückt, während man es selbst eben noch mit psychologisch-eloquentem Sexytalk und geschickt eingesetzter Körpersprache versucht hat; zugegeben fast schon eine lange Stunde lang. Nun sitzt er da, also der Gast, und schnappt nach Luft mit den Riesenbrüsten im Gesicht und ihrer Hand zwischen seinen Beinen, und es sind nun drei Szenarien für den weiteren Verlauf des Catfights vorstellbar:

1. Szenario: Man schmeißt sich dazu und versucht, ihn von der anderen Seite aus zu attackieren, Körperteile ins Gesicht zu drücken und Versautheiten zu raunen in der Hoffnung, dass man im direkten Vergleich dann besser abschneidet als die dreiste Business-Bitch.

2. Szenario: Man lehnt sich lässig entspannt zurück, nippt am kohlensäurehaltigen Kaltgetränk und wartet ab, bis der Herr die doofe Dame weggeschickt hat, weil er das unverfrorene Dazwischenfunken nämlich genauso unsexy und hässlich findet.

Oder man erkennt, dass Szenario zwei vermutlich nicht eintreten wird – irgendwie findet er das mit dem Brüstedrücken wohl ganz geil – und überlässt ihr, und das ist das 3. Szenario, den unsportlich errungenen Sieg, um sich zähneknirschend einen neuen Gast zu suchen.

Ich entscheide mich in solchen Fällen für gewöhnlich für Szenario zwei oder drei. Das Dazuschmeißen ist nicht mein Stil. Außerdem habe ich keine XXL-Brüste zum Bedrängen, und meinen Arsch möchte ich niemandem ungefragt ins Gesicht halten.

Ich lächle also mal kurz rüber zu ihr. Ein »Keine Sorge, nur 'n paar Dollar, er bleibt deiner«-Lächeln, und sie lächelt zurück. Sie ist süß, sehr. Irgendwie heiß. Lange beachblonde Haare, schöne Lippen, strahlend weiße Zähne. Außerdem ein Dekolleté, mit dem sie den Brust-ins-Gesicht-Drück-Wettkampf ohnehin easy gewonnen hätte.

Sie flüstert ihm etwas ins Ohr, ohne den Blick von mir zu lassen, und er zieht sein Portemonnaie aus der Hosentasche, holt ein paar Scheine heraus und legt sie an den Bühnenrand, sie ist ja gar keine von uns, und ich gebe mir ein *imaginary high five*, denn dies ist erst der Anfang meines Sets, oh yeah.

Wenn ich tanze, bin ich immer wieder freudig davon überrascht, was für ein Pro ich inzwischen bin. Als wäre ich absolut eine von ihnen und keine, die sich in ihrem anderen Leben in Medienbüros den Popo plattsitzt. Oder auf dem MacBook Produktionsbudgets in grüne Kalkulationstabellen *einhackt* und Regisseure zwitschernd mit »Grüüüüß dich, Peter!« – Küsschen links, Küsschen rechts – »Latte macchiato?« empfängt. Und das erfüllt mich mit seltsam tiefem Stolz. Als ich mit dem Strippen angefangen habe, vor vielen Jahren, tänzelte ich noch fröhlich, aber unbeholfen wie ein Welpe über die Bühne und wusste gerade mal, wie ich ohne umzuknicken einmal um die Stange laufe, unmanikürte Mädchenhand festschwitzig ans Silber geklammert. Inzwischen macht mein Körper Dinge, die so souverän *Stripper* sind, als hätte er nie etwas anderes getan, als wäre dieser Körper immer schon *Stripper* gewesen.

Braune lange Beine schlingen sich wie selbstverständlich um kalten Silberstahl, rückwärts, kopfüber, dirty floorwork, ass in the sky, high-frequency-twerks, und langgelockte Extensions, die *f*abulously furiously durch die Luft wirbeln, yeahyeahfuckinyeah! Easypeasy ohne nachzudenken. Simpel und *smooth*. Intuitiv. In Knochen und Haut und Blut gespeicherte Bewegungsinformationen, für immer und ewig abrufbar, sobald fetter Bass und pinker Pop dröhnen.

Ein Schein schiebt sich zwischen Stringding und Haut. Ich flippe mein Haar zurück, bringe Oberkörper und Rest wieder nach oben und drehe mich zu den beiden um. »*Thank you*«, lächele ich ihn an. »*You're very welcome*«, lächelt sie zurück.

»Final song for Stella on the main stage. Stella, thank you, Stella! Coming up: Rachael!« Der DJ fadet in den dritten und letzten Song meines Sets. *Third song* gleich *full nude*. Byebyestripperstring! Ich öffne die Seiten des klitzekleinen pinken Dings, das extra dafür entworfen wurde, auf einer Bühne wie dieser beim dritten Song schnell und elegant ausgezogen zu werden, und werfe es auf den roten Bühnen-Hocker in funky Stiletto-Optik. Nun gibt's nur noch mich, High Heels, Bassline. Kein Kleidchen, Höschen oder sonstiges -chen. Nur ich und nackt und nackt und nackt. Federleicht und frei und froh (und ein bisschen dirty).

Am Bühnenrand haben sich inzwischen einige Dollarscheine vor dem Paar angesammelt, Kleidung zum Drunterschieben gibt es ja nicht mehr. Ich stripper-krabble vor, um sie aufzusammeln, und platziere mich dabei direkt vor meiner neuen Freundin. Auf den Knien, Knochenhaut auf hartem Boden, Oberkörper mit ausgestreckten Armen vor, Hände auf Schuh-schmutzigem Bühnen-Plexiglas, tief durchgedrücktes Hohlkreuz, tiefer, laaaangsam, *low*, lange Haarsträhnen auf feucht glänzender Haut. Mir ist jetzt ganz schön warm. Pulsierendes Blut zu donnerndem Bass. Ganz schön warm. Der Beat macht *mmmmhhhhh*, und ich fühle, wie sie mich anschaut, und ich weiß, dass sie weiß, dass ich weiß, dass sie schaut, und ich blicke zurück, über meine Schulter, zu ihr, und sie lächelt, und ich lächele auch, und sie drückt seine Hand, lang und fest, ohne den Blick von mir zu lassen, und ich bin rosarot verliebt in den Moment und in ihn und in sie und in dich und mich und hier und jetzt.

»Du bist echt total hübsch, woher kommst du?« Die Schöne rückt etwas zur Seite, sodass ich zwischen den beiden Platz nehmen kann, und lächelt mich zuckersüß an. »Ach, Deutschland? Echt? Wir dachten, du kämst aus Brasilien, wie wir!« So was ist mein Lieblingskompliment. Ich freue mich immer wie ein Schneekönig, wenn Menschen mich eher mit Caipirinha, Microbikinis und lautem Streiten in Verbindung bringen, als mit fortschrittlicher Energiepolitik, fleißiger Arbeitsmoral und Bier. Über welche Komplimente man sich besonders freut, sagt irgendwie auch ganz schön viel über einen aus.

Nala und ich halten Händchen, als ich sie und ihren älteren Freund in die Lapdance-Lounge führe. Ihr Englisch ist nicht besonders gut, und das scheint ihr ein bisschen peinlich zu sein. Vielleicht ist sie aber auch einfach nur aufgeregt, denn kaum habe ich mit meinem Tanz angefangen, gehen ihre Mädchenhände selbstbewusst auf Wanderschaft, und ihr eben noch schüchterner Augenaufschlags-Blick wird irgendwie ganz, na ja, anders. »Oh-oh, ich glaub, sie mag dich!«, lacht ihr Freund neben uns und erinnert mich damit daran, dass ich ihn nicht vergessen sollte. Ich schließe trotzdem die Augen. Hände streichen über Haut, und ich spüre ihre vermutlich teuren Brüste an meinen. Sie streicht mit ihren Händen über meinen Rücken, während ich auf ihr tanze und dabei mit den Fingerspitzen durch ihr Haar fahre. »Ich würd dich gern wiedersehen«, flüstert sie und zieht mich noch fester an sich. Ich lächle sie an und nehme sanft ihr hübsches Gesicht in beide Hände. In Momenten wie diesen kann ich mir keinen besseren Job als diesen vorstellen.

Indianer

»There's too many men, too many people, making too many problems and not much love to go around.« Ich saß in der hinteren Ecke des Clubs, auf einem der Samtsessel, Genesis sang vom »Land of Confusion«, und ich scannte den Raum auf neue Gäste. Am besten allein sitzende Männer. Die, die an ihrem Drink nippen und leicht hilflos und nervös um sich schauen, in freudiger Erwartung dessen, was oder wen der Abend noch bringen würde. Dies waren die einfachsten Gäste, und es war früh am Abend, und ich war etwas faul und noch nicht wirklich *in the zone*. Die Anfänge eines Abends sind oft schwierig. Manchmal wartet man eine ganze Weile, bis sich der Club füllt, und in dieser Zeit muss man seine gute Laune und positive *attitude* konservieren wie süße Birnen. Das ist manchmal scheißeschwer. Oder man muss gleich loslegen und sich auf jeden Gast stürzen, der das Haus betritt, um gleich in einen Arbeitsmodus zu kommen und gar nicht erst zu versacken, am Strohhalm, bei Leitungswasser mit Eis, im Plüschsessel, mit Smartphone und Foto-App und Facebook.

Aber auch der Sofort-Angriff ist nicht immer clever. Wenn der Beginn eines Abends einen gleich mit zu vielen »Neins« begrüßt, geht die Laune, das Selbstbewusstsein und damit der Abend schnell in eine ungute Richtung. Man muss den Panzer eines Ritters haben, um all die »Neins«, die man schon einmal hören kann in so einer Nacht, nicht an sich rankommen zu lassen. Oder ein leuchtendes Zauberschwert, mit denen ein »Nein« mutig zerschlagen und in Glitzerstaub verwandelt werden kann unter lautschrillem, Angstverdrängendem Pfeifen. Aber solche Waffen sind rar, und man hat sie nicht immer dabei. Allein sitzende, leicht nervöse Gäste sind daher meist eine sichere Sache und ein guter Einstieg in den Abend. Ich gehe zu ihm. Ich lächele mein freundlichstes Ichmagdich-Lächeln und zwitscher »Hey! Ich bin Stella! Kann ich mich zu dir setzen?« Er freut sich und rückt den freien Sessel neben ihm etwas näher zu sich. *Klasse! Eine solche Frau spricht ihn in anderen Bars nie an!* Und die Unterhaltung beginnt.

Tom saß ein paar Sitzgruppen von mir entfernt, und ich war mir nicht sicher, ob er so ein allein sitzender Gast war oder nicht. Ich konnte niemand weiteren an seinem Tisch entdecken, aber er gestikulierte, als würde er sich unterhalten. »Hi, wie geht's? Ich bin Stella. Darf ich mich zu dir setzen?« Er saß tatsächlich alleine. Bei einem Scotch und zwei Schachteln Marlboro Lights. Aus irgendeinem Grund rauchten die meisten Gäste hier, wenn sie denn rauchten, Marlboro Lights. Aber Tom rauchte nicht. Zumindest nicht richtig. Toms Rauchen ging nämlich so: Er zündete sich eine Zigarette an, ziemlich gleich, nachdem er die letzte ausgedrückt hatte, und hielt sie sich bis kurz vor den Mund, spitzte die Lippen, als würde er ziehen, obwohl die Zigarette nicht einmal seine Lippen berührte, führte die Zigarettenhand dann wieder zurück in auf der Tischplatte ruhende Ausgangsposition und wiederholte die Farce in schnellem Tempo. Wie eine Theatertanzperformance ging das in etwa so: (hier denkt man sich einen schmissigen Dreivierteltakt):

Hand auf Tisch – Zigarette zum Mund – Hand auf Tisch – Zigarette zum Mund. Eins – zwei – drei – eins – zwei – drei – eins – zwei – drei – eins – zwei – drei.

Dies wurde unterbrochen von gelegentlichem Abaschen, bis es mit dem Eins – zwei – drei – so – tun – als – ob gleich wieder weiterging. Irgendwann wurde die Zigarette, die nicht ein einziges Mal Lippen berührt hatte, ausgedrückt und die nächste angezündet, und das Spiel begann von Neuem. Dazwischen sagte Tom Dinge, die in etwa so viel Sinn machten wie sein Nicht-rauchen-Rauchen, und das ging in ungefähr so:

Er: »Ahh … Du bist also aus Australien. So so …«

Ich: »Nein, nein, ich habe in Australien studiert. Aber ich bin Deutsche.«

Er: »Australierin, so so … da gibt's viele Drogen nicht? In Australien? Drogen? Nehmen die da viel! Drogen. Ja. Ja. In Australien.«

Ich: »Äh, ich weiß nicht, vielleicht, also, ich würd jetzt nicht sagen, dass …«

Er: »Ja, ja, viele viele Drogen. Und streng. Hohe Strafen. Wenn sie dich kriegen. Sehr, sehr streng. In Australien. Buchten dich gleich ein da. Schnappen dich und dann: Zack! Rein mit dir!«

Ich: »Hm, also ich kenn mich da ja nicht so aus, aber …«

Er: »Und hart isses, sehr sehr hart! Im Knast … rein mit dir! Zack! Tschüssikowski! Olivia Newton John. Lebt die eigentlich noch? Is' auch in Australien. Und auch viele Drogen. Olivia, oh oh viele, viele Drogen.«

Ich: »Oh, das wusste ich nicht, aber …«

Er: »Und ihr Ehemann – weg! Zack! Keiner weiß was. Das Boot ist gesunken. Weg. Mexikaner. Olivias Mann, Mexikaner. Zack und weg. Einfach so. Mexiko hat ja auch viele Drogen. Und Öl! Scheißeviel Öl ham' die Saudis! Und Olivia Newton John, zack. Einfach weg.«

Ich brauchte eine Pause. Die Unterhaltungen sind immer anstrengender als die Lapdances. Die sind easy und machen meistens Spaß. Die Unterhaltungen können auch Spaß machen. Aber wenn es so ist wie jetzt, wenn die Gedankengänge des Gegenübers wie ein Irrgarten verlaufen, in dem man immer und immer wieder gegen festes, stacheliges Gestrüpp läuft, auf der Suche nach dem Ausgang oder zumindest einem logischen Weg, dann ist das anstrengend und ermüdend.

»Wie wär's mit 'nem Private Dance? Hast du Lust?«, schlug ich also vor und hoffte auf eine Pause für mein Gehirn.

»Okay. Let's do this. Let's do this.«, sagte Tom, stand auf, nahm einen letzten »Zug« von seiner Zigarette und machte sich auf in Richtung Lapdance-Lounge, den Bereich, in dem wir Mädels auf Kunstledersofas auf fremden Schößen rumrutschen. Ich ging zwischen den Sitzreihen den freien Gang entlang Richtung Lounge, während Tom einen absurden Weg durch die Menge wagte. Er schlängelte sich an eng gestellten Tischen und fremden breiten Schultern vorbei, stieg über Polstersessel und Beine und schlich sich schließlich wie ein Kind, das Einbrecher spielt, an der Wand entlang, bevor er es zu mir in die Lounge schaffte, wo ich den schon begonnenen Song abwartete und beim nächsten mit meinem Tanz begann.

Tom war entweder mit exzellentem Humor ausgestattet oder auf seltsam traurige Art verrückt. Und ich tippte auf Letzteres. »Yes. Hmm. Yes. Hmm. Like my dick? Like my dick? Yes. Hmm. Yes. Hmm.« Diese Wortkombinationen spulte er im selben Stakkatorhythmus genauso einstudiert und auf dieselbe So-tun-als-ob-Weise ab wie er seine Zigaretten rauchte und klatschte dabei im passenden Takt wie fremdgesteuert auf meinen Po. Es erinnerte mich an das Klatschen von kleinen Jungs, die mit offenem Mund einfach das nachmachen, was die Kindergartenlehrerin vormacht, und ich musste aufpassen, dass ich nicht laut loslachte, so absurd war das Ganze. *Und jetzt alle Kinder klatschen! Fein! Klatsch-klatsch, klatsch-klatsch. Und alle Kinder machen mit. Klatsch-klatsch, klatsch-klatsch. Yeay!*

Ich hatte keine Ahnung, ob er das hier gerade genoss. Ob er Spaß hatte. Ob er wusste, wie es sich anfühlt, wenn man Spaß an etwas hat. Also echten. Oder ob er alles nur so tat, wie er dachte, dass man es eben tut, wenn man es tut. Zigaretten rauchen. Sich unterhalten. Ein nacktes Mädchen tanzen lassen. Und ob die Empfindung, die er dabei hatte, das war, was er für Freude oder Spaß hielt.

Tom sah aus wie ein texanischer Trucker und war, wie er mir erzählte, zur Hälfte Navajo-Indianer. Vielleicht stimmt das ja auch. Vielleicht auch nicht. So oder so war Tom ziemlich durcheinander, irgendwie, und ich fragte mich, wer da wohl mal gewohnt hat in diesem Körper und ob es den noch gab, irgendwann, so ab und zu. Ich steckte meine Scheine ein, die Tom nervös aus seinen Taschen zusammensuchte, und erließ ihm den letzten Dollar, den er nicht finden konnte oder den es vielleicht auch gar nicht mehr gab. Ich zog mein Kleid wieder an, verabschiedete mich mit einem lächelnden »*Thanks, take care*« und schaute ihm hinterher, wie er sich an Sitzgruppen vorbeidrängte und irgendwie verloren in sich und der Welt nach dem Ausgang suchte und verschwand.

Texas

In jedem Club gibt es ein Lieblingsmädchen. *Girlcrush* quasi. In Sydney war es Galina, in Berlin diese eine da mit der Tasche über der Schulter und der ultrakurzen Jeansshorts und den ultrahohen High-Heel-Sandalen, in Paris war es diese mit den sommerblonden Haaren und den goldenen großen Ohrringen – wie hieß sie noch gleich –, die immer zu Kanye tanzte, lange lange bevor ich Kanye kannte.

Und in Miami ist es Texas.

Texas heißt eigentlich anders. Wie, habe ich vergessen. Es ist einer dieser Namen, die ich seltsam finde, weil sie eher nach Produkt oder Fahrzeug als nach Mensch klingen. So was wie McKenzie oder Preston oder Campbell. Texas kommt aus Texas und ist *as Texas as can be. In a good way.* Jetzt sitzt sie neben mir an der Bar, ich habe »Hi« gesagt, und sie hat »Hi« zurückgesagt, vorsichtig, denn man muss ja immer etwas auf der Hut sein, wenn ein fremdes Girl freundlich ist, da hat sie schon recht, aber ich bin ja kein fremdes Girl mehr, sie kennt mich schon, aber daran erinnert sie sich nicht.

Gestern Nacht ist Texas über mich hergefallen, ultra betrunken, und hat mich geküsst, Hände unter meinem Kleid, meine Hände auch mal kurz unter ihrem, ich geb's zu, während ich mich eigentlich nur mit meinem neuen Lieblingsgast, einem Ernährungsberater und Spiritual Lifecoach aus Trinidad, unterhalten wollte. Als sie dann vor mir am Barhocker runter auf die Knie gerutscht ist, hab ich sie dann aber doch lieber hochgezogen. Das hätte peinlich werden können, selbst für eine betrunken-späte Stripclubnacht.

Davon weiß Texas heute aber nichts mehr, denn sie stellt sich mir neu vor, und ich sage auch lieber nichts, das wäre irgendwie gemein, und stelle mich stattdessen auch einfach neu vor und nicke verständnisvoll, »ach, hatten wir doch alle schon mal«, als sie mir erzählt, wie *wasted* sie gestern war, viel zu viele Shots, macht sie sonst nie.

»Ich hasse es eigentlich, mich bei der Arbeit zu besaufen. *Fucks up my game!*«

Texas und ich wären ein gutes Tagteam, denn wir sehen aus wie ungleiche *twins*, zierliche Mädchenkörper, lange, glatt gebrannte Haare, blond und brünett, *both naughty, not nice.* Sie tanzt normalerweise in Houston, sagt sie. Ist super da, gutes Geld, aber ihr wird manchmal langweilig, und dann fährt sie halt los. Sie war eigentlich nur zum *springbreak* nach Miami gekommen aber ist dann geblieben. Sie hat ein kleines Studioapartment, eine *Condo* in North Beach. South Beach ist ihr zu busy, und sie ist lieber allein. »Ich mag Leute nicht wirklich, weißt du. Ich bin lieber für mich.« Bald ist Weihnachten, und obwohl Texas ihre Familie gern hat, findet sie's ätzend, dass sie dafür extra zurückmuss. »Dieses ganze Christmasding, ich mein, ich kann's ja irgendwie verstehen, aber jedes Jahr? Mal im Ernst! Ist doch krank!!! Wie wär's denn mit alle vier Jahre oder so?«, sagt sie und nippt an ihrem Soda mit Eis, »für mich heute kein Alkohol.«

Etwas später finden wir uns wieder in der Sitzecke neben der Laufstegbühne und lassen uns vom Porn entertainen, der über unseren Köpfen auf den Bildschirmen läuft. Ein Mädchen, Typ *ugly girl next door,* hockt auf den Knien und schaut mit einem Ausdruck, der wohl sexy sein soll, in die Kamera, während sie ihre weichwabbligen Brüste leckt. Bisschen komisch sieht das aus, auch bisschen hässlich. Anscheinend soll das aber heiß sein, weil *real. Authentisch* oder so. Anscheinend mögen das manche Menschen. Texas und ich finden's scheiße. Das Mädchen hat schlimme

Pickel. Also das Porngirl, nicht Texas, aber Texas erinnert das an ihren älteren Bruder. Der hatte mal ganz schlimme Haut, so als Teenie, und Texas und ihr kleiner Bruder haben ihn immer dafür fertiggemacht. Ganz fies war das wohl. Dann hat ihre Mutter sie irgendwann gewarnt, du pass auf, das ist schlechtes Karma, wenn du so weitermachst, kriegst du auch bald so schlimme Pickel! Da hat Texas dann schnell aufgehört mit dem Hänseln, und ihre Haut blieb schön glatt und rosig, während der Fluch sich bei dem kleinen Bruder, der nicht so klug war, tatsächlich erfüllt hat. Noch immer schaudert es sie, wenn sie daran denkt, wie knapp sie am Hässlichsein vorbeigeschlittert ist, wie anders ihr Leben verlaufen wäre. »Ich mein, stell dir doch nur mal vor, ich wär hässlich!«, sagt sie mit Angst erfülltem Blick. »Ich könnt das hier gar nicht machen! Ich könnt nicht strippen!! O Gott, ich wär auf'm College oder sowas!!!«

Destinee kommt von einem Private Dance zurück ins Backstage:

»Oh Mann, dieser Typ hat ununterbrochen versucht, mich zu lecken und mein Haar anzufassen! Fucking niemand rührt mein Haar an! *Like, ever!!!* Ich mein, ich fass mein Haar ja noch nicht mal selbst an!!!«

Der Floh

Es sind nicht die Gäste, die die Hände nicht von einem lassen können und alles begrapschen, was sie zwischen ihre Finger bekommen, die mir unangenehm sind. Es sind Gäste wie er. Das sind die Gäste, die ich zu meiden versuche wie eine lästige Sommergrippe. »Babe, jetzt mal im Ernst, ist hier jedes verdammte Mädchen nur hinter dem Geld her? Das ist doch alles 'ne einzige Verarsche! Hier ist doch nichts echt! So 'ne Scheiße!« Ich saß nun schon eine ganze Weile neben ihm. Er hatte sich in die hintere Ecke der Private Lounge verkrochen, mit seinem Corona und einer Schachtel Zigaretten, deren Marke ich noch nie gehört oder gesehen hatte. *Rocco*. Oder *Ringo*. Mit einem blauen Logo, das aussah wie das einer Fakezigarettenmarke, werbefreies Requisit in einer Nachmittagsserie der Öffentlich-Rechtlichen oder so.

»Darf ich?« Ich nahm mir eine Zigarette. Das hier würde wohl länger dauern und anstrengend werden. »Ich weiß, was du meinst …«, fing ich an, »mich langweilt *fakeness* ja auch. Aber das hier ist ein Stripclub.« Er zog nur die Augenbrauen hoch und machte einen Ich-versteh-kein-Wort-du-redest-Blödsinn-Gesichtsausdruck, ein Ausdruck, den er auch sicher nicht abzulegen plante, also nie, und ich versuchte trotzdem weiter zu erklären, was doch eigentlich offensichtlich war: »Na ja, es ist 'n Stripclub! Die Leute arbeiten hier nun mal, um Geld zu verdienen! Aber das muss ja nicht heißen, dass alles fake ist!«

Er ließ mit einem lauten, abfälligen »Ha!« seine Augenbrauen wieder fallen, nahm einen langen Schluck seines Coronas und schüttelte langsam, mit einem langgezogenen, von der Verrohung der Welt ach so enttäuschten »Ohmaaaaann!« den spärlich grau behaarten Kopf. A*ch,* wären doch alle Menschen so aufrichtig und tugendhaft wie ich, dachte er vermutlich. Ein Engel unter all den Verrätern. Es muss einsam sein, allein über allem zu schweben.

»Ich mach meinen Job zum Beispiel total gern!«, wagte ich einen vielleicht etwas übermütigen Versuch. »Ich find's super, zu tanzen und zu entertainen und den Leuten 'ne gute Zeit zu bereiten. Vielleicht hast ja Lust?«

»Ohmaaaann! Girl! Du bist zu schnell!«, stöhnte er gleich genervt. »Viel zu schnell! Lass uns erst mal 'n bisschen reden, in Ordnung? 'n bisschen kennenlernen ... *easy and slow baby, eeeeasy and slow.*« Und zog mich näher an sich ran. Ich wurde langsam ärgerlich. Ich saß schon viel zu lange hier, ohne dass irgendetwas zustande kam. Weder ein Geschäft, noch eine gute oder lustige Unterhaltung. Eines von beidem war nötig, um meine Zeit zu rechtfertigen. Vor mir tummelten sich Mädchen an Tischen mit gut angezogenen Männern und tranken teure Getränke und lachten. Gegenüber räkelten sich drei nackte gepimpte Körper über irgendwas mit einem blauen Hemd und Geld in den Händen. Ich hatte heute kein gutes Händchen für die richtigen Gäste und war jetzt auch noch bei dem größten Zeitfresser im Club gelandet.

»Na gut, überleg's dir. Du weißt, wo du mich findest, wenn du ready bist«, verabschiedete ich mich und stand auf.

»Hey, warte!« Er hielt mich am Handgelenk fest und zog mich zurück neben sich aufs Sofa. Nun zog ich die Augenbrauen hoch und sparte mir mit einem Is-noch-was-Blick die schon zu großzügig verschenkten Worte. Er holte einen Hundertdollarschein aus der Hosentasche, legte ihn auf den Tisch und stellte die Bierflasche drauf. »Hier. Für dich. Aber du musst es dir verdienen. Ich möchte, dass du diese ganze Fassade hier fallenlässt und echt bist. Und ich meine *echt* echt! Ich will dein absolut echtestes Innerstes. Ich will dich sehen! Keine Schauspielerin! Das verlang ich von dir! Und dann kriegst du vielleicht auch den Schein hier …« Er wollte mich. In echt. Für Arschlochsein und hundert Dollar. Es waren diese Gäste, die ich nicht ausstehen konnte. Die Gäste, die das, was sie für Fassade hielten, zu brechen versuchten, um unter meine Haut zu krabbeln wie ein lästiger Floh. Die Freude daran verspürten, ein Machtspiel zu spielen, und im wahrsten Sinne versuchten, Seelen zu kaufen. Ich traf sie nicht oft, diese Flöhe, und hatte meistens ein gutes Händchen, sie zu meiden, aber manchmal verirrte sich doch einer von ihnen zu mir oder ich zu ihm.

»Hör mal«, sagte ich und versuchte ruhig zu bleiben, »ich bin *echt. What you see is who I am is what you get.* Aber wenn das nicht echt genug für dich ist – *too bad.* Ich liebe es zu tanzen und zu unterhalten, und ich bin sehr gut darin, aber ich werde jetzt nicht echter sein, als ich es eh schon bin.«

Er seufzte, wiegte wieder seinen Kopf, *Oh-oh, Mädchen, das war jetzt aber nicht klug*, hob die Flasche hoch und faltete den darunterliegenden Schein demonstrativ einmal zusammen, um dann die Flasche wieder daraufzustellen.

Widerlich. Ich hasste solche armseligen Versuche der Manipulation. Ich hasste es, wenn jemand versuchte, mir zu sagen, wie ich zu sein oder nicht zu sein hatte. Wenn jemand meinte, er wüsste, wie ich *eigentlich* bin, und dass er das rauswühlen konnte mit Druck und Geld und was-auch-immer. Ich hasste es vor allem deshalb, weil der geduldige, respektvolle, offene Mensch sowieso immer mich bekam. Das ganze Programm mit all meiner Persönlichkeit und echter Zuneigung. Auch ohne Hundertdollarschein unter schalem Bier. Und für diese Spielerei, für die ich ohnehin der überlegenere Spielpartner war, hatte ich absolut keine Geduld mehr.

»Na gut, dann eben nicht, viel Spaß noch«, verabschiedete ich mich noch mal und hatte mich schon umgedreht, als er mich zum zweiten Mal festhielt. »*Alright, alright,* genug geredet. Hier.« Er hielt mir den Schein hin und grinste. Whatever. Ich nahm den Schein, steckte ihn in meine Tasche und sagte »Okay, lehn dich zurück«, bereit, ihm den emotionslosesten, langweiligsten Private Dance meines und seines Lebens zu geben. *Take this, fucker!* Real genug? Ich war gerade inmitten des zweiten Songs, als er mich festhielt, »setz dich, setz dich, bitte«, und ihm auf einmal Tränen aus den Augen kullerten. Der Typ weinte! Er klammerte sich an meine Hand und fing regelrecht an zu schluchzen. »Weißt du, ich hab 'ne Tochter. Sie ist einunddreißig, und seit dem Tag, an dem sie geboren wurde, kann ich Frauen einfach nicht mehr so ansehen wie vorher. Es fühlt sich einfach falsch an! Ich würde es nicht ertragen, wenn jemand *mein* kleines Baby so ansehen würde! Verstehst du?« Er schien ganz verzweifelt, der Idiot. Aber er war sich der Richtigkeit seiner Hemmungen sicher. »Er ist so schlimm! Dieser Blick eines Mannes auf einer Frau! So furchtbar schlimm!!!« Ich war perplex und genervt. Wie konnte man so alt sein und so wenig begriffen haben? Unheimliche Moralvorstellungen. Gruselig.

Ich versuchte, ihn zu beruhigen: »Es ist doch alles gar nicht so tragisch. Immerhin sind andere Frauen doch nicht deine Tochter. Und deine Tochter, ich mein, sie ist ja 'ne erwachsene Frau. Ich könnte mir vorstellen, dass sie das vielleicht gar nicht immer so furchtbar findet, wenn sie so angesehen wird. Also je nachdem. Frauen sind ja nicht unbedingt gegen sexuelles Begehren und so. Das muss ja nicht immer was Schlechtes sein …«

Er schaute mich mit großen Augen an, schüttelte den Kopf und lachte ob meiner naiven Einschätzung der Welt, die er von dort oben doch so viel besser verstand als ich armes, gefallenes Wesen. Es war Hopfen und Malz verloren. Ich zog mein Kleid wieder an. Sagte »tschüs« und ging mit Erleichterung zurück ins harmlose Stripclubtreiben.

Hitzefrei

Es ist ein ungewohntes Gefühl, mittags auf den Parkplatz eines Stripclubs zu fahren. Bei gleißendem Sonnenlicht. Zumindest für mich. Draußen stehen zwei Männer und telefonieren. Beide Typ Geschäftsmann und Familienvater. Skiurlaub in Colorado. Ab und zu mal mit der Liebsten auf Romantikreise nach Europa. Und manchmal eben in der Mittagspause zu den nackten Mädels. Vermutlich fahren die Männer Mercedes, vielleicht auch Porsche Cayenne (ist praktisch, Familie und so). Schon gern luxuriös, aber eben auch nicht protzig. Alles im Rahmen, man will ja kein Angeber sein.

Es ist 13.20 Uhr. Ich sitze auf einem Handtuch, das ich auf den Autositz gelegt habe, um nicht schweißnass anzukommen bei meiner Audition im Player's. Nach ein paar Nächten im gehobenen Pure Platinum will ich mal sehen, ob ich mir nicht noch einen etwas lotterigen Club für die Tagesschicht klarmachen kann. Es ist heiß, sicher an die dreißig Grad. Aber im Club läuft natürlich die Klimaanlage auf Hochtouren, und ich atme entspannt durch, als ich mich auf die kühle Ledercouch vor dem Empfangstresen setze und das Formular ausfülle, das mir Empfangshostess Maria in die Hand gedrückt hat.

Stagename: Myla. Haarfarbe: braun, Piercings: nein. Schon mal getanzt: ja. Eine Frau, sie ist schon länger kein Mädchen mehr, kommt aus dem Clubbereich und trippelt freudig gen Backstage: »O Mann, ich liebe diesen Typen! Ey, der hat mir gerade vierzig Dollar gegeben!« In ihrer Hand Bikiniteilchen und ein paar knautschige Scheine. Sie trägt Narben vom letzten Kaiserschnitt und hat sich »1 Life 2 Live« in Schreibschrift über die Pussy tätowieren lassen. Auf dem weichen weißen Popo vibriert eine blassrote Rose.

Ein weiteres Mädchen fragt nach einer Audition und nimmt neben mir auf dem Sofa Platz. Sie trägt eine »Taco Bell«-Uniform. Schwarze Hose und Polohemd mit besticktem Logo. Anscheinend kommt sie direkt von ihrem Job. Oder eben Exjob.

»*Sorry girls*, wir nehmen im Moment keine Neuen«, klärt sich die Sache fix, als der Manager kommt, um uns so schnell »Hallo« wie auch wieder »Tschüs« zu sagen. »Aber Mädchen kommen und gehen, probiert's einfach in ein paar Wochen noch mal.« Vielleicht auch besser so.

Auf dem Parkplatz ruft mir das andere Girl hinterher: »Ey, du, 'ssst!« und bedeutet mir, zu ihr zu kommen.

»Was ist denn?«, gehe ich langsam auf sie zu. Wenn du was von mir willst, dann schrei nicht durchs ganze Haus, sondern komm her, hat meine Mama immer gesagt. Aber die Benimmregeln meiner Mutter sind dem Mädel hier, glaub ich, ziemlich egal.

»Wo probierst du's als Nächstes?«, fragt sie, und ich sag ihr, dass ich eigentlich schon 'nen Club habe und dass sie es dort doch auch einfach mal versuchen soll. »Okay, cool, wie wär's denn, wenn du mich nach Hause fährst, dann kann ich eben mein Zeug holen und gleich mit dir mitkommen? Ich hab nämlich kein Auto.«

»Ähm, also, ich treff mich eigentlich gleich noch mit jemandem«, lüge ich sie auf ihr Polohemd starrend an, »... bei ... ähhh ... Taco Bell.« Ungeschickt. Ein bisschen unfreundlich vielleicht auch, aber wer weiß denn schon, wo sie überhaupt wohnt? Wer weiß denn schon, wer sie überhaupt ist. Ich habe schon zu viele *crazy people* hinter hübschen Gesichtern und süßen Locken gesehen.

»Okay. Na gut. Dann gib mir doch deine Nummer, und ich ruf dich einfach an, wenn ich soweit bin und du kannst mich dann dahin lotsen?«, fragt sie und meint es nicht wirklich als Frage.

»Ähm, nee. Ich geb dir die Adresse. Es ist ganz einfach zu finden, echt«, sag ich, schreib's ihr auf, »na dann, bis später vielleicht«, und steige ins Auto.

Im Radio läuft Bananarama, *»trying to smile but the air is so heavy and dry«. Cruel, cruel summer*, oh ja. Ich nehm einen Schluck vom kalten, abgestandenen Kaffee. Ein blasser Mann mit schwarzem Hemd, schwarzer Hose, schwarz gefärbten Haaren und schwarzem Zaubererziegenbart kommt aus dem Club und schwankt in Richtung wer-weiß-das-schon. Er sieht aus wie Dracula auf chemischen Drogen, und das sieht irgendwie ganz schön aus vor der pink-blumigen Deko-Bepflanzung, an der er gerade in Schieflage lehnt. Er schnuppert an einer der Rosen, pflückt sie vom Strauch, schnuppert noch mal und schmeißt sie wütend weg. Mit irrem Blick schaut er durch die Windschutzscheibe direkt zu mir und macht mit seinem Gesicht etwas, was wohl ein Lächeln sein soll. Motor an. Lieber weg hier.

Antonio

»I will meet you in your dreams and you will hear me whisper daaaarling! My sweet daaarling!«

Leider hatte er recht. Ich höre ihn immer noch, manchmal. *»Daaaarling! Oh sweet daaaarling!«* Nicht unbedingt in meinen Träumen, soweit kommt es noch, eher in nachmittäglich-schlummrigen Wachzuständen, aber dennoch unangenehm intensiv und begleitet von schalem Nachgeschmack und einem leisen Schuldgefühl. Oder einem Mitschuld-Gefühl. Einem »Okay, vielleicht war das nicht so ganz korrekt«-Gefühl. Und es ärgert mich. Und bei jedem *»Daaaarling, my sweet daaaarling!«*, das wie ein nerviges Blag an mir zerrt, finde ich ihn doofer und denke: »Du hast doch selbst Schuld, Blödmann.«

Antonio war mit Abstand der älteste Gast im Club, was nicht schwierig war, da er der Einzige war. Niemand sonst steht schon um halb sieben an der Bar und wartet, dass es losgeht. Antonio aber war da, wie gesagt, als Einziger und wie gesagt als Ältester, was er mit Sicherheit aber auch gewesen wäre, wenn er nicht der Einzige gewesen wäre. Also der Älteste.

Antonio war bestimmt über siebzig *and he looked the part*. Er war nicht einer dieser alten Männer, die auch mit siebzig noch attraktiv sind und souveränen Gentleman-Charme versprühen. So Männer, die eher Dandy als Opi sind und die sich bei Drink und Diskussionen über Kunst und Kultur die silbernen Strähnen aus dem interessant gegerbten Gesicht streichen und ihren Hermès-Schal lässig lockern. So einer war Antonio nicht. Antonio war ein alter Mann.

Punkt. Rentner (in Beige). Und stolz auf seine Laufbahn als erfolgreicher in seinem Feld hoch angesehener Kernphysiker. Natürlich, so betonte er immer wieder, machte er sich eigentlich nicht wirklich etwas aus seinem Erfolg. Es sei ja nun mal vielmehr Glück oder, tja, – *Schicksal* –, also sein außerordentliches Talent. Seine seinesgleichen suchende Hochbegabung für die Wissenschaft. Da könne er ja nun wirklich nicht anfangen anzugeben, mit Preisen oder Auszeichnungen oder Buchveröffentlichungen etwa, die es übrigens aber alle *en masse* gab, ja ja. Aber nein, das könne er nicht. Denn was habe er schon groß geleistet? Sicher, ziemlich Großes. Weltbewegendes fast. Aber es war ja nicht mehr als außerordentliche Leidenschaft, Interesse und großes Talent, das ihn dorthin gebracht hatte, wo er nun war. Und dass er damit so überaus außergewöhnlich und wichtig werden würde in seinem Feld (oh und in vielen anderen Bereichen übrigens auch, aber das nur mal am Rande) – ja. Nun. Tja. Na ja. Was soll man sagen. Schon beachtlich. Also sehr! (*Also wenn ich nur wüsste, wen ich da vor mir habe!!!)* Aber trotzdem nun wirklich nichts, womit er jetzt angeben würde. Und doch sei noch kurz erwähnt, dass er der erste Humboldt-Preisträger überhaupt war! Bücher wurden über ihn geschrieben! Ganze Bücher!! Nur über ihn!!! In zig Länder wurde er eingeladen, als Ehrengast und Redner! Ja, wo er schon überall war!! Universitäten weltweit würden sich um ihn reißen!!! Aber na. Mein Gott. Wie gesagt. Das nur mal am Rand. Das nahm er mit dankbarer Bescheidenheit an. Ein Geschenk des Schicksals. Gottes. Und nun wirklich nichts, mit dem er jetzt hier vor mir angeben würde. Nein, ein Angeber war er nun wirklich nicht. Das war nicht sein Stil.

Vor mir standen zwei Gläser Weißwein, beides meine, denn es war Happy Hour, und Antonio wollte nichts trinken. Nur mal nippen. Mehr nicht. Aber mal nippen, ja, mal nippen wär nett. Und so hatte ich zwei volle Gläser zu killen, was ich okay fand.

Antonio nahm Medikamente, denn Antonio hatte Schmerzen. »Mein Arzt sagt, es ist das Herz. Mein Arzt sagt, die Schmerzen kommen vom gebrochenen Herzen! Und ich denke, er hat recht! Denn ich bin verliebt!« Ich freute mich und rückte näher, um die Geschichte zu hören. Ein alter Mann frisch verliebt, wie toll! »Sie ist so wunderschön«, sagte er. »Aber ich hab's vermasselt! Ich hab ihr einen Diamantring gekauft, wir haben ja ein gemeinsames Leben geplant, aber nun hat sie mich verlassen«, teilte er mit klagendem Blick sein Leid. »Vielleicht, weil ich nervös geworden bin? Vielleicht hat sie das gemerkt? Jetzt is sie weg. Sie ist zu ihrer Mutter nach Schweden gefahren. Keine Ahnung, ob ich sie jemals wiedersehen werde …« Ich stellte mir die alte Dame vor, deren Mutter aber auch noch am Leben war, und ja, das ging wohl schon. Man konnte ja mit zwanzig Mutter werden. Dann würde die Tochter sechzig sein, wenn man selbst achtzig war. Das ergab schon Sinn. Es warteten ja nicht alle Frauen mit dem ersten Kind bis zum vierzigsten Geburtstag. «Aber, die gute Nachricht: ich hab mich schon wieder neu verliebt!«, unterbrach Antonio meine Zahlenspiele. »In eine zauberhafte junge Dame! Wir haben etwas ganz ganz Besonderes, uns verbindet etwas ganz Tiefes.« Antonio rutschte unruhig auf seinem Popo hin und her und schaute sich um.

Die Kellnerin kam und räumte das erste leere Glas ab. Lucy war mit Abstand meine Lieblingskellnerin. Lucy war wie immer fröhlich und lieb und supersexy, so kurvig, fast mollig, in ihrem Korsett mit Hotpants und dabei irgendwie gleichzeitig heiß, niedlich und cool. Angeblich stand Lucy auf Frauen, aber das konnte auch einfach eine Masche sein, um sich die Männer vom Hals zu halten. Wer wusste das schon. An der Bar sammelten sich die Mädchen der ersten Schicht und schauten gelangweilt geradeaus oder spielten mit ihren Smartphones. Antonio flüsterte Lucy etwas ins Ohr. »Ich schau mal nach. Versprochen«, antwortete Lucy, und dass er aber geduldig sein müsse, »ist ja noch früh«. Er drehte sich nervös nach links und rechts und suchte, während Lucy mir lachend zuzwinkerte und ging.

»Wo hast du denn deine Liebste kennengelernt?«, versuchte ich, Antonios Aufmerksamkeit zurückzugewinnen und freute mich auf eine romantische Seniorenliebesgeschichte mit Enten füttern, warmem Apfelkuchen und gemütlichen Rommé-Nachmittagen in geblümten Polstersesseln.

»Hier! Sie tanzt hier!« Ich verschluckte mich an meinem Wein und dachte: Ach herrje … du armer alter Mann …. »Aber sie ist nicht wie die anderen. Sie ist Russin, sehr sehr klug, wir hatten ganz tolle, tiefgründige Gespräche und eine echte *connection.* Wir haben schon von einer gemeinsamen Zukunft gesprochen, weißt du.« Ich wusste. Ja, ja, ich wusste. »Sie hat mir gesagt, dass sie nicht gerne hier arbeitet, und ich hab ihr versprochen, dass ich sie raushole. Wir sind wirklich sehr innig verbunden. Ich hoffe, ich sehe sie heute Abend. Ich frag mich, wo sie bleibt?«

Auf der Bühne tanzte ein dunkelhaariges Mädchen in schwarzem langem Kleid das erste Set des Abends. Die ersten Performances waren meist irre langweilig, und man konnte hier gut sehen, wer tatsächlich Spaß am performen hatte oder wer sich nur dann Mühe gab, wenn Gäste zum Animieren und Akquirieren da waren. Die Brünette auf der Bühne da gerade war von der zweiten Sorte. Sie trippelte monoton gelangweilt von einem Bein aufs andere und schaute dabei gedankenversunken auf den Bildschirm über der Bar. Meistens lief dort mittelmäßiger Porn. Im Normalfall: Solariumgebräunte Blondine mit großen Brüsten fickt muskulösen Südländer auf Plastikmobiliar am Süßwasserpool. Manchmal mischte sich aber auch avantgardistischer Arthousesex mit mäßig schönen, unrasierten Studentinnen unter das Programm, was niemand verstand.

Was jetzt gerade lief, konnte ich nicht erkennen, aber es schien dem Mädel auf der Bühne die Zeit zu vertreiben. Lucy räumte mein zweites Glas ab und fragte, ob wir noch etwas bestellen wollten. Antonio wackelte nervös und flüsterte ihr wieder etwas ins Ohr. Sie lächelte und zeigte auf die Bühne, lachte und verdrehte die Augen, während Antonio sich langsam und beschwerlich aus dem Sessel erhob und mit voranschreitendem Blick in Richtung Bühne hoppelte. Am Bühnenrand angekommen, hielt er sich an der Tiprail fest, beugte sich auf leicht klapprigen Beinen nach vorne und versuchte, der Tänzerin etwas mitzuteilen. Diese unterbrach ihren Nicht-Tanz, ging vor ihm in die Hocke und hörte zu. Sie lächelte höflich, erwiderte was auch immer und ging zurück, um an der Stange weiter hin und her zu trippeln, bis auch der dritte Song endlich vorüber war und es endlich hieß: »*Thank you, Olga. Next up: Skyler*«, sodass Olga wieder zurück zu Barhocker, Kaltgetränk und Smartphone durfte.

Antonio schlurfte derweil zurück an unseren Tisch und plumpste etwas unfreiwillig in den weichen Sessel. »Das ist sie!«, sagte er entsetzt. »Ich hab sie gar nicht erkannt! Sie sieht ja so anders aus da auf der Bühne, wenn sie sich da auszieht, ganz ganz anders … wir hatten so tolle Gespräche, weißt du, sie ist ja sehr klug … aber das da eben … tsss … ich weiß nicht … ganz ganz anders …«

Antonio hatte sein Geld in Briefumschlägen abgepackt. Ein Umschlag mit je hundert Dollar. Fünf Zwanzigdollarnoten in jedem Umschlag. Das machte er immer so, sagte er. Ich rutschte von seinem Knie, er schaute mich verliebt an und fummelte in seiner Tasche nach dem Briefumschlag. Er zählte mit zittrigen Händen die Noten nach, reichte mir das kleine Bündel und umarmte mich inniglich. »*Ohhh my darling! My sweet darling!* Ich bin hierher gekommen, weil ich dachte, verliebt zu sein, aber in Wirklichkeit habe ich mich erst heute Nacht wirklich verliebt! Denn du bist meine wahre Liebe! *My darling! My beautiful darling!*« Ich reichte ihm meinen Wein. Jetzt würde er wohl gern mal kurz nippen, sagte er, schließlich hätten wir etwas zu feiern. »Ich werde dich nur noch meine Liebste nennen! Denn das bist du, du bist meine Liebste! *My darling!* Ich werde dir einen Diamantring schenken, und du wirst mich auf meinen Reisen um die Welt begleiten. Jeder wird dich für meine Assistentin halten, aber ich weiß, dass du mein *sweet baby* bist, mein *darling*! *You are my sweet little baby and I am your big baby!*«

Er kicherte und drückte mich an sich. Ich ließ ihn träumen und lächelte oder kicherte mit ihm und sagte Nicht-Sätze wie »*You're nice*« oder »*That is very sweet of you*«. Mehr nicht, und mehr wollte er von mir aber auch gar nicht hören, denn darum ging es ja nicht. Um mich. Es ging um ihn und seine Liebe zu mir oder der Schwedin oder Olga oder zu sonst irgendeinem jungen Mädchen. Alles andere war unerheblich, und was tatsächlich wahr war, wusste sowieso noch immer er am besten. Und ich ließ sie ihn haben, seine Liebesgeschichte, wenn er denn meinte, dass es eine war.

Beim vierten Wein und der vierten Runde gebündelter Hundert-Dollar-Dances, die inzwischen keine wirklichen Tänze mehr waren, sondern vielmehr eine Anhörung von Liebesschwüren, angezogen und auf seinem Knie sitzend, war Antonio bereits bei der Familienplanung angelangt: »Wir werden ein wunderschönes Baby bekommen! Aber erst, wenn du dazu bereit bist. Und dann wirst du mir zuflüstern: ›Antoooonio! Antooonio, *my darling*, ich bin bereit!‹ Und dann werde ich mich freuen, ›*My baby! My sweet baby!*‹, werde ich sagen, und wir werden ein wunderschönes Baby machen!«

So einen großen Schwachsinn hatte ich noch nie gehört, und es verblüffte mich, dass Genius im Bereich der Kernphysik scheinbar nicht mit gesundem Menschenverstand einhergehen muss. Da saß er nun, der große Denker. Preisgekrönter Wissenschaftler. Standing Ovations ewiglang. Und machte sich stocknüchtern zum Narren. Seine Obsession wurde mir langsam unangenehm. Die Einfachheit der Ausbeute durch bloßes Nicht-Widersprechen dieser realitätsfernen Liebe machte mir Angst. Antonio schaute mir mit liebeslustverzerrtem Blick tief in die Augen und redete liebestollen Unsinn, aber ich hörte nicht mehr hin. Dafür hörte ich meinen Namen. Irgendwo zwischen Britneys Worten *Work Bitch* und *Maserati* wurde ich für das nächste Set aufgerufen. Erlösung! »Du, ich bin jetzt dran. Ich muss auf die Bühne.« Ich verabschiedete mich mit dem Versprechen, bald wiederzukommen und nach ihm zu sehen, und verließ erleichtert die Lounge. Sollte doch jetzt mal jemand anderes das Vergnügen an ihm und seinen Briefumschlägen haben. Ich hatte jedenfalls genug davon. Die übermütig stürmische Liebe eines alten Mannes für Mädchen, die schön und jung waren und von denen er auch sonst nicht weiter viel wissen brauchte oder wollte, um diese Liebe zu begründen, nervte mich. Und ärgerte mich. Denn es war keine Romanze, sondern die selbstverliebte Eitelkeit eines ignoranten, eingebildeten Mannes.

Ich saß gerade an einem Tisch mit jungen Geschäftsleuten aus Boston und entspannte meinen Kopf bei lustiger, ausgelassener Unterhaltung, als ich Antonio sah, wie er mit Anorak über dem Arm Richtung Ausgang wankte. Ich wollte mich zumindest noch einmal verabschieden. Er war ja gut zu mir gewesen heute Abend, umschlagtechnisch, und ich wollte ihn zumindest nicht ohne ein »*good bye*« seines ja so geliebten *darlings* in die Nacht gehen lassen.

»Antonio, hey, gehst du?«, stoppte ich ihn. »Ich wollte nur good bye sagen und danke. Hab noch einen schönen Abend!«

Er schaute mich entsetzt an: »Du! Ich hab gesehen, wie du mit diesen Männern geredet hast! Du bist genau wie all die anderen!«

Ich versuchte zu rechtfertigen, was gar keiner Rechtfertigung bedarf, und fühlte mich schuldig für etwas, was nicht meine Schuld war. »Entschuldige, Antonio, aber das ist mein Job. Ich fand's wirklich nett mit dir, aber, ja, ich spreche auch mit anderen Männern. Das ist nun mal, was ich mache.«

Er musterte mich von oben bis unten: »Du hast mein Geld genommen, und dann bist du abgehaun. Du willst nicht mich, sondern nur mein Geld! Du bist genau wie all die anderen! Widerlich!«

»Na ja ...«, war das Einzige, was ich dazu sagen konnte. Na ja, und die Schulter zuckende, Arm hebende Geste, die sagt: Aber das muss man doch wissen, wenn man hierherkommt! Das ist doch ein Stripclub, Junge! »Hab noch einen schönen Abend. Und komm gut nach Hause«, versuchte ich noch etwas Nettes, aber Antonio stampfte schon wütend Richtung Ausgang.

Ich blieb zurück. Gleichzeitig geknickt und wütend. Was wollte er denn? Wie konnte er mir vorwerfen, dass ich meinen Job machte? Wieso kam er denn hierher? Um sich in junge, schöne Mädchen wie uns zu verlieben! Mädchen, die damit Geld verdienten, dass man sich in sie verlieben durfte, ohne zurückgewiesen zu werden. So läuft das nun mal! Das ist der Deal. Gut gemachte Illusion. Man ist doch auch nicht auf den Zauberer wütend, wenn die durchgesägte Assistentin am Ende der Show wieder ganz dasteht. Und trotzdem. Etwas nagte an mir. Ich hatte seine Gefühle verletzt, so absurd sie auch gewesen waren. Er war ein dummer Trottel. Selbstverliebt und eitel. Weltfremd und naiv. Forderte die Liebe schöner, junger Mädchen kompromisslos für sich ein, für sich eitlen, alten Mann. Und trotzdem, etwas nagte.

Planschplansch

Ich liege am Pooldeck des Mondrian Hotels, und Eddie bringt mir meine Weißweinschorle. Eddie kennt mich inzwischen schon, ich bin ja den dritten Tag in Folge hier oben, und wenn ich das Mondrian betrete, empfangen Eddie und die anderen Poolboys mich inzwischen immer mit diesem Lächeln, dass ich mich wie ein Hollywoodstar fühle, obwohl ich hier ja gar kein Hotelgast bin und auch in Zukunft sicher keiner sein werde. Aber das weiß ja niemand außer mir, und so bereitet Eddie mir wieder, wie schon gestern und vorgestern, meine Liege und bringt mir später Weißwein und Club-Sandwich.

Auf dem Pooldeck des Mondrian hat man einen hervorragenden Blick auf die Marina und, was viel viel spannender ist, auf all die Models und die, die es gerne wären, die hier oben am und im türkisblauen, wohltemperierten Chlorblau frohlocken und in High-Lifestyle baden. Männer mit Strohhüten und lässig aufgeknöpften Seiden-Sommerhemden schenken Rosé nach und stellen die eisgekühlte, fast wieder leere Flasche zurück in den silbernen Kübel, der im unverschämt penetranten Sonnenlicht mit den gespiegelten Sonnenbrillengläsern der Jetsetcrowd um die Wette glitzert. Es ist Art Basel in Miami. Oder *Basel-Weekend*, wie man wohl sagt, wenn man cool ist. Oder *Art-Basil*, wie man sagt, wenn einem alles Nicht-Amerikanische nicht so leicht über die gebotoxten Lippen geht. Die größte Kunstmesse der Welt. Alle sind sie hier: Kim & Kanye, Paris, Pharell, Brangelina, whatever. Ach so, und Kunst gibt es natürlich auch, aber das ist eher nebensächlich.

Miami lehrt dich das neidfrei fröhliche Mitmachen. Niemand lästert, wenn die Daddys den Ocean Drive in ihren Lamborghini-Ferrari-Maseratis rauf und runter cruisen, immer wieder, die Showstraße hoch und wieder zurück, bis sie auch jeder gesehen hat, #Cruisin #Ballin #Lifestyle. Aber niemand lästert. Man freut sich. Winkt auch mal anerkennend. *Two thumbs up.* Warum auch nicht.

Und wenn man, so wie ich, allein während eines Spektakels wie der Art Basel ist, macht man halt auch einfach fröhlich mit und geht dahin, wo man es eben nicht ist, also allein, und wartet, was passiert. Denn irgendwas passiert immer. Und so landet man auf der Strandparty eines Private Member Clubs, overdressed auf einer verregneten Motel-Eröffnung oder in der Hotel-Residenz eines betrunkenen Celebrity-Trash-Bestsellerautors. Oder eben auf dem Pooldeck des Mondrian Hotels. Man muss einfach so tun, als gehöre man genau hierher, und dann tut man das auch. Auch das lernt man in Miami.

»Hey, how are you? Lust auf Lunch?« Ein Typ, er sieht aus wie zwanzig, hüpft Weißweinglas haltend im neon-bunten Schwimmhilfe-Gewimmel (*ist übrigens Kunst*) auf und ab und blinzelt mich an. Ich hüpfe auch Weißweinglas haltend auf und ab, in Wasser muss man ja irgendwie immer hüpfen, um auf der Stelle zu bleiben, und blinzle zurück: »Klar, gern!«

Josh ist tatsächlich kaum über zwanzig, aber dicker Geschäftsmann. Also nicht wortwörtlich, er ist eigentlich ganz schön dünn, aber eben dick im Geschäft und so. *High School drop out.* Arbeitet, seit er sechzehn ist. Jude. New York. Eventfirma, die größer und größer wird. Tommy Hilfiger zählt zu seinen besten Kunden. Ist inzwischen guter Freund, der Tommy. Heute Abend richtet er eine große Party für einen russischen Kunden auf Fisher Island aus. Also er, nicht Tommy. Fisher Island = fette Villen. Superreiche. *That's where the real money is* und so, aber das wüsste ich sicher.

Angeben fände Josh aber peinlich. All die Menschen, die sich über ihr Geld und ihren Status definierten, armselig. Er sei da anders, *he's keepin' it real.*

»Hier, bestell alles, worauf du Lust hast! Champagner?«

Ich sitze nun tropfnass auf der Liege neben Joshs und studiere die Karte. Josh hat sich bereits entschieden, er nimmt immer zwei, drei verschiedene Gerichte, so hat man Auswahl. Ich soll das doch auch so machen. Als die Kellnerin kommt, fügt Josh meiner Bestellung also einfach mal noch zwei weitere Snack-Optionen hinzu, »und was auch immer die Lady zu unserer Rechten gern trinken möchte«, und zwinkert unserer Sitz-Liegen-Nachbarin im rosa Bikini zu.

»Hey, setz dich doch zu uns. Wie heißt du?« Das blond-dünne Mädchen, jung und etwas schüchtern, rückt näher und nimmt nach mehrmalig höflichem »Wirklich? Bist du sicher?« die Drink-Essens-Einladung an und bestellt sich auch eine Kleinigkeit. Mara ist einundzwanzig. Sie kommt aus Italien, Mailand. Sie ist Model. Das hier ist ihre erste Art Basel, gefällt ihr gut. Sie ist mit Freunden hier. Die wohnen immer im Mondrian. Wo sind die überhaupt? Na ja. Unser Essen kommt, und wir arrangieren Finger Food und Meeresfrüchte-Selektionen auf den handtuchweichen Sonnenliegen.

Ein Typ kommt, Skinny Jeans, lange Haare, Tattoos auf Muskeln, Sonnenbrille. Ob er mal ein Foto von ihr machen könnte. Er sei von der amerikanischen *Cosmo*. Na klar, gerne. Knipsknips. »Super, danke, hier ist meine Karte.« Ich stecke mir ein paar Delikatess-Pommes in den Mund. Mara wird diesen Sommer nach Dubai gehen, zum Studieren. Fashion oder PR oder so. Mal schauen. Genau weiß sie das noch nicht. Ob sie da nicht Angst hätte, mit all den Arabern und so, fragt Josh, aber Mara ist zuversichtlich, dass die Araber kein zu großes Problem sein werden. »Ich versteh schon, was du meinst«, sagt sie, »ich mag Moslems auch nicht, aber in

Dubai muss man sich da keine Sorgen machen. Als Westlicher lebt man doch sehr abgeschirmt von denen, da ist man schon sicher.« Ich schiebe noch zwei Pommes nach.

Als ich wieder zurück zu meiner Liege gehe, grinst ein Mann mich vom Wasserbecken aus an. »Salut, Schöne! Darf ich dich vielleicht mal zum Shoppen ausführen?«

»Vielleicht«, lache ich zurück und sehe seine Frau neben ihm sonnenbetrunken auf einer pinken Luftmatratze dahinschippern. »Kommt deine Frau auch mit?«

Er lacht, ich lache. Wir alle lachen. Ganz Miami Beach lacht. Immerzu. Gebleachte Zähne, *sunshinesimpleness*, Villa-Partys und Champagner. Hahaha. Dauerlachen, Dauerparty. Und auch Kunst irgendwo.

Poolboy Eddie und ich machen ein Selfie. Ich drehe mich auf der Liege mal wieder auf die andere Seite. Noch ein Glas Weißwein. Der DJ spielt wieder diesen Song, den ich schon gestern auf der Party gehört hab. So gut ist der. Wer ist denn das bloß? Mal nachfragen. Ach, ist doch auch egal. Lieber liegenbleiben. Noch mal umdrehen. Neben mir telefoniert ein Girl mit *high-pitched american accent*. »*Ohmygawd*, Art Basel ist so unglaublich amazing, *sooo* inspirierend! Ich liebe Kunst aber auch einfach! Das ist wie 'ne Massage fürs Gehirn!« Noch mal umdrehen. Oder lieber gehen. Yep, ich glaube, es ist Zeit zu gehen.

KEY WEST

The Red Ruby

Key West ist nicht weit von Miami. Man fährt in angenehmer Geschwindigkeit am Meer entlang, macht mal Drive-Thru Starbucks, mal Drive-Thru Taco-Bell, schaut an roten Ampeln stehend auf Florida Provinz, wehende U.S.-Flaggen auf schrottigen Dächern, und ist dann nach vier bis fünf Stunden am südlichsten Punkt Amerikas angekommen, gemeinsam mit anderen Kurztrippern, Honeymoonern, Backpackern und Senioren. Key West, übersichtlicher Strandort mit einladender Bed & Breakfast-Gemütlichkeit.

Das Red Ruby liegt mitten auf der Touri-Urlaubs-Promenade – Key West hat nur eine – neben Souvenirladen und Lemon-Cake-Shops, sieht aus wie ein Western-Saloon und stinkt wie eine Eckkneipe. Das liegt sicher an dem Teppichboden. Pubs haben ja oft Teppichboden, und der saugt dann das verschüttete oder ausgespuckte Bier auf und tunkt damit den gesamten Raum in einen warm-siffig-ungesunden Exzessgeruch. Ich mag das sehr. Man weiß gleich, wo man ist und wo man bleibt, und wenn man sich danebenbenimmt, dann ist das in Ordnung, denn man ist in guter Gesellschaft, denn kaum jemand hier benimmt sich nicht daneben, und alles, was vielleicht etwas zu sehr danebengeht in dieser Partynacht, wird dezent vom Teppich aufgesogen und verschwindet im dicken Polyesterwollmix, wo es dann von den nächsten Partynächten platt- und weggetreten wird. Schön ist das.

»Hast du irgendwelche üblen Narben? Seltsame Tattoos? Schusswunden?« Steven, der Manager, steht mit verschränkten Armen vor mir und mustert mich von oben bis unten, während ein Kopierer im Hintergrund rattert und meinen Ausweis kopiert, noch bevor ich meine Sonnenbrille abgenommen habe. Vortanzen is Quatsch. Im Bikini vortrippeln auch. Ich habe nach Eigenaussage weder hässliche Tätowierungen noch schlecht verheilte Kaiserschnittnarben oder Schussverletzungen, und Steven glaubt mir das jetzt einfach mal und heißt mich daher mit Handschütteln herzlich willkommen im Ruby's.

Die Tour beginnt oben bei den VIP-Rooms, und als Steven vor mir die Treppe hochsteigt, fällt mir jetzt erst auf, wie extremst übergewichtig er ist, armer Kerl. Langsam und beschwerlich, Stufe für Stufe, schnauft er sich die Treppe hoch, ganz ganz langsam und ich hinter ihm her, Stufe für Stufe, auch ganz ganz langsam, während vor mir sein Riesenkörper bei jedem Schritt wabert und vibriert, auf Augenhöhe, und ich bereue, dass ich nicht frech vorangegangen bin, denn dann würde er jetzt auf meinen Hintern starren und das Wissen, dass ich stattdessen gerade auf seinen starre, bliebe ihm erspart.

Nach einer gefühlten Ewigkeit ist aber auch die letzte Stufe erklommen, und Steven hält das rote Samtseil zur Seite, um mich an ihm vorbeigehen zu lassen, endlich.

»Dies sind die Champagne Rooms«, sagt Steven und zeigt auf die roten Samtvorhänge, hinter denen es noch leer ist, ist ja früh am Abend. »Zweihundertfünfundsiebzig Dollar minimum für 'ne halbe Stunde. Fünfundsiebzig Dollar ist die Miete fürs Separee.« Steven tippt auf ein Schild, das hinter ihm an der Wand hängt. *»There's no sex in the Champagne rooms … but there's Champagne«*, steht da in Western-Schrift. »Und genau so mein ich das auch!«, fügt Steven streng hinzu. »Ich weiß ja, dass du Miami gewöhnt bist, aber das hier ist ein cleaner Club! Ich will hier kein *funny business* sehen! Der Gast fasst dich da unten nicht an, du fasst den Gast da unten nicht an, kein Küssen, kein *nipple-sucking*, verstanden?«

Und ob! Cleaner Club. Superduper und Musik in meinen von dröhnenden Miami-Glowstick-Synthie-Bässen fiependen Ohren.

Auch immer noch Musik in meinen Ohren, obwohl ich inzwischen ja daran gewöhnt sein sollte, ist das formidable American-Strip-Club-Set-up: Die fünfundsiebzig Dollar sind Miete für das Zimmer oder Sofa-hinterm-Samtvorhang oder welche Art von semi-privaten Quadratmetern der Club eben als VIP-*Room* verkauft, und alles darüber hinaus, das, was mich und meine Gesellschaft betrifft, ist mein Geschäftsgebiet, und ich kann die Preise selber bestimmen und veranschlagen, so viel ich will und kann. Zweihundert Dollar sind dabei nur das Club-Minimum. Dieses Geld, also mein Anteil, gehört dann mir, und das zu hundert Prozent.

Ich bin damit mein eigener Boss, und damit ich hier mein eigener Boss sein kann, bezahlt nicht der Club mich, sondern vielmehr bezahle ich den Club. Dafür, dass ich mein Business hier ausüben kann und er mir alles Nötige dafür bereitstellt: Location, Bühne, Bar, Musik, Security. Und Gäste natürlich. Dafür zahle ich die vom Club festgelegte Housefee, Tip-outs für Housemom, DJ, Parkplatz-Wächter, Security-Guy und wer auch immer mir noch beim Money-making hilft. Und nachdem ich dann erst mal, je nach Club und Schicht, dreißig bis weit über hundert Dollar losgeworden bin, noch bevor ich welche verdient habe, gehört all das, was danach an Kohle reinkommt, aber mir. Mir ganz allein, und ich kann mir meine Taschen füllen wie ich lustig bin, beziehungsweise wie weit mein *sales*-Geschick mich trägt und der Gott des Geldes über mich wacht in dieser Nacht.

Das ist mal mehr und mal weniger, und wenn ich an einem Morgen mit zweitausend Dollar nach Hause komme, kann es sein, dass ich am nächsten Morgen gerade mal meine Ausgaben wieder drin habe. Aber so oder so – es liegt an mir. Ich kann selbstbestimmt und unabhängig Geld verdienen, das direkt in meine Taschen wandert, kann mehr oder weniger kommen und gehen, wann ich möchte, und kann selbst und ganz spontan entscheiden, ob ich heute Abend überhaupt Geld verdienen möchte oder ob ich erst mal genug hab und das Fernsehprogramm zu Hause gerade eh viel spannender ist, irgendwie, morgen ist ja auch noch ein Tag. Beziehungsweise eine Nacht. Bescheid geben muss ich normalerweise niemandem, denn wenn auch mal ein Club die Schichten eine Woche im Voraus festlegt und eine Acht-Stunden-Anfang-bis-Ende Anwesenheit fordert, so ist das doch eher ungewöhnlich einschränkend und fühlt sich fast schon nach Festanstellung an und ist, in Florida zumindest, nicht wirklich die Regel.

Ich kenne kaum einen Job, in dem man so unabhängig und flexibel die Möglichkeit hat, Geld zu verdienen, unter Umständen sogar sehr viel. Nur schade, dass man dafür so weit reisen muss.

In deutschen Stripclubs ist nämlich der Boss der Boss, Pimp aller Mädchen, der immer die Hälfte von all dem kassiert, was sie sich hart ertanzen/-quatschen/-trinken. Er bestimmt, wann die Nacht beginnt und wann sie endet und auch, wann die Mädchen ausbezahlt werden, und das sogenannte *Funny-Money*, die clubeigene Währung, in echtes Geld umgetauscht wird, abzüglich der fünfzig Prozent für den Club selbstverständlich. Natürlich gibt es in Deutschland keine Housefee oder sonstige Tip-outs. Wäre ja noch schöner. Aber es ist trotzdem eine Milchmädchenrechnung, und die Machtstrukturen in diesen Clubs sind daher kaum mit denen der amerikanischen zu vergleichen. Ob sich auf einem Wochenmarkt der Gemüsehändler wohl wundern würde, wenn er die Hälfte jedes Tomaten-Erlöses an die Marktleitung abdrücken müsste?

Steven bittet mich um Housefee und Tip-outs für Security und DJ. »Du kannst auch am Ende der Nacht bezahlen, aber dann muss ich deinen Pass solange als Pfand behalten.« Macht Sinn. Vermutlich gibt es zu viele, die ihr Geld machen und dann schnell abhauen, ohne dem Club seines zu geben.

Ich entscheide mich für die Vorab-Variante, damit ich meinen Reisepass gleich wieder bei mir habe und mich somit nichts mehr hält, wenn ich Lust habe, die Nacht zu beenden und abzuhauen. Ich liebe das Gefühl, gehen zu können, ganz wann und wie ich will, wenn ich denke, dass die Geldtasche voll genug ist, dass ich genug erlebt habe oder dass es jetzt einfach mal reicht, einfach so, weil ich das jetzt nun mal finde. Ich kann dann einfach aufhören, dem DJ kurz ein Zeichen geben, dass ich weg bin, mich umziehen und mit Bargeld in der Tasche verschwinden. *No questions asked.* In keinem anderen Job, außer Bankräuberei vielleicht, wäre das möglich.

Der Schwager

»Ich will *ihm* zusehen!«, raunt er neben mir seltsam bis unheimlich und starrt ihn mit weit aufgerissenen Augen an. »Sonst nix, ich will nur ihm zusehen!«

Wir stehen oben vor den Champagne Rooms. Wir, das sind ich und der Typ mit dem rothaarigen, wuscheligen Vollbart und eine andere Frau und der Schwager von meinem Vollbarttyp. Sie hat sich den Schwager gekrallt, ich mir den Vollbart, und gemeinsam haben wir es jetzt zumindest schon mal die Treppe hoch am roten Seil vorbei ans VIP-Terminal geschafft. Nun stehen die andere und ich vor Kate, der VIP-Hostess und ihrem Kreditkartengerät, und hoffen, hinterm Rücken Daumen drückend, dass die Karten nun auch durchgezogen werden, zweimal: einmal Vollbart für mich, einmal Schwager für sie, nicht nachdenken, Jungs, machen!!! Kommt, kommt, kommt, puuutt put put, *your payment has gone through*, katsching-katsching, *yippiiiieh*!

Der Schwager will auch. Er hat seine Kreditkarte schon bereit, also für sich und sie, aber es gibt ein Problem mit meinem Vollbart, denn der will auch, aber nicht mit mir und auch nicht mit ihr. Er schwankt an meiner Seite, sehr, ich muss ihn leicht stützen, was eigentlich nicht schlecht ist, denn Schwanken macht meist das Geld lockerer, aber nicht in diesem Fall, denn ich habe nicht das, was er will.

»Das da is' mein Schwager. Dreckige Sau. Ich will ihm mit diesem Mädchen zuschau'n. Ich will diesem Motherfucker beim Dreckigsein zuschaun!«, brummt mein Vollbart mit tiefer Stimme und schwerem Atem, und dem Schwager ist das sichtlich unangenehm. Betretenes Schweigen. Ich versuche, ihn von seinem eigentlichen Interesse abzulenken: »Komm, lass uns gehn! Das wird lustig! *Let's have some fun, let's get naughty!*«, und hoffe, dass er so betrunken ist, dass er mit der Aufmerksamkeitsspanne eines Hundes von einer Attraktion zur nächsten hüpft und dabei vergisst, was eben noch war und was er eben noch wollte, und die Worte *Fun* und *naughty* und mein Hoch- und Runterbouncen schließlich ausreichen, um grinsend »Okidoki« zu sagen und die Kreditkarte zu zücken. Denn so ist es meistens. Aber nicht beim Vollbart. Er lässt mich links liegen, wortwörtlich, und starrt mit heiß-feurigen Augen in Richtung Schwager und zischt ihn Worte-Spucke-sprühend an: »Ich will dir zusehen, Mann! Du dreckiges Arschloch! Ich will sehen, wie dreckig du bist!« Der Schwager entschuldigt sich, bei mir, bei ihr, steckt seine Kreditkarte wieder ein und bringt ihn, sich, schnell wieder runter, raus, in Sicherheit.

Oh-oh

Es ist irgendwas nach zwei Uhr nachts, und der Laden ist brechend voll. Männer, Jungs, Herren, Partyvolk. In Shorts und Flip-Flops, Jeans und Shirt, Lederhose-Rockerweste oder Homeboy-Baggy-Pants; *Shorty on the Dancefloor, poppin' that Champagne,* aber dann doch eher nicht. Macht nix. Hier schmeckt Bier eh viel besser als Bubbly. Wenn das Geld fliegt, und das tut es, dann eher in kleineren Scheinen, aber auch das macht nichts, denn Kleinvieh macht auch Mist, und das Gefühl, nackt mit Geld beschmissen zu werden, ist unbezahlbar, egal, welche Zahl auf dem Papier steht. Es gibt Dinge, die kann auch die goldenste Kreditkarte nicht kaufen.

Jetzt sind die Männer allerdings allein unter sich, kein Girl weit und breit, und das ist ja eher ungewöhnlich an so einem Ort. »Alle Mädchen in den Backstage – jetzt!«, war die Ansage über das DJ-Mic. »Egal, ob ihr gerade mitten in 'nem Private Dance oder 'ner Stage Show seid, hört sofort auf mit dem, was ihr macht, und geht ins Backstage!«

So ein DJ mit Mikro ist praktisch. Er kann den Abend moderieren, Girls ansagen, Specials verkünden, two-for-one oder whatever, darüber informieren, so wie eben gerade, dass das WC leider kurzfristig defekt ist und dass man aber stattdessen gerne die Toiletten vom *Pizza Hut* gegenüber benutzen dürfe. Oder er kann eben auf Ansage des Managers hin die Mädels zum Rapport ins Backstage-Kabuff zitieren.

Und da sitzen wir nun. Alle auf einem Haufen. Zwanzig, dreißig *Ladies* auf einer Handvoll Quadratmetern und warten, was passiert. Steven steht vor uns, und sein riesiger, weicher Körper zittert und vibriert vor Aufregung und Wut. Er holt tief Luft. »Gibt's hier irgendwen, irgendwen, der kein Englisch versteht?!!!«, fragt er laut, nicht wirklich fragend, und die Mädchen schauen in die Luft oder Kaugummi kauend zu ihm, unbeeindruckt, oder tippen auf dem Telefon oder streicheln ihren schwangeren Bauch. Passiert wohl öfter hier so was. »Und gibt's hier irgendwen, irgendwen, der nicht lesen kann?!!!«, folgt die nächste Nichtfrage, auf die die Bikini-Kaugummi-Crowd wie zu erwarten wieder mit Stille antwortet. Steven ist jetzt richtig laut und sein Kopf hochrot, fast lila. »Warum, verdammte Scheiße, schmeißt ihr dann immer wieder eure scheiß Tampons in die Toilette!?! Ich musste gerade eins von diesen Scheißteilen mit meinen eigenen Händen rausziehen! Schon wieder, verdammt!!!«

»Bäh!«, sagt das Mädchen neben mir trocken und leicht abfällig, Beine hochgelegt, Blick weiter auf dem Telefon. »Alright, whatever, ihr könnt wieder reingehen«, sagt Steven schließlich, erschöpft, er gibt auf, bringt ja eh nichts, Scheißjob, was für ein Scheißjob, und wir Mädels trippeln wieder zurück in den Club, lachend, quasselnd, euphorisch, denn die Nacht könnte nicht besser sein, Traumjob, was für ein Traumjob.

Gold

Frank hat unglaublich weiches Haar. Ich weiß nicht, ob ich jemals so weiches, seidiges Haar berührt habe. Es ist grau, silbern eigentlich, und schulterlang, und Franks Augen sind stahlblau und klug und so sanft, es tut fast ein bisschen weh hineinzuschauen. Frank ist über sechzig, schätze ich mal. Vielleicht ist er auch schon siebzig. Ich weiß es nicht. Er ist ein richtiger Rocker, irgendwie. Wenn ich mich als Kind zum Fasching als Rocker verkleidet hab, dann ist so jemand wohl das Vorbild gewesen.

Franks Hände liegen schüchtern in meinen, als ich vor ihm tanze. Er trägt schwere, dicke Ringe an den Fingern. Ich musste ihn überreden eben, denn auch wenn er fast jeden Abend hier ist, Rick, der Besitzer des Red Ruby ist ein guter Freund von ihm, so ist er eigentlich eher der Typ an der Bar, sagt er, nicht der Typ in den Private Rooms. Es ist ihm etwas unangenehm, irgendwie, dass er mitgegangen ist, und er sorgt sich darüber, dass man ihn sehen könnte, dass sich rumspricht, dass er, Frank, sich tatsächlich hat betanzen lassen, hier hinten in den kleinen Separees, die wie die Abteile eines alten Western-Zug-Waggons gestaltet sind, mit Holzbänken und Schwingtüren statt Ledersofas und Samtvorhängen.

Frank sagt ja zu noch einem vierten Tanz. Vielleicht kann Frank auch einfach nicht nein sagen. Vielleicht möchte er aber auch einfach nicht, dass es aufhört. Er hätte das noch nie gemacht, sagt er. Es wäre aber wirklich wirklich schön. Er sitzt gerade, die Arme regungslos neben sich, eine Hand sanft in meiner Hand, aber auch nur, weil ich sie vorsichtig gegriffen habe. Ich finde es auch sehr schön mit ihm, und Lederweste und Klunkerringe können nicht davon ablenken, dass er das auch ist, also schön, innen wie außen. Diese Momente sind die wertvollsten, wenn sich trotz wummernder Bässe, harter Holzbank und abgegriffener Geldscheine zwei fremde Menschen begegnen und sich berühren und erkennen.

Draußen hüpft und feiert die kleinstädtische Nacht, und ich versuche, Frank etwas zu verdecken, als wir uns wieder unter die Leute mischen, damit niemand seiner Kumpels ihn sieht und er somit auch in Zukunft der coole Man an der Bar bleibt, der mit der Hand am Bier, die blauen Augen vom silbernen Haar verdeckt.

Als ich wieder auf der Bühne stehe, kann ich ihn nirgendwo mehr sehen, noch nicht mal an der Bar. Momente verschwinden oft so schnell, wie sie kommen, und manchmal geht auch gleich die Erinnerung an sie mit und macht damit Platz für neue. Andere Momente verweilen vielleicht noch ein bisschen, bis sie irgendwann nur noch Silhouette sind und dann ganz verblassen. Aber manche Momente schaffen es, zu bleiben und andere Erinnerungen zu überleben und etwas zurückzulassen.

Ein paar Scheine fliegen mir entgegen, die Tiprail ist voll besetzt, und ich blicke in junge und alte, halb bis ganz betrunkene, fröhlich-freundliche Gesichter. Über dem Bühnenrand hängen goldene Chromgriffe von der Decke. Daran kann man sich festhalten, wenn man auf dem abgenutzten Holzrand balanciert, Stringding auf Männer-Augenhöhe. Ich ziehe mich an den Griffen hoch und bewege meine Beine langsam zum Sound von »A Real Hero« im sommergebräunten Zeitlupen-V dicht über den Köpfen der Menschen. »*A pilot on a cold, cold morn', one-hundred fifty-five people on board, all safe and all rescued, from the slowly sinking ship.*« Der pinke Slip schwarzlicht-leuchtet unter dem goldenen Metall, Körper und Haare fliegen durch nikotinundlebenslustgetränkte Luft, schwerelos und schön. Und leicht. Menschen schauen, freuen sich, genießen. Geldpapier wirbelt. Ich schließe die Augen, und Glück strömt wie Flut in jede meiner Poren und übergießt mich mit goldenem »Ahhhhhhhhhh …«.

Trashfoodlovin

Es ist heiß und dunkel, aber das ist es hier ja irgendwie oft, und ich stehe vor meinem roten Mini und versuche den Autoschlüssel aus der kleinen prallen Tasche zu fischen, ohne dass die in der Eile zusammengeknäuelten und hineingepressten Geldscheine auf den Boden fallen. Die metallic-pinke Victoria Secret-Clutch, die wohl eigentlich als Kosmetiktasche gedacht ist, aber in der ich nachts mein Geld sammle, ist am Überquellen und beult sich an allen Seiten und Ecken und Kanten. Das hatte ich so auch noch nicht. Wäre das tatsächlich meine Kosmetiktasche, fände ich das ziemlich hässlich. Aber da ich weiß, was drin ist, ist hässlich nun wirklich das falsche Wort.

In meinem Auto riecht es nach Tacos und altem Kaffee, und ich ziehe das Handtuch, das ich tagsüber gegen Lederschwarz-Sonnenheiß-Schweiß auf den Fahrersitz lege, ab und schmeiß es auf den Rücksitz, zu anderem Müll, salzig-klammen Jeansshorts und nassen Bikinis. Mein kleines temporäres Autozuhause ist inzwischen eine muffige Messiehochburg geworden, und es ist wohl Zeit zu gehen. Oder auch einfach aufzuräumen. Aber erst morgen.

Man muss aufpassen, wenn man so eine Tasche voll Geld aufmacht, dass das Papier nicht im Reißverschluss stecken bleibt und reißt. Normalerweise habe ich das Problem nicht. Denn normalerweise habe ich am Ende der Nacht einen ordentlich glatten Stapel von hauptsächlich Zwanzigdollarscheinen, dazu Fünfziger, einige *single dollar bills* und ein paar Hunderter. Genug um genug zu sein und in so angenehmer Papiermenge, dass man zwischen den Scheinen auch im betrunkenen Zustand noch einigermaßen easy den *dancer-slip* findet, also das Ticket zum *sign-in* und *sign-out*, das man vor dem Gehen beim Bouncer abgibt, zusammen mit seinem Fünf-Dollar-Tip, den er zwar offiziell nicht verlangen kann, es aber irgendwie trotzdem jede Nacht tut.

Heute Nacht ist das anders, und ich schütte einen Haufen, der, wenn man nicht genau hinsieht, wie sehr viel zerhäckseltes Altpapier aussieht, neben mich auf den Beifahrersitz. Klickklack. Zentralverriegelung: zu.

Geld macht zwar nicht glücklich, aber es zu zählen, macht trotzdem Spaß. Nun liegen all die vielen *single dollar bills* wie eine brave, folgsame Armee neben den Zwanzigern neben den Fünfzigern neben den Hundertern, adrett und glattgestrichen, im kleinen rosa Täschchen, und der Reißverschluss lässt sich jetzt auch wieder schließen.

Durch die Autoscheibe sehe in den Vollbart von vor ein paar Stunden alleine an einem Zaun stehen. Ohne Schwager lehnt er da, ziemlich verloren, und versucht, das Gleichgewicht zu halten oder wiederzufinden, und schaut auf den Boden und – oh nein! Igitt. Schnell wegschauen.

Am Ende der Straße, im Licht von Touristen-Promenade und urlaubsortiger Discoharmlosigkeit, leuchtet ein Hotdog-Stand in einladendem Wurstrotgelb. Klickklack, Zentralverriegelung: auf.

»Hey, kann ich einen Hotdog mit allem haben, bitte, danke.« Ohhh, was habe ich jetzt Bock auf diesen Hotdog! Es ist sechs Uhr morgens, warm und wohlig, und der Verkäufer nickt mir freundlich zu, als ich ihm den Geldschein gebe, den ich aus dem dicken Stapel von vielenvielen aus dem Pink gefischt habe. Der Mond macht im schwarzblau-klaren Karibikhimmel mit silhouettigem Palmenmuster dieses magisch schöne Nachtlicht, das es nur hier gibt und das alles so aussehen lässt, als sei es ge-photoshopt, und es riecht nach gebratenen Zwiebeln, und ich könnte heute Nacht auch für immer bleiben.

»Heyallodubisseeeeehrhübsch«, schluckauft es neben mir, und ein Typ, so Anfang zwanzig, hält sich am Stand fest und versucht, normal auszusehen, also nüchtern und höflich und nett und so, so wie er sonst vermutlich auch ist, aber jetzt ist er halt betrunken und das ganz schön doll. Ist ja auch 6 Uhr, saturday night. Key West *springbreak*, woohoo!

»Danke«, sage ich und schaue wieder auf die Hände des Hotdog-Typen, der mein Brötchen mit Wurst und Gurken und Zwiebeln, allem eben, füllt.

»Jaaaaberechtey!«, lallt er weiter, also der Partyboy, büschn' zu dicht neben mir jetzt, und versucht dabei, gerade zu stehen und normal zu wirken, armer Kerl, denn das fällt ihm ganz schön schwer. »Echtvollhübschmann, letsgopaaarteeeey!« und hebt dabei die leere Bierflasche in die Luft.

»Nee, sorry, echt nicht. Aber danke«, sage ich, und er: »Okayokayisjaschongut.« und torkelt auch sofort wieder weg. Doch eigentlich Gentleman nämlich.

»Hier, einmal Hotdog mit allem«, sagt der Verkäufer und reicht mir mein Frühstück über den Counter. »Hey, und kann ich dich mal was fragen?«

Und ich sag: »Klar.«

Und er: »Du strippst, oder?«, und zwinkert mir zu, »Yeah, you're a stripper!«, nicht sexy, eher verschwörerisch, Nachtmensch zu Nachtmensch quasi, *it takes one to know one.*

»Yup. That's right. Das bin ich.«, antworte ich stolz, sehr stolz, und beiße in die fette Synthetikwurst. *So bad for you, so good.*

High five nach oben und unten.

My friends are worried
They think my urge to get down and dirty
is because of a deep lack of confidence and need for attention
This may be true
But to tell you the truth
I think more than anything
I just love being me.

Danksagung

Danke an Rihanna, Guetta, Kanye, Fergie, Stick, Jay-Z, Nicki, Beyoncé, Pharell, Kendrick, Timba, Taio, Drake, Jason Derulo, Britney, Christina, Usher, Kid Cudi, Lupe, Rick Ross, Wiz, Tinie Tempah, Tyga, Flo Rida, Akon, Alicia, Justin, Lady Gaga, A$AP, Avicii, Sean, Miley, Dizzee & Co. for making me dance out loud.

Um die ganze Welt des
GOLDMANN-*Sachbuch*-Programms
kennenzulernen, besuchen Sie uns doch
im **Internet** unter:

www.goldmann-verlag.de

Dort können Sie
nach weiteren interessanten Büchern ***stöbern***,
Näheres über unsere ***Autoren*** erfahren,
in ***Leseproben*** blättern, alle ***Termine*** zu Lesungen und
Events finden und den ***Newsletter*** mit interessanten
Neuigkeiten, Gewinnspielen etc. abonnieren.

Ein ***Gesamtverzeichnis*** aller Goldmann Bücher finden
Sie dort ebenfalls.

Sehen Sie sich auch unsere ***Videos*** auf YouTube an und
werden Sie ein ***Facebook***-Fan des Goldmann Verlags!

www.goldmann-verlag.de
www.facebook.com/goldmannverlag

GOLDMANN
Lesen erleben